JN434437

국제 사이버 범죄학

김정현 지음
Jeong Hyun Kim

INTERNATIONAL
CYBER
CRIMINOLOGY

도서출판 그린

머리말

이 책은 저자가 2010년부터 2016년까지 미국 뉴저지 주립 Rutgers 대학교 형사사법학과(School of Criminal Justice)에서 '사이버범죄론(Cybercrime)'을 강의하였던, 강의 자료를 토대로 재구성하여 집필하였습니다. 사이버범죄는 타인과 사회를 향한 개인의 물질적 욕망, 증오나 호기심을 충족시키기 위한 범죄일 뿐만 아니라, 국가의 중요기반시설을 위협하는 사이버 안보와 직결된 문제로 그 영역이 확대되었습니다. 사이버범죄는 거의 매일 발생하며, 우리 눈에 보이지 않고, 또, 우리 자신이 피해를 입었는지도 모르며, 그 피해를 측정하기도 어렵습니다.

사이버범죄에 대해 걱정과 관심이 많은 일반인, 관련 업무 공무원 및 학생에게 국제사이버범죄에 대한 기본적 밑그림을 그리는 데 도움이 될까 싶어 이 책을 기획하게 되었습니다. 또한, 학문적인 테두리 내에서 이러한 사회적 문제에 대한 토론의 장을 한정시키는 것보다는 우리 사회에 널리 사이버 범죄에 대한 이해를 넓힐 필요가 있다고 생각했습니다.

따라서 이 책을 읽으실 분들이 사이버범죄나 컴퓨터에 대한 기본 지식이 없어도 쉽게 이해할 수 있도록 쓰고자 노력하였습니다. 미국이나 유럽 등 해외에서 발생한 사이버범죄를 중심으로 구성하였기 때문에, 한국의 사이버범죄 실정과는 다소 다를 수도 있습니다. 하지만 국제사이버범죄의 많은 부분들이 주로 미국과 서유럽의 금융 자본, 가치 있는 데이터와 정보를 타깃으로 하여 이루어지고 있는 점을 감안하면, 한국의 사이버범죄 실태와 비교해 가면서 읽는 것도 의미가 있을 것입니다. 한국의 인터넷 사용은 다른 국가와 비교해서, 경제, 사회 및 문화 등 거의 모든 분야에 걸쳐 사용되며, 컴퓨터 바이러스나 사이버 공격 등은 빠른 시간에 전 세계로 퍼지기 때문에, 국제사이버범죄에 대한 이해를 넓혀서 한국의 실정에 맞는 사이버범죄정책을 수립하는 데 도움이 되었으면 합니다. 아무쪼록 한국의 사이버 세상이 보다 안전하게 유지되고 발전되기를 바라는 마음에서 이 책을 세상에 내놓습니다.

이 책은 사이버범죄를 이해하는 하나의 출발점이라 할 수 있습니다. 국제사이버범죄 이해에 대한 개괄적인 설명을 하였기 때문에, 주제마다 다소 내용이 깊지 않을 수 있습니다. 이런 점을 감안하여, 향후, 주요 주제별로 심화된 책을 펴내 갈 예정입니다.

이 책을 끝내면서, 저의 박사학위 논문을 지도해 주시고, 저의 학문적 토대를 만들고, 넓혀주신 Rutgers 대학 형사사법대학원의 Ronald V. Clarke 박사님께 다시 한번 감사드립니다. 이 책은 수많은 시간과 생각을 흘려보내면서, 만든 개인의 작품이기도 하지만, 제 가족의 이해와 지원이 없었으면, 끝을 맺기 어려웠을 것입니다. 계절이 몇 번씩 바뀌면서, 원고를 작성하는 동안, 곁에서 거의 무한한 인내심을 갖고 이 책이 완성되기를 기다리며, 제가 미처 생각하지 못한 점들을 지적해 주고, 조언과 격려를 해준 아내. 그리고 가족의 소중한 의미가 무엇인지를 언제나 생각하게 해주는 소중한 두 딸에게 무한한 사랑과 감사를 보냅니다.

서울 북촌로 공간에서

저자 김정현 드림

책 소개

이 책은 총 10장으로 구성되어 있다.

제1장 '인터넷과 사회'는 우리 사회는 인터넷을 어떻게 이용하고 있고, 국가별 인터넷 발전 현황을 알아보기 위해, '국제전기통신연합(ITU)'의 'ICT 발전지수'와 '글로벌사이버보안지수'를 소개하였다. 또한, '사이버'의 의미는 무엇이며, 어떻게 인터넷이 개발되어 세상에 공개되었는지를 설명하였다.

제2장 '사이버범죄란 무엇인가'에서는 사이버범죄의 기본 개념에 대한 설명으로, 사이버범죄의 어원과 법률적 정의를 설명했다. 사이버범죄가 어떻게 우리 사회에 출현하게 되었는지를 소개하고, 사이버범죄의 대상이 되는 데이터와 정보의 의미와 그 성격, 정보의 종류, 사이버범죄의 피해에 대해 설명했다. 또한, 사이버범죄가 우리 사회에 얼마나 피해를 끼치고 있는지를 통계를 통해 설명했다. 아울러, 사이버범죄 피해 통계가 집계되는 방법과 문제점을 소개하였다.

제3장은 '사이버범죄의 종류'에 대한 설명이다. 유럽 평의회(CoE) 사이버범죄조약, 인터폴(Interpol) 등 국제 법집행기관의 사이버범죄에 대한 분류법을 소개하였다. 국제 사회에서 언론 매체의 관심을 받고 있는 스팸메일, Botnet, 바이러스, 웜, 악성코드, Trojan Horse 프로그램, Ransomware, 서비스 거부(DoS) 공격, 사이버 협박 갈취, 사회공학적 공격, 개인정보절취, 인터넷 사기, 사이버 괴롭힘, 사이버 스토킹, 아동 포르노그래피, 지식재산권 범죄, 조직화한 사이버범죄 및 사이버범죄 지하시장 등을 설명하였다.

제4장 '사이버 안보, 사이버 테러와 사이버 정보전'에서는, 국가 중요기반시설 보호의 중요성과 미국 사이버 안보정책의 시대적 변화에 대한 설명, 그리고 사이버 테러와 사이버 정보전의 정의, 사이버 공격의 종류와 기법, 미국, 중국, 이스라엘 등 외국의 사이버 정보전 기관을 소개하고, 끝에는 사이버공격, 테러 및 정보전의 주요 사례를 소개하였다.

제5장 '누가 해커인가'에서는 해킹의 정의, 시대별 해커와 해킹 기법의 특징, 해커의 하위문화, 해커의 활동 유형 등을 설명하였다.

제6장은 '사이버범죄 이론'을 소개하였다. 사이버범죄를 일반 범죄이론을 응용하여 어떻게 해석하는지를 알아본다. 사이버범죄를 해석하는 시도는 인터넷이 세상에 공개된 이후여서, 양적으로 많지 않다. 학계에서 사이버범죄를 해석하는 데 쓰이는 '합리적 선택 이론', '일상 활동 이론', '라이프스타일 노출 이론', '일반 긴장 이론', '차별적 관계 이론', '사회적 학습 이론', '중립화 이론', '하위문화 이론', '자기 통제 이론', '공간 이전 이론' 등을 소개하였다. 아직도 일반 범죄 이론을 응용하여 사이버범죄를 해석하는 연구들은 계속 진행 중이다.

제7장은 '외국의 사이버범죄 대응'으로, 인터폴과 유로폴 등 국제기구와 미국, 영국, 독일, 일본, 러시아, 브라질 및 중국 등 세계 주요국이 어떻게 사이버범죄에 대응하는지를 소개하였다. 국제 사이버범죄의 추세를 파악하고, 국가별로 사이버범죄에 대한 특징을 알아보기 위해, 이들 국가의 사이버범죄 현황, 법체계, 대응 기관 및 수사사례 등을 소개하였다. 사이버범죄의 심각성으로 각국은 사이버범죄 대응 체계를 확대하여왔다.

제8장은 '디지털증거 분석의 이해'로, 이 장은 디지털 증거 수집 및 분석에 대한 기초적인 내용을 소개하고 있다. 법집행기관이 사이버범죄

수사에 필요한 디지털 증거의 특성과 그 증거를 수집할 때 지켜야 하는 기본적인 절차와 사항, 그리고, 법정에 제출할 디지털 증거는 어떻게 분석하는지를 설명한다. 아울러, 디지털증거관련 미국 연방 수정 헌법 원칙, 디지털증거 분석관련 수사사례, 그리고 관련 문제점을 설명하였다.

제9장은 '사이버범죄 대처를 위한 법규'로 미국의 사이버범죄 관련 법규를 소개하였다. 미국 연방 수정 헌법 이념과 판결 사례, 사이버범죄 수사를 위한 '펜레지스터/트랩/트레이스법', '와이어탭 법, '전자적 통신 프라이버시법', '애국법.', '자유법', '법집행을 위한 통신지원법', '컴퓨터 사기 및 오용법', '경제기밀 절취법', '디지털 밀레니엄 저작권법', '스팸메일 규제법', '금융서비스현대화법', '건강보험 운용과 책임법', '건강정보기술법', '데이터침해사고통보법' 등 주요 연방 법규와 문제점, 그리고, 유럽 평의회 (CoE) 사이버범죄조약을 소개하였다.

제10장 '사이버범죄 전망과 결론'에서는, 향후 사이버범죄에 대한 전망과 대책을 설명하였다. 사이버범죄에 대한 전망은 정부, 학계, 또는 IT 보안 업계마다 그 견해가 다르다. 또한, 사이버범죄를 예측하는 것은 매우 중요하면서도, 어렵다. 사이버범죄의 발전 속도는 빠르기 때문에 우리 사회가 새로이 나타난 사이버범죄에 대응하기 시작할 때는 이미 큰 피해를 입고 난 뒤이다. 따라서 사이버범죄를 예측하고, 대비책을 마련하는 것이 중요하다. 사이버범죄 피해에 대한 공감대를 형성하는 것도 중요하다. 끝으로, 사이버범죄에 대처하기 위한 기본적 대책의 하나로 데이터 절취 및 유출 사고 관련 '데이터베이스' 운용, 그 데이터를 분석하고, 데이터 절취 및 유출 사고에 대한 예방 기법 및 대책을 연구하는 대응 연구 모델을 제시하였다.

표 목록

그림 목록

차 례

제3장 사이버범죄의 종류 | 79

제10장 사이버범죄 전망과 결론 | 377

제1장

인터넷과 사회

1-1. 글로벌 인터넷 현황
1-2. 국제전기통신연합(ITU)의 ICT 발전지수
1-3. 글로벌사이버보안지수
1-4. 사이버(Cyber)의 어원
1-5. 인터넷의 발전
참고 문헌

제 1 장 인터넷과 사회

1-1. 글로벌 인터넷 현황

1990년대 중반 연구용으로 쓰이던 인터넷이 전 세계에 공개되고 서비스가 시작되어 우리의 생활에 커다란 변화를 주기 시작했다. 사회 각 분야에 걸친 인터넷 이용과 국가의 정책에 따라서, 정보통신기술(Information and Communications Technology, ICT) 산업이 비약적으로 발전하여, 사회 전반에 걸쳐 인터넷 혁명이 일어났다. 하지만 정보통신기술 기반시설(ICT Infrastructure)은 국가별로 정치적 또는 경제적 이유로 커다란 불균형을 보여주고 있다. 따라서 국가마다 인터넷 사용에 대한 세대 간, 사회경제적 및 인터넷 기반시설 등의 차이로 인터넷 정보격차(Digital Divide)를 보여주고 있다. 인터넷 사용은 유선 네트워크를 사용하는 위치 중심에서, 현재는 어디든지 접속이 가능한 모바일 환경으로 변하였다. 또한, 스마트폰에 의한 실시간 정보 검색, 온라인 금융, 쇼핑 및 게임, 통신 앱에 의한 상시적 대화 등 개인적 소비적 위주 환경에서, 산업통제 시스템, 전자적 바이오 헬스 관리, 일부 자동차 기능, 가정용 전자제품 등 전자적 기기에 통신과 제어 기능을 부여한 사물인터넷 기기(Internet of Things, IoT) 사용 등 관리적 생산적 환경으로 범위를 넓히고 있다(표 1-1). 더불어 빅 데이터를 기반으로 한 인공지능, 로봇공학 등 디지털 기술 및 바이오산업 등을 서로 융합하는 제4차 산업혁명을 맞이하고 있어 우리 사회는 또 한 번 커다란 변혁을 겪을 것이다.

그림 1-1: 인터넷과 전자적 기기의 이용

국제전기통신연합(International Telecommunication Union, ITU)[1]이 발표한 통계에 따르면, 2016년 현재 전 세계 인구수 약 74억 명 중, 인터넷 사용 인구는 약 34억 8천만 명으로 전 세계 인구의 47%가 인터넷을 사용하고 있다(ITU, 2016a). 세계 대륙별 인터넷 이용자 비율은, 유럽 지역이 79.1%, 러시아 등 독립국가연합(CIS) 지역은 66.6%, 미주 지역은 65%, 아시아 태평양 지역은 41.9%, 중동 지역은 41.6%, 그리고 아프리카 지역은 25.1% 등의 순위를 보여주고 있다. 하지만, 아프리카 지역은 타 지역보다 인터넷 보급률은 낮지만, 2005년부터 2015년간 인터넷 이용자 수가 약 10배가 넘는 증가세를

1) 국제전기통신연합(ITU)은 유엔 산하 정부 간 기구로, 회원국 간 전기통신의 개선, 이용 증대와 효율적 사용을 위한 국제 협력을 목적으로 1865년 5월에 창설되었고, 본부는 스위스 제네바에 있다. 193개국 회원국 및 700개의 기업이 회원으로 가입 활동하고 있다.

보여주었다.

또한, ITU (2016b)의 2015년의 정보화 사회 측정 보고서에 따르면, 아이슬란드 (98.2%), 룩셈부르크 (97.3%), 노르웨이 (96.8%) 네덜란드 (93.1%), 영국 (92%), 한국 (89.9%), 미국 (74.6%) 등의 순위로 이들 국가의 국민 대부분이 인터넷을 사용하고 있지만, 저개발국 또는 개발도상국인 캄보디아 (19%), 에티오피아 (11.6%), 니제르 (2.2%), 소말리아 (1.8%) 등의 국가들은 정보통신 기반시설의 열악함으로 인해, 이들 국가의 국민 인터넷 이용률은 매우 낮은 편이다. 이 보고서에 따르면, 전 세계적으로 노년층, 여성층, 낮은 교육수준층, 낮은 소득층 및 농촌 지역에서 인터넷 사용 인구 비중이 작다. 이러한 국가, 사회 및 세대 간 인터넷 이용률의 격차는 경제적, 정치적, 그리고 사회적 격차를 더욱 심화시키는 요인이 되고 있다.

인터넷사용 목적을 보면, 미국과 캐나다의 국민은 2015년에 인터넷 사용량의 65.4%를 오디오나 비디오 스트리밍 서비스 등에 사용했는데. 서비스별로 보면, Netflix 서비스가 34.7%, Youtube 서비스가 16.9%를 차지했나. 또한, 웹 검색에 7.1%, Amazon, eBay 등 e-commerce 서비스 이용은 6.4%, 인터넷 커뮤니케이션 서비스 (Skype 및 FaceTime 등)는 2.2%를 차지했다 (Worfford, 2016). 이 조사결과는 인터넷 사용이 텍스트 위주 정보 이용에서 영상 위주 정보이용으로 변했음을 보여주고 있다.

사물인터넷 기기는 2016년 현재 약 11억 개, 2020년에 약 300억 개, 그리고, 2025년까지 약 800억 개가 사용되는 등 사물인터넷 기기 시대가 이미 실현되고 있다 (Kanellos, 2016). 온라인으로 주고받고 저장되는 데이터양도 2020년에는 2015년에 비해 약 50배가 증가할 것으로 전망하고 있다(Boden, 2016). 기하급수적으로 팽창하는 모바일 인터넷 환경, 사물인터넷 기기 및 인터넷 이용자 수를 고려하면, 이런 전망치도 매년 확대 수정될 가능성이 크다. 최근 몇 년간 매년 약 1,110억 라인에 달하는 소프트웨어 코드가 새로이 작성된 것으로 추정되는 데, 이들 새롭게 작성되는 소프트웨어 코드에 대한 보안 정책의 필요성이 더욱 강조되어야 할 것이다(Morgan, 2016). 이렇듯, IT 기기의 신규 개발 및 사용이 대폭 증가하면서, 이들이 인터넷 네트워크를 통한 사이버범죄의 표적이 될 가능성도 커지고 있는 것은 당연하다고 할 수 있다.

1-2. 국제전기통신연합(ITU)의 ICT 발전지수

'국제전기통신연합(ITU)'은 국가 간 정보통신 발전수준을 비교하고자, 2008년에 11개의 인터넷 및 통신 관련 비교지수를 토대로, '인터넷 통신기술(Information and Communications Technology, ICT)의 발전지수(ICT Development Index, IDI)'를 개발하였다. 이어서, 개발한 'ICT 발전지수(IDI)'를 적용, 국가별로 측정하여, 2009년에 '정보사회측정(Measuring the Information Society)' 보고서를 발표하였다. 정보사회 측정대상 및 주요목표는 첫째, 정보통신의 수준과 발달 측면에서 각 회원국의 발전 정도를 측정하고, 둘째, 개발도상국과 선진국의 정보통신 개발단계 비교를 통해 정보통신 단계의 변화를 파악하고, 셋째, 인터넷 정보격차(Digital Divide) 수준의 차이를 이해하고자 함이며, 넷째, 각 회원국의 자원과 능력을 바탕으로 발전 잠재력과 정보통신 분야의 성장 가능성을 파악하고자 하였다.

세부적으로, 'ICT 발전지수(IDI)'는 아래와 같이 세 종류의 지수로 나누어 각국의 정보통신 발전 정도를 측정하고 있다(ITU, 2016c).

첫째, 접근(Access) 지수는 ICT 준비도(Readiness) 파악을 목적으로, 인구 100명당 유선 전화 가입자 수, 인구 100명당 무선 전화 가입자 수, 인터넷 사용자당 국제인터넷 주파수 대역폭, 컴퓨터 보유 가구 퍼센트, 인터넷 서비스 가구 퍼센트를 측정하였다.

둘째, 활용(Use) 지수는 ICT 강도(Intensity)를 파악하고자, 인터넷 사용자 퍼센트, 인구 100명당 유선 Broadband 가입자 수, 인구 100명당 모바일 Broadband 가입자 수를 측정하였다.

셋째, 기술(Skills) 지수는 ICT 능력과 기술을 파악하고자, 성인의 문자 해독률, 초등교육 및 고등교육 교육률을 측정하였다.

2016년을 기준으로 IDI가 가장 높은 국가는 한국(8.84)이고, 이어서 아이슬란드(8.83), 덴마크(8.74), 영국(8.57), 홍콩(8.46), 스웨덴(8.45), 네덜란드(8.43) 등의 순위이며, 최하위권 국가로는 에티오피아(1.51), 콩고(1.5), 남수단(1.42), 차드(1.09), 니제르(1.07) 등이다. IDI를 국가별로 조사한 결과를 볼 때, IDI가 높은 국가에서 사이버범죄 발생률이 상대적으로 높다는 사실을 부인할 수 없다. IDI가 낮은 국가들이 IDI가 높은 단계로 발전하면서 사이버범죄의 패턴과 추세가 IDI가 높은 국가들과 유사한 경로를 따라갈 것인지, 또는 국가별로 차이를 보일 것인지는 지켜보아야 할 것이다.

1-3. 글로벌사이버보안지수(Global Cybersecurity Index)

'글로벌사이버보안지수(Global Cybersecurity Index, GCI)'는 국제전기통신연합(ITU)이 주도하여, 193개 회원국을 상대로 사이버

보안의 중요성을 강조하고 사이버보안 수준을 높이기 위해서 개발한 측정 지수이다. '글로벌사이버보안지수'의 측정 목표는, 첫째, 국가별 사이버보안에 관한 유형, 수준 및 발전 과정을 측정하고, 둘째, 국가별 사이버보안에 대한 기여도를 측정하고, 셋째, 국가별 대륙별 사이버보안의 차이를 측정 비교하고자 하였다(ITU, 2017, p.3). 이 지수 측정을 위해, 조사 대상 국가별 사이버보안 관련 5개 부문에 걸쳐 총 25개 요소를 정하고, 이와 관련된 157개 문항을 작성, 조사하여 분석하였다.

'글로벌사이버보안지수' 측정의 5개 분야는, 1) 법적 제도(사이버보안과 사이버범죄를 취급하는 법적 기구와 제도의 존재 여부), 2) 기술적 수준(사이버보안을 취급하는 기구와 제도의 존재 여부), 3) 조직화 수준(국가의 사이버보안 발전 전략과 정책 조정 기구의 존재 여부), 4) 사이버 능력배양(사이버 능력배양을 양성하는 공공 기관과 전문 자격증을 보유한 인력, 연구 개발 및 교육 훈련 프로그램의 존재 여부) 그리고 5) 협력 분야(정보 공유, 협력 네트워크 및 동반관계의 존재 여부) 등으로 분류했다.

5개 분야의 세부 요소들을 분석한 결과, 분석 점수에 따라, 3개의 그룹으로 분류하였다. 사이버보안 제도가 비교적 잘 갖추어진 '선도적 단계'에 있는 국가는 21개국, '성장 단계'의 국가는 77개국 및 사이버보안에 대한 제도가 아직 미비한 '초기 단계' 수준은 96개국으로 분류되었다. '글로벌사이버보안지수'의 '선도적 단계'의 국가별 순위는 표 1-1과 같다.

표 1-1: '글로벌사이버보안지수'에 따른 국가별 순위(2017년)

순위	국가	총점	순위	국가	총점
1	싱가포르	0.92	9	프랑스	0.81
2	미국	0.91	10	캐나다	0.81
3	말레이시아	0.89	11	러시아	0.78
4	오만	0.87	12	일본	0.78
5	에스토니아	0.84	13	노르웨이	0.78
6	모리티우스	0.82	14	영국	0.78
7	호주	0.82	15	대한민국	0.78
8	조지아	0.81	16	이집트	0.77

출처: ITU Global Cybersecurity Index(GCI) 2017 Report(p. 56)

1-4. 사이버(Cyber)의 어원

'사이버(Cyber)' 단어의 기원은 역사가 깊다. 하지만, 아직도 Cyber 단어에 대한 국가나 기관 간에 합의되어 내린 정의는 없다(CCDCOE, n.d.). Cyber 단어는 그리스어인 Kubernetes란 단어에서 유래한다고 하는데, 그 의미는 Helmsman 또는 Steersman으로 선박의 항로를 조정하는 조타수로 해석할 수 있다. 라틴어의 기원으로는 Gubernare란 단어가 있는데, 의미는 통치한다(to rule)의 뜻이다. 1948년에 미국 MIT 수학과 교수였던 Norbert Weiner가 컴퓨터와 연결된 통신과 통제시스템을 연구한 그의 저서 '동물과 기계에서의 통제와 통신에 관한 과학적 연구(The scientific study of control and communication in the animal and the machine)' 논문에서 'Cybernetics'란 단어를 썼다(Simpkins & Simpkins, 2012). 프랑스어로는 'Cybenetique(the art of governing)' 라는 단어가 있었다. 'Cyberspace' 라는 단어는 미국 출신의 사이버 펑크(Cyberpunk) 픽션 작가인 William Gibson이 1982년에 발표한 소설 'Burning Chrome'에서 최초 사용하였고, 1984년에, 'Neuromancer'란 사이언스 픽션에서 그 단어를 본격적으로 쓰기 시작했다. Gibson은 기계와 데이터가 세상을 움직인다는 의미로 Cyberspace를 다소 어둡고 부정적인 뜻으로 묘사했다. 그의 Cyberspace에 대한 표현을 일부 소개하자면,

〈Neuromancer에서 발췌〉

"매트릭스는 원시적인 아케이드 게임 속에 뿌리를 두고 있다. 사이버공간. 모든 국가의 수십억 명의 합법적인 행위 구성원들과 수학적 개념을 배우는 어린이들이 매일 경험하게 되는 누구나 동의한 환각, 인간 시스템 속의 모든 컴퓨터 집단에서 추론되는 데이터에 의한 그래픽적 묘사. 생각하기 어려운 복잡성. 마음속의 존재하지 않는 공간에서부터 나열된 빛의 라인. 성운과 군집 같은 데이터, 도시의 빛처럼, 사라져 간다(중략)" (Gibson, 1984, p. 67).

인터넷 사용이 생활 일부가 되면서 '사이버공간(Cyberspace)' 에 대한 정의가 학계에서 논의되기 시작했지만, 미국 국가안보와 국제문제 전문가인 Franklin D. Kramer(2009)가 인용한 문헌에 따르면, 'Cyberspace'에 관한 정의는 무려 28개에 이른다고 한다.

1-5. 인터넷의 발전

현재 사용되는 인터넷의 전신은 1960년대 초 미국 '국방고등연구프로젝트국(Defense Advanced Research Project Agency, DARPA)'이 당시 냉전 시대의 핵전쟁 등 대재난 상황에서도 안정적으로 관계자 간 정보교환을 목표로, 과거의 회선방식을 버리고, 'ARPANET (Advanced Research Projects Agency Network)'라 불리는 패킷-스위치 방식으로 통신을 시도한 네트워크 개념이다.

1969년에 비로소 University of California의 Los Angeles와 Santa Barbara 캠퍼스, Stanford Research Institute 및 University of Utah 간을 컴퓨터 네트워크로 연결하였다(Strickland, n.d.). 이어서, 네트워크를 이용하는 연구원들의 통신 편의를 위해, 1972년에 ARPANET 연구원이던 Ray Tomlinson이 최초로 이메일을 만들었다. 컴퓨터 자판에서 기호 @를 이메일의 심볼로 채택하여 @를 기준으로 앞부분은 이메일 사용자 이름으로, 뒷부분은 컴퓨터 서버 이름으로 구분했다(Peter, n.d). 1974년에, Internet(원래는 Inter-networking)이라는 단어는 Robert Kahn과 Vinton Cerf 등에 의해 사용되기 시작했다(Metz, 2012).

1982년, ARPANET은 MILNET 이라 불리던 국방 및 군사 목적용으로 사용되는 네트워크로부터 분리되어, 학문 및 연구용으로 사용되기 시작했다. 1986년에 미국 국립과학재단(NSF) 역시 TCP/IP 패킷 송출 방식을 사용, NSFNET라고 하는 새로운 통신망을 구축하여, 1987년에는 ARPANET를 대신하여 인터넷의 기본망(Backbone Network)이 되었다. 1989년, 유럽 '핵입자 물리연구소(European Organization for Nuclear Research, CERN)'의 Timothy Berners-Lee 주도로 연구기관 간 정보를 신속히 교환할 목적으로, 하이퍼텍스트 형식(Hypertext format)의 링크된 문서, 음성, 동영상 등을 어느 연결지점(Node)에서도 접속할 수 있는 '월드 와이드 웹(World Wide Web, WWW)'을 만들었는데, 이를 공개하여 오늘날의 인터넷으로 사용할 수 있는 기반을 만들었다(NMI, n.d.).

1990년대 중반 드디어 인터넷 서비스가 세상에 공개되어, 우리 사회 전반에 커다란 영향을 끼쳤다. 이로 인해, 이메일 사용, 인스턴트 메신저 서비스, 인터넷 음성 전화, 양방향 비디오 전화 서비스, 인터넷 포럼, 인터넷 포털에서 블로그 운용, 페이스북, 인스타그램, 트위터 등 사회관계망 서비스(Social Network Service), 온라인 뱅킹과 쇼핑, 그리고 전자도서관 서비스(E-library) 등 우리 사회는 커다란 변혁을 맞이했다(그림 1-2 참조).

그림 1-2: 인터넷과 서비스 이용

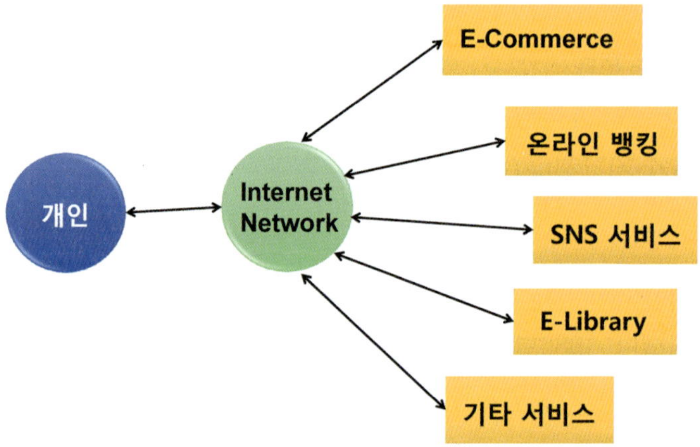

참고문헌

Boden, P. (2016, January 27). The emerging era of cyber defense and cybercrime. *Microsoft Secure Blog*. Retrieved from http://blogs. microsoft.com/microsoftsecure/2016/01/27/the-emerging-era-of-cyber-defense-and-cybercrim/#icOtob8Witw2VAb F.99.

ITU (International Telecommunication Union). (2016a). ICT facts and figures 2016. *International Telecommunication Union*. Retrieved from http://www.itu.int/en/ITU-D/Statistcs/Pages/facts/default.aspx.

______________________________ (2016b). ICT development index 2016. *International Telecommunication Union*. Retrieved from http://www.itu. int/net4 /ITU-D/idi/2016/.

______________________________ (2016c). Measuring the information society 2015. *International Telecommunication Union*. Retrieved from http://www.itu.int/en/ITU-/Statistics/Documents/publications/misr2015/MISR2015-w5.pdf.

Kanellos, M. (2016, March 3). 152,000 Smart devices every minute in 2025: IDC outlines the future of smart things. *Forbes*. Retrieved from https://www.forbes.com/sites/Michaelkanellos/2016/03/03/152000/#45ffb21b4b63.

Kramer, F.D. (2009). Cyberpower and national security: Policy recommendations for a strategic framework. In F. Kramer, S. Starr, & L. Wentz (Eds.), *Cyberpower and National Security* (pp. 3-23). Lincoln, NE: University of Nebraska Press.

Metz, C. (2012, August 13). Bob Kahn, the bread truck, and the internet's first communion. *Wired.com*. Retrieved from https://www.wired.com/2012/08/bob-kahn-internet-hall-of-fame/.

Morgan, S. (2016, December 19). World will need to secure 111 billion lines of new software code in 2017. *CSO*. Retrieved from www.csoonline.com/article/3151003/application-development.html.

NATO Cooperative Cyber Defense Centre of Excellence. (n.d.). *Resources: cyber definiti ons*. Retrieved from https://ccdcoe.org/cyber-definitions.html.

New Media Institute. (n.d.). History of the internet. *New Media Institute*. Retrieved from http://www.newmedia.org/history-of-the-internet.html?page=2.

Perter, I. (n.d.). The history of email. *Net History*. Retrieved from http://www.nethistory.info/History%20of%20the%20Internet/email.html.

Simpkins, C.A, & Simpkins, A.M. (2012). On the shelf. *Robotics & Automation Magazine*, 19(2), 94-95.

Strickland, J. (n.d.). How Arpanet works. *Howstuffworks*. Retrieved from http://compu ter.howstuffworks.com/arpanet1.html.

Wofford, T. (2016, March 16). The internet is for Netflix and pills. *Newsweek*. Retrieved from http://www.newsweek.com/2016/03/25/internet-traffic-netflix-porn-pills-437413.html.

제2장

사이버범죄란 무엇인가

2-1. 사이버범죄 용어의 변천
2-2. 사이버범죄의 출현
2-3. 사이버범죄의 정의
2-4. 사이버범죄의 대상
- 데이터와 정보
- 정보의 보장성
- 데이터와 정보의 종류
- 사이버범죄 대상의 성격

2-5. 데이터와 정보 대량 절취와 유출
2-6. 사이버범죄 피해 집계
- 미국 법집행기관에 의한 사이버범죄 통계
- IT 보안업체에 의한 사이버범죄 피해 통계

제 2 장 사이버범죄란 무엇인가

2-1. 사이버범죄 용어의 변천

1970년대에, 미국의 IT 정보시스템 전문가인 Donn B. Parker가 사이버범죄를 지칭할 때 '컴퓨터 오용(Computer abuse)'이라는 용어를 처음 사용했다. 1980년대 들어 학계에 'High Tech Crime'이란 단어가 등장했다. 1983년에 다시 Parker가 'Computer crime'이란 용어를 소개하고, 1995년에 Sussman과 Heuston이 Cyber 공간에서의 범죄라는 의미로 'Cybercrime'이란 용어를 썼다. 1996년에 컴퓨터범죄를 지칭하는 'New Age Crime'이라는 용어가 소개되었다. 1997년, 미국 법무부는 'High Tech Crime'이란 단어를 다시 사용하고, 2004년에는 'Electronic crime and Internet crime'이란 단어를 사용하였다. 이렇듯, 사이버 범죄를 지칭하는 단어는 시간이 흐름에 따라서 다양하게 변화하였다. 컴퓨터와 그 네트워크에 대한 범죄를 일으킨다는 점을 고려하면, 이들 용어는 비슷한 의미를 지니고 있다. 따라서 학계, 정부기관과 언론 매체에서는 'Computer-related crime', 'Technological crime', 'Net crime', 'High-technology crime', 'Economic crime and technology-based crime', 'New Age crime', 'Computer and Internet-related crime', 'Computer-assisted crime', 'IT crime', 'Internet crime', 'Electronic crime(E-crime)'이나 'Digital crime' 등과 같이 다양하

게 사이버범죄를 의미하는 용어를 사용하고 있다. 사이버범죄를 의미하는 단어를 다양한 용어로 표현하지만, 용어의 선택일 뿐 본질에서 사이버공간에서 컴퓨터기술을 이용하여 범죄를 행한다는 의미는 유사하다(McQuade, 2006, p. 15). 하지만 전문적인 기술이 필요한 IT 시스템에 대한 해킹 행위와 비교하여, 전문적인 기술이 필요 없이 단순히 소셜 네트워크 서비스(Social Network Service, SNS) 등을 통해 허위사실 유포나 인신공격 같은 명예훼손이나 사이버상 괴롭힘 행위는 다르다. 또한, 이 같은 범죄에 대한 형사 처분 기준 역시 다르므로 특정 사이버범죄 유형에 대한 적절한 용어의 선택이 중요하다고 할 수 있다. 이러한 이유로 사이버범죄 정의에 대한 혼란이 존재한다.

2-2. 사이버범죄의 출현

1940년 전후하여 금융범죄로 분류할 수 있는 금융자산에 대한 절취, 횡령, 사기 및 위조범죄 등이 고등 교육을 받거나 전문적인 직업을 가진 중상류 계층에 의해 행하여졌다. 미국의 사회학자 Edwin H. Sutherland는 1948년 '미국 사회학회'(American Sociological Association)' 연차총회에서 '화이트칼라(White Collar) 범죄'의 개념을 최초로 제시하였다. 그 전까지만 해도 주로 저소득 계층에 의한 폭력범죄가 미국 사회 내 범죄 대부분을 차지한다는 것이 학계의 주된 흐름이었으나, Sutherland는 모든 계층에서 금전 관련 범죄가 발생한다고 주장했다.

그림 2-1: 전통적 범죄, 화이트칼라 범죄, 금융범죄와 사이버범죄의 관계

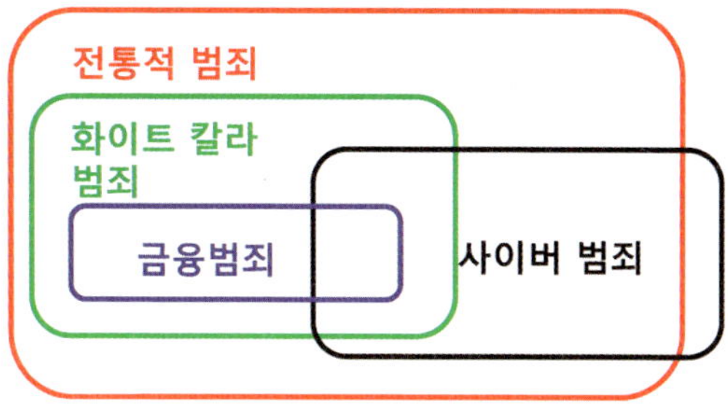

그림 2-1은 전통적 범죄, White Collar 범죄, 금융범죄와 사이버범죄의 범위를 표현한 것이다. 사이버범죄는 신체적 폭력을 제외한 전통적 범죄, White Collar 범죄, 금융범죄 또는 이들 범죄의 범위를 벗어난 새로운 형태로 발생할 수 있다. 사이버범죄는 사이버공간에서 발생한다는 이유로, 물리적인 공간에서 발생하는 전통적 범죄와 엄격하게 분리하기는 어렵다. 공간적인 측면을 제외하면, 전통적 범죄와 사이버범죄는 범죄의 목적, 대상, 방법과 범죄피해 범위 등에서, 비슷하면서도 다른 점이 있다.

초기의 컴퓨터는 제2차 세계대전 중에 적군의 암호통신을 해독하기 위해 사용되었다. 1950년대부터 미국은행들은 금융거래를 위해 컴퓨터를 사용하기 시작했다. 1958년에 미국 Minnesota 주 Minneapolis의 한 은행직원이 Salami slicing이라 불리는 기법을 사용하여 고객들의 예금을 절취하였다. 이 절취행위는 고객의 금전거래가 발생할 때마다 소수점 마지막 몇 자리의 금액을 별도의 계좌로 빼돌렸는데, 소수점 마지막 몇 자리의 액수를 세밀하게 따지지 않는 점을 이용한 것이었다. 1회 거래 당 빼돌린 금액은 매우 소액이지만 수많은 양의 거래를 합산하면 절취금액은 적지 않은 금액이 되었다. 이는 사이버

범죄의 초기 형태라고 할 수 있다(McQuade, 2006, p. 12). 1960년대에 이르자 은행 컴퓨터에 저장된 금융기록의 변조 등 범죄행위가 나타났다.

2-3. 사이버범죄의 정의

사이버범죄는 범죄자와 피해자가 전자적 기기와 인터넷을 네트워크로 연결된 상태에서 발생하는 것을 기본 전제로 해야 한다(그림 2-2 참조). 이 사이버범죄 기본 개념은, 인터넷을 연결고리로 사이버 공간에서 해커 등 사이버범죄자와 피해자가 간접적으로 연결되는 구조이다. 전통적인 범죄인 경우는 대개 범죄자와 피해자 사이의 물리적인 공간에서 폭력의 형태나 재물의 절취 등 직접적 관계에서 발생한다. 일부 전통적인 방식의 범죄 역시 컴퓨터 및 네트워크를 이용하여 행하여진다.

그림 2-2: 사이버범죄 기본 개념

'사이버범죄'에 대한 정의 역시 '사이버' 단어의 의미와 마찬가지로 학계나 법집행기관 간에 통일된 정의는 없다. 이는 사이버범죄의 복잡성과 다양성 등의 특징을 반영하는 것이다. 미국 '법무부(Department of Justice, DOJ)'는 사회에서 일반적으로 행해지는 전통적인 범죄

행위와 구분되는 사이버범죄에 대한 공식적인 정의를 내리지 않고 있다(Finklea & Theohary, 2015, p. 2). 다만 1989년에 미국 법무부 주관으로 Donn B. Parker가 저술한 '컴퓨터범죄에 대한 매뉴얼'에는 컴퓨터범죄의 정의에 대해 "범죄행위, 수사와 기소에 컴퓨터 기술 관련 지식이 연루된 형법상 모든 위반 행위(p. 2)" 라고 포괄적으로 기술하였다. 하지만, 그 대상 범위가 구체적이지 못하고 법 적용범위가 넓다는 비판을 받았다. 그러나 이러한 비판에 대해 컴퓨터범죄의 다양성과 불명확성 등의 특성을 고려하여 정의를 좁혀서 구체화 시키면, 오히려 법집행 적용이 제한을 받을 수도 있다는 옹호론도 있었다.

위의 미 법무부 매뉴얼에 '컴퓨터범죄의 역할'을 아래와 같이 기술하였다. 첫째, 목적의 역할은 컴퓨터, 데이터, 프로그램 자체를 파괴하는 행위. 둘째, 주체의 역할은 범죄 장소나 환경 또는 프로그램 복제 같은 자산손실 형태의 원인이나 이유. 셋째, 도구의 역할은, 특정 범죄를 행하기 위해 컴퓨터를 도구나 기구로 이용. 넷째, 상징의 역할은, 컴퓨터를 협박이나 기만을 위한 상징으로 사용한다(p. 2). 이러한 컴퓨터 범죄의 역할에 대한 분류는 차후에 컴퓨터범죄의 정의와 형태를 규정하는 틀을 제시한 것이라고 할 수 있다.

유럽연합(European Union, EU)의 '사이버보안 전략(Cyber-security Strategy of the European Union)'(EU, 2013)에 따르면, 사이버범죄는 다음과 같이 정의할 수 있다. "사이버범죄는 컴퓨터나 정보시스템 등이 기본적인 도구나 표적이 된 다양한 범위의 범죄활동이다. 사이버범죄는 전통적인 범죄(사기, 위조 및 개인 정보 절취), 내용 관련 범죄(아동 포르노그래피 온라인상 배포, 인종에 대한 증오 선동 등), 그리고, 컴퓨터 및 정보 시스템과 특별히 관련된 범죄(정보 시스템에 대한 공격, 서비스거부 공격 및 악성 코드 유포) 등을 포함한다(p. 3)."

사이버범죄에 대한 학술적인 정의를 살펴보면, Wall (2007)은 사이버범죄는 "네트워크화된 기술에 의해 매개되는 범죄(p. 3)" 라고 정의했고, Thomas & Loader (2000)는 사이버범죄를 "컴퓨터를 매개로 한 행위가 국제적으로 연결된 전자적 네트워크를 통해서 특정 그룹에 의해 행해진, 불법적이거나 비합법적인 행위(p. 3)"라고 정의했다.

Gordon & Ford (2006)는 사이버범죄를 "컴퓨터나, 네트워크, 또는 하드웨어 기기를 사용하여, 직접 범죄를 행하거나, 용이하게 하는 모든 범죄(p. 14)" 라고 정의했다. McQuade (2006) 는 사이버범죄를 "불법적 행위를 쉽게 하려고, 정보기술 시스템을 통해 컴퓨터나 기타 전자적 기기를 사용하는 것(p. 2)"으로 정의했다. Kshetri (2010)는 사이버범죄에 대해 "컴퓨터나 컴퓨터 네트워크를 주된 수단으로 하여 범죄를 행하거나 법규를 어기는 범죄 행위"라고 정의하였다.

사이버범죄 특징 중의 하나는 같은 형태의 사이버범죄라 할지라도 범죄자와 피해자의 지리적 거리가 각기 다르다는 점이다. 강도, 절도, 폭행, 성범죄, 주거침입 범죄 등의 피해자는 범죄자의 활동영역과 대부분 일치하거나 범죄자로부터 근거리에 위치한다. 반면에 사이버범죄 피해자와 사이버범죄자 간의 지리적 거리는 그림 2-3처럼 피해자의 위치에 따라서 매우 길기도 하도 짧기도 하다. 이는 사이버범죄는 흔히 국경을 넘어 지구 반대편에서도 발생하는 공간적 제한을 받지 않는다. 또 다른 특징은 일반범죄는 특정 계절, 특정 요일, 특정 시간대에 따라 범죄 발생이 차이가 있지만, 사이버범죄는 범죄 발생에 대한 시간적 제한을 받지 않는다.

그림 2-3: 사이버 범죄자와 피해자의 지리적 거리 관계

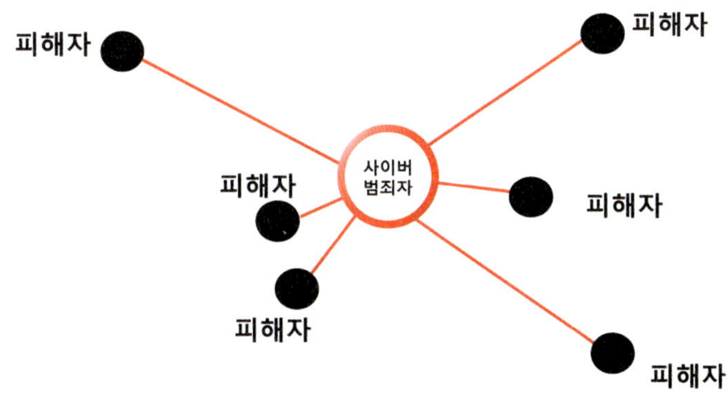

2-4. 사이버범죄의 대상

2-4-1. 데이터와 정보

사이버범죄의 대상은 기본적으로 보호할 가치가 있는 정보가 담긴 데이터라고 할 수 있다. 데이터와 정보는 개인은 물론, 비즈니스 기업, 교육기관, 의료기관 및 정부기관에서 생산하여, 그 생산 목적에 따라 활용한다. 데이터와 정보는 생산 주체가 보호를 조건으로 동의하여 제공하면, 활용 주체가 이를 가공하여 주로 경제 및 금융적 목적으로 사용한다. 데이터를 이용해서 만들어지는 정보의 특색과 그 정보들이 어떻게 보호되어야 하는지를 알아본다.

2-4-2. 정보의 보장성(Information Assurance)

데이터(Data)에 대한 정의는 "수작업이나 자동화된 방법에 따라 통신, 해석 또는 처리에 적합하도록 형식화된 방식으로 형성된 사실, 개념, 또는 설명에 대한 묘사"를 의미한다(Checkland & Holwell, 1998). 이에 비해 정보(Information)는 "데이터를 선택하여, 요약하고, 받아 보는 사람에게 누가, 무엇을, 어디서, 언제 등의 질문에 도움 될 수 있는 답을 제공할 수 있는 어떤 의미가 있다(Laudon & Laudon, 2006; Bellinger, G., Castro, D., & Mills, A., 2004). 특정 데이터와 정보는 생산 즉시, 수집 단계를 거쳐 재생산되면 보호할 가치가 있게 된다.

보호할 가치가 있는 데이터와 정보에는 금융계좌 및 신용정보 기록, 의료기록, 학교기록, 고용 관련 데이터, 지식재산권, 물적 생산물 개발과 제조과정 데이터, 기업마케팅, 기업의 소비자와 판매정보, 법집행기관 보유 범죄기록, 각급 기관의 정보시스템 운영 및 보안 관련 데이터, 정부기관에서 기밀로 분류된 개인정보나 안보 관련 정보 등 그 종류가 다양하고, 생산 및 보유 수량도 측정하기 어렵다. 종이로 인쇄된 데이터의 정보량은 어느 정도 측정이 가능했으나, 데이터와 정보가 디지털화되면서 생산량이 기하급수적으로 증가하여 정보량 측정은 어려워지고 있다.

시민이나 고객이 소유한 데이터와 개인정보를 수집하고, 이를 업무에 사용하는 IT 전문가나 비즈니스, 교육, 의료 및 정부기관의 구성원들은 데이터와 정보를 보호할 법적이고 윤리적인 의무를 지게 된다. 만약 데이터나 정보가 적절하게 보호되지 않는다면, 가치를 가진 데이터와 정보는 범죄적 의도나 불만을 가진 외부인이나 내부직원에 의해 절취, 조작, 파괴, 서비스 거부 및 유출될 수 있다. 따라서 데이터와 정보가 적절하고 법적인 절차에 따라서 보호되지 않으면, 정보가 가진 원래의 가치를 상실하게 된다. 따라서 데이터와 정보가 지닌 가치를 보호할 필요가 생긴다. 정보의 보장성(Information Assurance)은 정보와 정보시스템을 보호하는 필요적 보안 조치이다. 데이터와 정보보호 활용 목적수립, 수집, 분석과 활용 등을 제대로 하려면, 정보의 보장성을 확보하여야 한다. 정보의 보장성 요소에는 기밀성(Confidentiality), 무결성(Integrity), 가용성(Availability) 등이 있다. 최근엔 데이터 회복 탄력성(Resilience)을 추가하기도 한다.

가. 데이터 기밀성(Confidentiality)

McQuade(2006)의 정의에 따르면, 데이터의 기밀성은 데이터의 프라이버시와 외부 침투로부터 보호하는 기술적 능력과 인간적 노력을 의미한다. 세부적으로 데이터 기밀성은, 1) 데이터의 생성, 사용, 교환과 저장을 쉽게 하는 기술과 그 성격에 상관없이 프라이버시가 보장되어야 하고, 2) 프라이버시에 대한 기대는 미국 연방헌법 제4조의 사법적 해석에 바탕을 두어 법직으로 설정된다. 3) 데이터 프라이버시는 신뢰할 만한 개인이 기술을 책임지고 사용할 것을 요구하며, 개인이 사용하는 컴퓨터나 전자적 기기들이 포함된다(p. 40). 기밀성은 암호화, 접속 통제나 법적 보호조치 등과 같은 기술적 도구에 의해 보호되어야 한다(Singer & Friedman, 2014, p. 44).

데이터 기밀성에 대한 사이버 공격은 표적이 된 IT 시스템상의 데이터를 절취할 목적으로 해당 시스템 네트워크에 침입을 시도하는 것을 말한다. 기밀성이 유지되는 데이터는 가치를 지니고 있기 때문이다 (Taylor, Fritsch, & Liederbach, 2015, p. 326). 사이버 공격의 정도 (Level)는 절취하려는 데이터의 분량이나 질, 그리고 침입시도에 따른 기술에 의해 결정된다. 절취된 데이터가 경제적, 군사적, 과학 기술적 가치가 있으면 장기적으로는 국가 안보나 최신 산업기술 등 국익에 부정적인 영향을 미치게 된다.

나. 데이터 무결성 (Integrity)

데이터 무결성은 데이터 보장성 요소에서 가장 중요한 요소로 간주한다 (Singer & Friedman, 2014, p. 44). 데이터는 사용자가 최초 수집하고 저장한 원래의 오리지널 형태나 의도된 그대로의 형태로 저장과 유지 되어야 한다. 이것은 데이터베이스에 저장된 데이터에 접속할 때마다, 데이터는 사용자가 마지막으로 저장한 상태 그대로 남아 있어야 한다 (McQuade, 2006, p. 41). 데이터 관리 주체가 사전에 수립한 절차에 따라, 허가를 받은 사용자만이 데이터를 변경할 수 있다. 저장되어 보관중인 데이터가 데이터 소유자의 승인 없이 사용자나 외부인이 의도적, 또는 비의도적으로 데이터에 변형을 가해서는 안 된다.

다. 데이터 가용성 (Availability)

데이터 가용성은 데이터나 정보를 사용할 수 있도록 허가를 받은 사용자들이 합리적인 방법으로 데이터나 정보에 접근할 수 있어야 한다 (McQuade, 2006, p. 41). 데이터에 대한 가용성을 최대화시키면 데이터 무결성과 기밀성이 제한을 받게 된다. 반대로 기밀성과 무결성이 강조되면, 가용성은 제한을 받게 된다 (그림 2-4 참조) (McQuade, 2006, p. 41). 따라서 데이터의 가용성, 기밀성, 그리고 무결성 등은 데이터를 사용하고 관리하는 기관의 데이터 보안정책에 따라서 결정된다고 할 수 있다.

그림 2-4: 데이터의 가용성, 기밀성, 무결성 관계

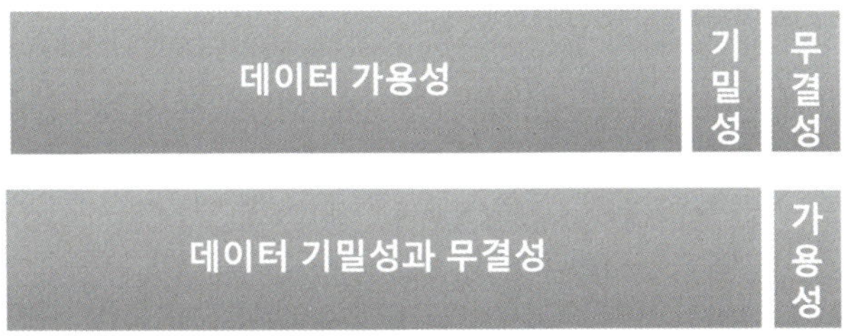

라. 데이터 회복 탄력성(Data Resilience)

위의 세 가지 데이터 보장성 요소인 기밀성, 무결성, 그리고 가용성 이외에, '데이터 회복 탄력성(Data Resilience)'을 추가하기도 한다. '데이터 회복 탄력성'은 모든 IT 시스템은 보안성 위협이나 사고 발생시, 치명적인 기능 불능 대신에 이러한 위협과 사고를 극복하고 견뎌서, 데이터를 이용할 수 있도록 회복 및 복구 기능이 있어야 한다는 개념이다. 모든 IT 시스템은 위협요소의 불가피성과 보안의 제한성이라는 현실을 인정해야 한다는 것이다(Singer & Friedman, 2014, p. 45).

2-4-3. 데이터와 정보의 종류

앞에서 설명한 바와 같이, 사이버범죄는 기본적으로 정보보호의 보장성 요소인 데이터나 정보의 기밀성, 무결성과 가용성을 불법적으로 침해하는 것을 의미한다. 사이버 공격을 하는 해커들은 데이터나 정보가 절취할 만한 가치가 없거나, 누구나 접속해서 사용할 수 있는 공개적인 데이터를 목표로 하지 않는다. 가치 있는 데이터와 정보가 실지로 존재하고 저장되고 있어야 하며, 이를 절취할 수 있는 사이버상의 기술을 해커가 소유하고 실행할 수 있어야 한다(McQuade, 2006, p. 45).

가치 있는 데이터와 정보, 그리고 보호되는 IT 시스템에 대한 사이버 공격의 종류에는 통신 도청, 비밀침해, 파일 손괴, 시스템 운영체제 방해, 정보의 위조 및 변조 행위, 해킹, 컴퓨터 바이러스 제작 유포, 및 서비스거부 공격 등 여러 종류가 있다. 사이버 공격의 종류는 데이터와 정보의 종류, 그리고 보호 시스템의 변화에 따라 다양하게 진화하고 확장되어 왔다.

우리 사회를 경제적인 의미에서 볼 때, 유형적, 무형적 가치가 있는 정보를 세 가지 유형으로 구분할 수 있는 데, 그 유형들은 개인정보, 자산정보 및 지식재산권 정보 등이다(Newman & Clarke, 2003).

표 2-1은 보호되는 정보의 종류이다. 사이버 범죄자는 범죄 목표나 대상을 정한 후, IT 네트워크를 통해 불법적으로 접속하여, 목표 IT 시스템에 저장된 정보를 탐색하여 활용 가치가 있을 만한 정보들을 절취한 후, 그것들을 활용하여 은행예금 절취, 신분증 위조, 신용카드사용 등 추가적인 범죄를 행하게 된다.

표 2-1: 정보의 종류

분류	내용
개인 정보	성명, 생년월일, 주소, 사회보장번호, 운전면허정보
자산 정보	신용카드정보, 고객 일반 정보, 비즈니스 거래 정보, 영업 비밀, 의료정보, 기밀로 분류된 정부 기관 문서
지식 재산권 정보	특허 관련 문서 정보, 음악 및 영화 파일, 보호된 소프트웨어

출처: Superhighway Robbery (Newman and Clarke, 2003, p. 69)

표 2-2: 미국 정부기관 취급 데이터

정부 기관	데이터 종류
연방 정부	인구 조사, 기업체 세금 데이터, 국가안보 관련 감청, 교정행정, 건강 기록, 연방정부 공무원 자료, 계약 및 구매 기록, 이민자 자료, 세금 데이터, 국방 자료, 법집행 관련 자료, 여권신청 자료, 연방 프로그램 자료 (사회보장, 무료식품스탬프 및 재향군인 자료), 각종 규제 자료 및 봉인된 법원 자료.
주 및 지방 정부	주 정부 세금자료, 각급 교육기관 기록, 주 정부 프로그램 기록, 주 교정 행정 기록, 주 정부 계약과 구매 기록, 주 정부관할 운전면허 기록, 주 법집행기관 데이터, 아동복지 기관 기록, 주 법원 기록, 주 정부 데이터와 개인, 직업과 기업체 면허 데이터 등

출처: Froomkin (2009, p. 1023-4)

정부기관, 교육기관, 의료기관이나 비즈니스 기관 등은 업무 속성상 국민, 학생, 환자와 고객들로부터 개인정보나 비즈니스 정보들을 수집하여, 국민이나 고객에 대한 서비스, 정보 가공 및 보관을 하거나, 국가안보에 관한 정보를 생산한다 (표 2-2 참조). 미국 연방, 주 및 지역 정부기관들이 보유한 광범위한 각종 데이터는 정치, 사회,

경제 및 문화가 발전할수록 더욱 늘어날 것이다. 이들 데이터와 정보의 활용범위는 매우 넓으며, 또한 이들 기관이 보유한 데이터와 정보의 양은 측정하기 어려울 정도로 방대하다.

이들 데이터와 정보를 외부로의 유출이나 절취로부터 안전하게 보관하는 것도 이들 기관의 주요 임무이기도 하다. 상징적인 면에서 미국 정부기관이 보유하고 있는 각종 데이터에 대한 해킹시도는 세계 각국의 해커들에게는 그들의 능력을 평가할 수 있는 테스트 장으로 선호된다.

표 2-3: 미국 연방정부 기관의 공개 데이터 현황(2016년)

부처	공개 데이터 수	부처	공개 데이터 수
상무부	73,136	보훈부	802
내무부	38,650	농업부	757
NASA	15,379	노동부	396
국토안보부	8,664	교육부	332
환경부	2,129	재무부	260
보건의료부	1,984	인사국	186
법무부	1,665	국방부	178
에너지부	1,430	주택도시개발부	173
사회보장국	950	국무부	133
교통부	825	총무부	110

출처: 미연방 정부 데이터 공개 포탈(https://www.data.gov/)에서 요약

미국 연방 정부기관은 기밀로 분류된 문서를 제외한 행정 관련 연구나 통계 등의 데이터를 '정부데이터통합포탈(홈페이지: https://www.data.gov/)'를 통해 시민에게 공개하고 있다. 하지만 세계의

해커들은 이러한 공개 데이터 외에 기밀로 분류된 데이터나 미국민의 개인정보 절취를 목표로 하고 있다.

표 2-3에서 보는 바와 같이, 미국 상무부가 제일 많이 경제 산업 관련 데이터(73,136건)를 공개하고 있고, 내무부(38,650건), NASA (15,379건)와 국토안보부(8,664건) 등의 순으로 정보를 공개하고 있다. 미 국방부의 경우, 민감한 국가안보나 군사 자료 등을 대다수 보유하고 있지만, 일반에게 공개된 것은 인사통계 등 기본적인 데이터(178건)만 공개하고 있다.

2-4-4. 사이버범죄 대상의 성격

Clarke & Newman (2003)은 전자상거래상 발생할 수 있는 '범죄 기회(Criminal opportunity)'를 억제할 수 있는 기법을 제시하면서, 사이버범죄 대상인 데이터와 정보의 특징을 설명하는 'CRAVED 모델'을 제시했다. 'CRAVED' 단어의 의미는 Concealable, Removable, Available, Valuable, Enjoyable, Disposable의 앞머리 약자로 이루어진 조합어이다. 'CRAVED 모델'은 다음과 같이 사이버상 범죄 목표의 특성을 설명한다.

가. 은닉성(Concealable)

사이버 공간에서의 데이터와 정보는 복제 및 전송될 수 있다. 원본 파일을 복제하여 이동시켜도 원본 자체는 남아 있다. 파일의 소유자는 파일이 복제되어 이동되었는지 인식하지 못할 수 있다. 사이버 범죄자는 보호되는 정보를 물리적으로 소유하지 않고도 데이터와 정보를 지구상 반대편에서 은밀히 검색하거나 절취할 수 있다(p. 70).

나. 제거성(Removable)

인터넷 네트워크상으로 데이터와 정보는 항상 이동될 수 있다. 데이터와 정보는 본질적으로 원본의 소재지로부터 다른 곳으로 이전될 수 있다. 즉, 데이터와 정보는 이동될 때, 복제나 삭제가 가능하다(p. 70).

다. 가용성(Available)

모든 데이터와 정보는 인터넷상으로 제한이 없는 한, 누구나 접속 가능하다. 인터넷상 정보는 여러 가지 형태로 표현될 수 있다. 정보는 사기의 형태로 절취되기도 한다(p. 71).

라. 가치성(Valuable)

정보는 유통되는 화폐의 가치로 환산되어 취급될 수 있다. 일부인터넷상 정보는 사이버 범죄자 관점에서 절취할 만한 가치가 있다. 개인정보, 은행 계좌 및 신용카드 정보는 추가적인 사기범죄 목적을 위해 거래된다(p. 71).

마. 유희성(Enjoyable)

보호된 컴퓨터 시스템으로의 침투는 젊은 해커에게는 놀이로써 간주되는 도전이 될 수 있다. 일부 해커에게는 그들의 해킹 사실을 공개하는 것은 커다란 즐거움이 될 수 있다(p. 72).

바. 처분성(Disposable)

인터넷은 탈취한 재물을 팔거나 구매하는 사이버범죄 지하시장을 제공한다. 다수의 해커는 인터넷을 통해 불법적으로 절취한 재물을 처분한다. 일부 해커는 재정적인 보상보다는 절취한 재물을 공개하여 과시함으로써 능력 있는 해커로서 인정을 받는 것을 선호하기도 한다(p. 72).

2-5. 데이터와 정보 대량 절취 (Data and Information Theft)와 유출

사이버범죄는 앞서 언급한 대로, 기본적으로 데이터와 정보에 대한 절취행위이다. 사이버범죄자는 절취한 데이터와 정보로 유형 또는 무형의 금전적 불법이득을 취한다. 비즈니스 기업, 교육기관, 의료기관 및 정부기관 등을 상대로 하는 데이터와 정보유출 사고의 절취유형을 보면(표 2-4 참조),

첫째, '정보절취(Information Theft)'는 외부자에 의한 해킹과 내부자에 의한 정보 절취가 있다. 외부자는, 국내 또는 외국에서 사이버 공격을 하는 해커를 의미한다. 이들은 각급 기관이 보유한 데이터나 정보를 절취하는 것을 목표로 하며, 이들 기관이 고객들에게 제공하는 서비스 자체를 방해하기도 한다.

내부자에 의한 정보 절취는 각급 기관에 정규직이나 계약직 직원이 고객이 제공한 개인정보나 기관이 생산한 데이터와 정보를 무단으로 사용, 반출, 또는 외부인에게 데이터나 정보를 제공하는 불법행위를 의미한다. 이들 내부자는 모두 IT 관련 기술이 능숙한 것은 아니다. 데이터나 정보에 접근할 수 있는 권한이 있으면 정보를 유출할 수 있다. 이들이 기관의 데이터와 정보를 유출하는 이유는 외부인에게 정보 제공의 대가로 금전을 취득하거나, 재직하고 있는 기관과 경쟁관계에 있는 기관으로 보다 좋은 근무 조건으로 이직하려 할 때 관리하고 있던 데이터를 무단으로 반출하거나, 재직하고 있는 기관 내부에 대한 불만이나 상사와의 불화 등으로 재직하고 있는 기관이 보호 관리하는 데이터와 정보를 고의적으로 유출하는 등 여러 가지 이유가 있다.

기관에서 발생하는 '대규모 데이터 유출(Data Breach)' 사례는,

첫째, 랩톱 컴퓨터 등 IT 기기의 절도피해나 구성원들의 실수로 인한 데이터 및 문서 손실이다. 이는 랩톱 컴퓨터, 데스크톱 PC, USB 메모리 스틱이나 스마트폰 등 회사에서 지급한 IT 기기에 대한 관리를 소홀히 하여 출퇴근 시 또는 출장으로 이동 중 분실하거나, 기관이나 단체의 건물 내부로 절도범이 침입하여 IT 기기를 절취하는 행위 등을 포함한다. 이들 기기에 고객이나 기관의 데이터나 정보가 저장 보관되어 사용하고 있을 때는 데이터 유출시 경제적 피해가 발생한다.

둘째, 각 기관이 운용하는 웹사이트를 통한 정보 유출 사례가 있다. 기업 데이터나 고객 정보에 대한 보안정책을 제대로 숙지하지 못해서, 고객의 개인정보 일부를 웹사이트에 공개하여 유출하거나, Google 등 인터넷 검색엔진에 검색이 되도록 데이터 보안 정책이 미비하여, 기업 데이터나 개인 정보를 노출되는 경우를 의미한다.

셋째, 이메일 및 일반우편 등을 통한 개인 정보 노출의 경우는, 각 기관이 고객에게 정기적, 비정기적으로 업무 연락이나 고객 정보를 통보할 때, 잘못된 주소로 다른 고객에게 개인정보가 담긴 이메일이나 우편물을 보낼 수 있다. 또한, 일부 고객의 개인 정보가 담긴 이메일 내용을 다수의 고객에게 동시에 발송하는 경우도 발생한다.

넷째, 공공장소에 서류 방치나 무단처분 등의 유형은, 기업이 데이터 처분관련 예산 부족이나 담당자의 보안의식 부족으로 고객의

개인정보가 담긴 문서들을 필요한 절차에 따라 분쇄나 소각의뢰 하지 않고, 그대로 공공장소에 비치된 쓰레기통이나 공공장소에 무단으로 버리는 행위를 의미한다. 또는, 기업이 폐업할 때도 이런 무단처분이 발생하기도 한다. 위의 사례는 주로 데이터 처리 비용 예산이 없거나 적은 소규모 기업에서 흔히 발생한다.

이처럼, 대규모 데이터 유출은 기관의 정보 보안 정책의 미비와 기관 구성원의 보안의식 부재로 흔히 발생한다. 정보 보안은 하드웨어적인 최신의 정보보호 시스템을 갖추었어도, 구성원의 정보 보호에 대한 의식 부족이나, 해당 기관의 정보 보호에 대한 실질적인 교육의 미비, 구성원 개인의 직업윤리 의식이 부족하면 발생할 수 있다. 표 2-4는 비즈니스, 교육, 의료 및 정부기관의 내부 및 외부에서 발생하는 데이터 유출의 유형을 설명한 것이다.

표 2-4: 정보 절취와 데이터 대량 유출 형태

정보 절취	해킹	내 용
정보 절취 (Information Theft)	해킹	- 외부자에 의한 비인가 접속. - 악성코드/바이러스/웜/이메일에 의한 시스템 감염.
	내부자 절취	내부 직원 및 외부 계약직원에 의한 정보 유출, 비인가 접속, 또는 이들에 의한 정부 오용.
대규모 데이터 유출 (Data Breach)	랩톱 등 IT 기기 절도 등에 의한 손실	랩톱, 데스크톱 PC, USB 메모리 스틱 및 기타 모바일 기기의 관리 소홀로 인한 분실, 외부자에 의한 절취 등.
	웹사이트에 정보 노출	- 개인 정보를 웹사이트에 게재. - 개인정보가 검색 엔진에 노출.
	메일을 통한 정보 노출	개인 정보가 수록된 이메일이나 우편물의 발송 실수.
	서류 방치와 무단 폐기	개인 정보가 수록된 서류를 공공장소에 무단 폐기.

출처: ITRC의 Data Breach 분류 기준을 참고로 재분류

위의 분류처럼 비즈니스, 교육, 의료 및 정부기관 등에서 데이터 및 정보 절취 사례나 대규모 데이터 유출 사고가 흔히 발생하는 것이 현실이므로 이 같은 사례를 수집하여 분석할 필요성이 존재한다. 미국의 '개인정보절취연구센터(ID Theft Resource Center, ITRC)'는 개인정보 절취, 대규모 데이터 유출, 사이버 보안과 온라인 사기 등에 대한 예방, 연구, 그리고 홍보 목적으로 설립된 비영리 단체이다. 이 단체는 주로 언론보도 등 공개 정보를 통해서 비즈니스, 교육, 의료 및 정부기관 등의 '데이터 유출' 사고에 대한 정보를 수집하여, IT 침해사고 데이터베이스를 운용하고 있다. 하지만, 이 ITRC 데이터베이스는 공개 정보에 의존한 데이터 유출 사고 내용을 수집하기 때문에 미국 및 해외에서 발생하는 모든 대규모 데이터 유출 사고 사례를 집계하고 있다고는 할 수 없다.

표 2-5는 2008년부터 2016년간, 미국 및 해외지역에서 발생한 해킹(피싱 및 스키밍 포함), 내부자 고의 유출, 전자 기기 분실, 인터넷상 과실로 인한 개인정보 유출, 이메일 발송 실수, 계약자 등 제삼자에 의한 데이터 유출, 서류 무단투기 등 데이터관리 실수로 인한 유출 및 IT 기기 절도 피해 통계이다. 2008년의 656건에서 2016년에 1,093건까지 기관에서 발생한 데이터 유출 피해는 꾸준히 증가했음을 알 수 있다. 이 통계는 전 세계에서 발생한 모든 데이터 유출 피해를 포함하는 것은 아니지만, 데이터 유출에 관한 추세를 파악하는 데 유용할 수 있다.

표 2-5: 대규모 데이터 유출 피해(2008년~2016년)

년도	2008	2009	2010	2011	2012	2013	2014	2015	2016
건수	656	498	662	421	471	614	783	780	1,093

출처: ITRC (http://www.idtheftcenter.org/)

각 기관에서 발생하는 데이터 유출 피해를 집계할 수 있는 시스템이 국가별로 설치 운용되는 것은 아니다. 국가별로, 데이터 유출에 관한 정의의 상이성, 법규 체제의 미비 및 필요성에 대한 인식 부족 등이 원인일 수 있다. 따라서 데이터 유출 사고에 대한 국가적 차원의 통계적 시스템 구축을 검토할 필요가 있다.

표 2-6은 각 기관들이 어떤 방식으로 '대규모 데이터 유출' 피해를 입었는지에 대한 유형 분석이다. 2016년에 외부인에 의한 해킹(피싱 및 스키밍 포함) 피해가 55.5%로 제일 많이 차지했다. 다음은 내부의 데이터 관리 및 내부직원에 의한 업무상 실수로 고객 등 개인정보가 인터넷에 유출되거나, 타인의 정보가 담긴 자료가 이메일로 유출되었다(9.2%). 또한, 내부직원이 절차를 무시하고 개인정보 자료를 공공장소에 무단 투기한 관리 소홀 사례가 그 다음을 차지하였다(8.7%). 범죄 목적으로 정보를 고의로 외부로 유출한 내부자 유출 사례는 7%를 차지하였다. 따라서 내부직원에 의해 기관이 보유한 데이터와 정보 유출된 사례는 적다고 할 수 없다. 또한, 내부직원에 의한 데이터와 정보 유출 사고는 정확하게 파악하는 것은 어렵다. 데이터 및 정보의 유형별 피해 분류는 매년 유형별 순위가 변경될 수 있다.

표 2-6: 대규모 데이터 유출 피해 유형(2016년, 단위: %)

해킹/피싱/스키밍	인터넷 유출과실	내부자 관리 과실	내부자 고의 유출	제삼자 유출	기기 도난	기기 분실
55.5	9.2	8.7	7	6.4	6.3	4.8

출처: ITRC (http://www.idtheftcenter.org/)

2-6. 사이버범죄 피해 집계

우리 사회에서 사이버범죄의 규모가 얼마나 되며 그 피해액수는 얼마나 되는지 알아보기로 한다. 법집행기관은 사이버범죄의 유형에 따라 발생 건수(실질적으로는 피해자의 신고 건수) 위주로 집계하여 정기적 또는 비정기적으로 발표한다. 민간 IT 보안기관은 기업체를 대상으로 한 Survey를 통해 해킹 등 사이버범죄의 피해와 복구비용을 산정해서 사이버범죄의 규모를 파악하여 일반에 공개한다. 따라서 여기서는 1) 미국 법집행기관이 산정하는 사이버범죄통계 집계방법과, 2) 민간 IT 보안기관이 산정하는 사이버범죄의 경제적 피해 규모에 대해서 알아보기로 한다.

2-6-1. 미국 법집행기관에 의한 사이버범죄 통계

가. 미국 연방수사국(FBI) 산하 인터넷범죄신고센터(ICCC)

미국 법무부 '연방수사국(Federal Bureau of Investigation, FBI)' 산하의 '인터넷범죄신고센터(Internet Crime Complaint Center, ICCC)'는 미국민이 인터넷 사기, 개인정보 침해, 피싱 메일 사기 등 사이버범죄 피해를 본 경우, 범죄피해 신고를 받고 있다(그림 2-5 참조).

그림 2-5: 미국 FBI 인터넷범죄신고센터 홈페이지

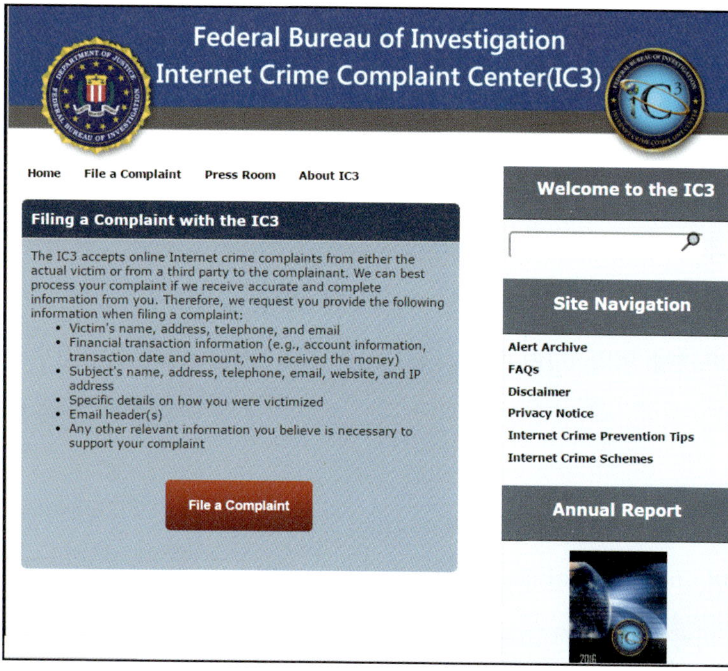

출처: https://www.ic3.gov/default.aspx

표 2-7: FBI/ICCC에 신고된 인터넷범죄신고 건수 (2008년~2015년)

년도	2008	2009	2010	2011	2012	2013	2014	2015	2016
건수	275,284	336,655	303,809	314,246	289,974	262,813	269,422	288,012	298,728

출처: FBI Internet Crime Report (2008년/2016년)

'인터넷범죄신고센터 (ICCC)'에 신고된 건수는 2008년 275,284건에서 2009년 336,655건, 2010년 303,809건, 그리고 2016년에 298,728건을 기록 했다 (표 2-7 참조). E-commerce 관련사기 및 개인정보 절취 등 ICCC에 신고되는 사이버범죄는 매년 증가했고, 2008년에서 2010년간은 당시 세계적인 금융위기의 여파로 인터넷

사기 범죄가 일시적으로 증가한 것으로 해석할 수 있다. 인터넷 사기 피해가 증가하는 것은 실질적으로 인터넷 사기가 증가한 것도 주요 원인이지만, 사이버범죄 피해를 입은 피해 미국민이 적극적으로 신고한 결과이기도 하다.

2012년부터 2016년까지의 ICCC에 신고된 인터넷관련 범죄의 피해액 추산은, 2012년에 5억 2,500만 달러, 2013년에 7억 8,100만 달러, 2014년에 8억 달러, 2015년에 10억 7,000만 달러, 그리고 2016년에 14억 5,000만 달러를 기록했다. 매년 신고되는 건수에 비교해 볼 때, 매 건수당 피해액수는 높은 비율로 증가했음을 알 수 있다.

또한, 2016년에 ICCC에 신고된 인터넷 범죄를 유형별로 분류해 보면, 미지불과 미배달이 81,029건으로 제일 많고, 개인정보 대량유출 피해 27,573건, 나이지리아 419 사기 메일 25,716건, 피싱/비싱/스미싱/파밍 19,465건, 취업관련 사기 17,387건, 사이버 협박 갈취 17,146건, 개인정보 절취 16,878건, 사이버 괴롭힘 등 사이버폭력 16,385, 신용카드사기 15,895건, 선불금 사기 15,075건, 기업 데이터 유출피해 3,403건, 악성 코드 2,783건, 랜섬웨어 2,673건, 바이러스 1,498건, DoS 공격 피해 979건 등의 분포를 보여주고 있다(표 2-8 참조).

표 2-8: FBI/ICCC에 신고된 인터넷 범죄 유형(2015년~2016년)

범죄 유형	2015년	2016년
미지불/미배달사기	67,375	81,029
개인정보 대량유출	19,632	27,573
419 사기	30,855	25,716
피싱/비싱/스미싱/파밍	16,594	19,465
취업사기	18,758	17,387
사이버협박갈취	17,804	17,146
개인정보절취	21,949	16,878
사이버괴롭힘/사이버폭력	14,812	16,385
신용카드사기	17,172	15,895
악성코드	3,294	2,783
랜섬웨어	2,453	2,673
DoS 공격	1,020	979
바이러스	971	1,498

출처: FBI Internet Crime Report(2015년/2016년)

범죄 피해를 성별로 보면, 남자는 52%, 여자가 48%를 차지해 남자의 사이버범죄 피해가 여자보다 다소 높은 편이고, 나이별로 보면, 60세 이상의 미국인의 피해가 제일 높았다(20.5%), 다음으로는 30세에서 39세 사이의 미국민이 20.2%로 두 번째로 높았다(ICCC, 2017). 60세 이상 계층은 직장에서 은퇴 후, 연금 등 어느 정도의 고정 수입 있으나, 더 많은 소득을 올리기 위해서, 또는 인터넷 범죄나 기술에 대한 이해도가 낮아, 인터넷 사기의 유혹 등에 쉽게 빠져들었을 가능성이 높다. 30대는 경제적 활동이 활발한 나이라서 역시 금전적인 유혹이나 호기심에 빠졌을 가능성이 있다.

나. 미국 전국범죄피해자조사(US-NCVS)

미국의 '전국범죄피해자조사(National Crime Victimization Survey,

NCVS)'는 미 법무부 '사법통계국(US Bureau of Justice Statistics, BJS)'가 주관 부서가 되어, 1973년부터 미국 가정의 구성원들을 상대로 조사하는 범죄피해 조사이다. 조사 대상자는 만 12세 이상으로, 직접 선발된 90,000가구의 약 160,000명을 대상으로 조사원이 직접 방문하거나, 또는, 전화 인터뷰를 통해 조사 시점에서 과거 6개월간 범죄피해를 경험한 적이 있는 지 여부를 '자기보고(Self-survey)' 형식으로 매년 2차례 조사한다. 한번 조사 대상 가구로 선정되면 3년간 연속으로 범죄 피해를 조사한다. 사이버범죄 피해는 최초로 2004년 7월에 개인정보 절취(ID Theft)에 관한 문항이 포함되었다. 이후, 비정기적으로, 개인정보 절취 피해를 조사하고 있다.

표 2-9: 미국 전체 가구의 개인정보 절취 피해 추세

년도	가구 수(만)	전체 가구(%)
2004	360	3
2005	642	5.5
2007	790	6.6
2009	873	7.3
2010	857	7

출처: 미 법무부 법무통계국(BJS) (https://www.bjs.gov/)

표 2-9에서 보듯이 2004년부터 2010년간 미국 전체 가구의 3~7.3%에 해당하는 가구 구성원 중 최소 1명이 개인정보 절취의 피해를 경험한 것으로 추정되었다.

개인별 조사에서는 2012년의 조사에서 16세 이상 미국 전체 인구의 7%에 해당하는 1,660만 명이 개인정보 절취의 피해를 경험한 것으로 나타났다. 신용카드 정보 절취 피해가 40%, 은행 계좌 절취는 37%를

차지했다. 2014년의 NCVS 조사에서, 미국민의 7%에 해당하는 1,760만 명이 어떤 형태로든 한 번 이상의 개인정보 절취 피해를 경험했다. 이 피해는 2012년의 조사 때와 비슷했다. 동 조사에 따르면, 피해자의 42%가 현재 사용 중인 신용카드 계좌번호 절취 피해를 경험했으며, 38%는 현재 개설 중인 은행 계좌 절취 피해를 경험했다고 나타났다.

또한, 65세 이상 인구의 피해가 2012년의 210만 명에서 260만 명으로 증가했다. 이는 노년층에 대한 개인정보 절취 시도가 증가하고 있다는 사실을 보여준다. 노년층의 증가에 따라서, 이들을 위한 개인정보보호 교육이나 홍보가 필요하다는 것으로 보여주고 있다.

다. 미국 연방거래위원회(Federal Trade Commission, FTC)

미국 '연방거래위원회(Federal Trade Commission, FTC)'는 1914년 9월, Wilson 대통령이 '자유무역위원회법'에 서명한 후, 1915년 3월에 창설된 미국 연방정부 내 독립기관으로 소비자를 보호하고, 독점적 기업 행위를 방지하여 자유 경쟁을 촉진하는 임무를 수행한다. '연방거래위원회' 내에 '소비자보호국', '경쟁국', 그리고 '경제국' 등 3개의 국이 있다. '소비자보호국'은 FTC의 중추적인 기능으로 집행, 광고, 재정, 시장, 기획 및 정보, 소비자 및 비즈니스 교육 및 프라이버시 및 개인정보보호 부문 등 7개의 식제로 구성되어 있다.

FTC는 FBI의 ICCC와는 별도로 개인정보 절취(Identity Theft) 및 사기 피해(Fraud)에 관한 피해신고 접수를 받고 있다. 개인정보 절취 건수는 2008년에 314,587건이 신고 되었고, 2009년~2011년간 신고 건수는 증가하지 않다가, 2014년에 332,647건, 2015년에 490,222건으로 다시 증가추세를 보여주었다(표 2-10 참조). 이는 증가하는 해킹 등의 영향으로 개인정보가 다량으로 유출되었기 때문으로 해석할 수 있다.

표 2-10: 연방거래위원회(FTC) 접수 개인정보 절취 건수

년도	2008	2009	2010	2011	2012	2013	2014	2015
건수	314,587	278,360	251,074	279,191	369,145	290,102	332,647	490,222

출처: 미국연방거래위원회(https://www.ftc.gov/)에서 요약

FTC는 개인정보 절취 보호를 위한 공공 프로그램을 개발하고, 연방, 주와 지역자치법집행기관들을 지원하여, 사이버상 개인정보의 절취와 오용을 감소하도록 노력하고 있다. 또한, FTC는 매년 '소비자보고서'를 발행한다. 이 보고서는 개인정보 절취 관련 통계를 소개하고 있다. FTC는 개인정보 절취 사고의 심각성으로 인해 FTC의 홈페이지 내에 별도로 신고페이지를 운용하고 있다(그림 2-6 참조).

그림 2-6: FTC 개인정보 절취 신고 홈페이지(www.identitytheft.gov/)

라. 미국 컴퓨터침해사고긴급대응팀(U.S. Computer Emergency Readiness Team, US-CERT)

미국 연방 각급 정부기관은 IT 관련 침해사고 발생 시, 미국 '컴퓨터침해사고대응팀(U.S. Computer Emergency Readiness Team, US-CERT)'에 의무적으로 침해사고 내용을 통보하고 있다(근거 법규: Section 301 § 3544 of the E-Government Act of 2002). US-CERT는 미국 Pennsylvania 주 Pittsburgh 시에 소재한 Carnegie Mellon 대학 내에 소재하고 있고, 주정부, 지방정부, 민간 기업체, 미국민 그리고 외국의 'Computer Security Incident Response Teams (CSIRTs)'으로부터도 IT 침해사고 신고를 받고 있다.

미국 전체 연방 정부기관 중 선별된 24개 연방 정부기관에서 발생한 외부 또는 내부에서 발생한 IT 침해사고는 2008년의 16,843건에서 2015년 77,183건으로 매년 증가했다(표 2-11 참조). 그러나, 2016년에는 33,632건으로 대폭 감소했다. 이는 2016년부터 비사이버(Non-Cyber) 사고를 제외하는 새로운 집계 정책 채택과 네트워크 스캔 및 탐색 등 침입 시도 등을 제외한 결과로 분석된다(Wilshusen, 2017, p.4).

표 2-11: 미국 연방정부 기관 IT 침해 사고 건수(2008년~2016년)

년도	2008	2009	2010	2011	2012	2013	2014	2015	2016
건수	16,843	29,999	41,776	42,854	48,562	61,214	67,168	77,183	33,632

출처: 미국 연방 감사보고서(GAO, 2017년) 요약

미국 연방 정부기관의 IT 침해사고 관련 2014년의 분석결과(Wilshusen, 2015, p.8)를 보면, 비사이버(Non-Cyber) 사고가 25%

를 차지한다. 비사이버 사고는 주로 내부직원에 의해 디지털형식이 아닌 인쇄된 문서의 관리소홀로 인한 개인정보의 IT 시스템 외부로의 유출 사고나 잘못된 처리 등을 의미한다. 그 밖의 침해사고로는, IT 시스템 스캔과 탐색 시도가 19%, 보안정책 위반사고는 17%, IT 기기분실 등 손실사고는 13%, 악성코드 탐지는 11%, 사회공학적 침해 사고 발생은 6%, 의심스러운 네트워크 활동이 3%, 비인가접속 건수는 2%, IT 시스템의 부적절한 사용이 1%, 피싱 공격 0.3% 및 서비스거부 공격이 0.1% 등이다.

내부직원에 의한 사고인 비사이버(Non-Cyber) 사고(25%), 보안정책위반(17%), IT 기기 손실(13%), 부적절한 사용(1%) 등의 건수는 전체 IT 침해사고의 56%에 달해, 미국 연방 정부기관에 대한 IT 침해사고는 외부의 해커에 의한 사이버 공격이 대부분이라는 일반인의 관념과는 다소 다름을 보여주고 있다. 따라서 내부직원에 대한 IT 보안교육 강화와 직업윤리 의식을 높이는 데 중점을 두어야 할 것이다.

내부직원에 의한 미연방 정부기관 데이터 침해의 주요 사례는, 2010년의 이라크에 파견 근무하던 미 육군 Manning 일병에 의한 국방부와 국무부 자료유출, 2013년의 국가안보국(National Security Agency, NSA)의 외부 계약직 직원이던 Snowden에 의한 자료유출, 그리고 2016년 8월, NSA 외부 계약직 직원이었던 Martine 3세에 의한 자료유출 사건 등이 있다.

〈Manning 일병에 의한 문서 유출〉

2009년부터 미 육군소속으로 이라크에서 정보 분석관으로 근무했던 Bradley Edward Manning 일병(2013년에 Chelsea

Elizabeth Manning으로 개명하고 여성으로 성전환 하였다)은 약 49만 건에 달하는 미 육군 문서와 25만 건에 달하는 미 국무부 외교 전문 등을 WikiLeaks 웹사이트에 유출하는 등, '간첩 행위법', 그리고 '컴퓨터사기 및 오용 법' 위반으로 2013년 7월에 기소되었다. Manning 일병은 2010년 1월, 미 국방부와 국무부 간에 기밀문서를 상호 전송할 수 있는 컴퓨터 네트워크인 'SIPRNet (Secret Internet Protocol Router Network)'에 접속하여, 위의 문서들을 '이라크 전쟁 데이터베이스'에서 약 40만 건, '아프가니스탄 전쟁 데이터베이스'에서 약 9만 건의 문서를 다운로드 받았다. 이어서, 개인 CD에 저장하고 Lady Gaga라는 라벨을 붙이고 반출하여 개인소유 랩톱 컴퓨터에 다시 저장했다. 이 문서 파일을 다시 개인소유 카메라의 SD 카드에 복사하여 소지하고 미국으로 휴가를 떠났다. 이어서, The New York Times와 The Washington Post에 접촉하여 무단 반출한 문서들을 제공할 수 있다는 메시지를 보냈다. 두 신문사가 관심을 보이지 않아, 같은 해 2월 3일, Tor network[2)]을 통해 WikiLeaks에 복사한 문서들을 보냈다. 이어서, 같은 해 3월 28일부터 약 25만 건의 미 국무부 외교 전문을 WikiLeaks가 사용하는 Dropbox 서비스를 통해서 유출했다. WikiLeaks는 Manning으로부터 받은 파일 중, 2월 18일자 아이슬란드주재 미국 대사관에서 발송된 외교 전문을 최초 공개하면서, Manning 일병에 의한 문서유출이 세상에 알려지게 되었다.

2) 1990년대 중반 미국 해군 연구소 직원들이 네트워크를 통한 정보 통신 내용을 보호할 목적으로 최초 개발되었다. 인터넷 네트워크를 통해 주고 받는 정보에 대해 네트워크 감시와 분석으로부터 사용자의 익명성과 정보 내용을 보호해 주는 무료 네트워크 프로그램으로 2002년도에 공개 되었다. 최초 개발 당시 프로젝트 타이틀은 "Onion Router"라 불렸다.

Manning 일병은 이로 인해, 5월 27일 체포되었다. 유출된 자료 중에서 바그다드 시내에서의 미군헬기에 의한 오인 공중사격 장면을 담은 비디오를 WikiLeaks가 공개하여 미국의 이라크전 수행에 대한 도덕성이 비난을 받기도 하였다.

〈Snowden에 의한 문서 유출〉

Edward Joseph Snowden은 미국 '중앙정보국(Central Intelligence Agency, CIA)' 및 '국가안보국(National Security Agency, NSA)'과 계약을 맺은 용역회사인 Booz Allen Hamilton에 근무하던 계약직 컴퓨터 기술자였다. 2013년 5월, 유럽 등 외국 정부와 통신 회사와의 협력으로 운용하던 국제 감청프로그램 등 기밀문서를 불법 복사하여 미국, 영국, 독일의 3명의 언론인에게 공개하면서, 언론 매체들이 이를 보도하였다.

기밀문서 공개 후, 근무하던 하와이 소재 NSA 지부를 떠나 홍콩을 거쳐 같은 해 6월, 러시아에 입국하여 현재까지 러시아 정부의 보호를 받고 있다. 미 법무부는 Snowden을 간첩혐의로 기소하였다. 하지만 정확하게 얼마나 많은 문서가 유출되었는지에 대해서는 정확한 기록은 없지만, 미 국방부는 약 90만 건의 문서가 유출되었다고 추정한다.

Snowden이 유출한 문서 중에는 미국 NSA에서 영국, 호주, 캐나다, 뉴질랜드의 정보기관과 협조로 운용 중이던 'Five Eyes'라 불리는 국제 감청프로그램도 포함되어 있었다. 이 감청프로그램은 미국이 과거 1988부터 2000년간 운영하던 국제 감청프로그램인 ECHELON을 대체한 것으로, PRISM, XKeyscore, Tempora, MUSCULAR, 및 STATEROOM 등의 이름으로 운용되고 있다고 한다(Gellman & Soltani, 2013). 이 프로그램을 통해서 미국 NSA가 광범위하게 이메일, 인스턴트 메시지의 주소록, 휴대전화 위치 기록 등을 수집하고 있다고 주장했다.
2015년 10월, 유럽의회는 285-281의 투표로 Snowden에 대한 유럽 내 형사기소를 취하하고 제3국으로의 송환을 하지 않도록 하자는 결의안을 채택하였다(European Parliament, 2015). 이 결의안은 유럽 연합(EU) 회원국에게는 강제규정은 아니지만 Snowden을 내부고발자로 인정하고 국제인권보호자로 인정하는 조치로 해석할 수 있다.

〈Martin, III에 의한 문서 유출〉

Harold Thomas Martin, III은 Snowden과 마찬가지로 미국 Booz Allen Hamilton사 소속으로 2009년부터 미 NSA에서 컴퓨터 전문가로 근무하던 중 약 50 terabyte에 달하는 기밀이나 일반 데이터를 미 CIA, NSA, 사이버사령부, 국방부와 국가정찰국으로부터 절취한 혐의로 2016년 8월 FBI에 의해 체포되었다(Goldman, 2017). Martin, III은 비록 민감한 국가기밀에 속하는 데이터를 무단으로 절취했지만, 외부에 제공하려는 의도는 아니고, 미 국가안보와 관련된 데이터에 대한 개인적인 흥미로 취득한 것이라고 주장하고 있다.

2-6-2. IT 보안업체에 의한 사이버범죄 피해 통계

가. 사이버범죄 피해액 추산

IBM CEO인 Ginni Rometty(2015)는 IBM Security Summit에서의 발표를 통해 사이버범죄가 최근 들어 대부분의 기업에 가장 큰 위협이라고 주장했다. 미국 경제전문지 Fortune지는 2016년에 500

명의 CEO를 상대로 한 조사에서 기업이 직면한 문제는 기술혁신의 빠른 속도(65%)이고, 다음으로 사이버보안 문제를 꼽았다(58%)(Murray, 2016).

일부 IT 보안업체는 정기적 또는 비정기적으로 사이버범죄 피해 추정 보고서를 발표하고 있다. 사이버범죄는 시간과 지역에 관계없이 발생하며, 사이버범죄로 인한 피해액은 상당한 액수를 기록하고 있다. 2014년 6월에 발간된 전략국제문제연구소(Center for Strategic and International Studies) 와 IT 보안기업인 McAfee사가 공동으로 조사한 연구결과에 따르면, 조사 당시 몇 년간 최소 3,750억 달러에서 최대 5,750억 달러 등 평균 4,000억 달러 정도로 사이버범죄에 의한 경제적 피해가 발생하고 있다고 밝혔다. 이 피해액수는 세계 언론 매체가 주요 사이버범죄가 발생할 때마다 자주 인용하고 있다.

또한, Juniper Research사의 연구결과는 2016년부터 2019년까지 2조 1,000억 달러에 달하는 데이터 유출 피해가 있을 것이라고 발표했다(Juniper Research, 2015). 이처럼 전 세계적으로 사이버범죄 관련 피해액은 천문학적인 액수를 기록하고 있다. 이러한 사이버범죄 피해 관련하여, Cybersecurity Ventures(2015)사는 2017년부터 2021년간 IT 보안 산업 시장 규모는 누적 합계 1조 달러에 달할 것으로 추산했다.

IT 보안연구 및 컨설팅을 제공하는 Ponemon(2015) 사가 7개국 252개 기업을 표본으로 한 조사에 따르면, 미국의 사이버범죄 피해 기업은 평균 1,542만 달러, 독일은 750만 달러, 일본은 681만 달러, 영국은 632만 달러, 브라질은 385만 달러 등의 피해를 본 것으로 나타났다. IT 보안기업인 Symantec(2016)의 연구에서는 종업원 수

250명 이하의 조사대상 중소기업 중 2015년에만 43%에 달하는 업체가 사이버 공격피해를 보았다고 밝혔다. IT 보안 관련 콘퍼런스인 2014년의 RSA 콘퍼런스 참가자와 ISACA 전문가 등 636명을 상대로 한 조사(ISACA, 2015)에서는 응답자가 근무하는 회사나 기관의 46%가 사이버 범죄자로부터, 40%는 내부자로부터 사이버범죄 피해를 보았다고 응답했다. 사이버 공격의 형태는 68%가 피싱, 66%는 악성코드, 50%는 해킹공격, 46%는 사회공학적 피해, 44%는 모바일 기기 손실, 25%는 내부자에 의한 데이터 유출 등 손실 등의 순이었다. 사이버 공격의 동기를 묻는 질문에는 33%가 재정적인 이득 목적, 24%는 온라인 서비스 파괴, 18%는 지식재산권 침해, 12%는 개인정보 절취나 데이터 절취 등의 순서였다. 이 보고서는 2013년에 비해 2014년에 사이버 공격이 증가했다고 답한 응답자가 77%에 달했고, 2015년에도 사이버 공격이 증가할 것이라고 답한 응답자는 82%에 달했다.

나. 사이버범죄 피해 추산 방법

TV나 신문 등 언론 매체는 우리 사회에서, 대규모 해킹 사건이 발생할 때마다 경쟁적으로 사이버범죄의 피해를 보도한다. 이외에도 주요국 법집행기관은 정기적 또는 비정기적으로 사이버범죄 발생 건수나 피해 통계를 공개하고, 일부 IT 보안업체는 사이버범죄 관련한 자체 조사를 바탕으로 사이버범죄의 피해 내역을 발표하기도 한다. 언론 보도나 연구보고서를 접하는 대다수 국민은 사이버범죄 피해 규모에 놀라면서, 피해액 산정이 어떻게 되었을까 하는 궁금증도 가질 수 있다.

사이버범죄로부터 발생하는 피해액을 집계하고 산정하는 방법은 학계, 법집행기관, 또는 IT 보안업체 간에 합의된 산정기준은 없어서 다소 혼란을 가져오기도 한다. 따라서 사이버범죄의 경제적 피해 규모에 대한 정확한 산정을 하기 어렵다. 인터넷 사기의 경우 피해자가 입은 금전적 손실액수를 집계해서 발표한다. 컴퓨터 네트워크 시스템이 악성 바이러스로 인해 피해를 본 경우, 그 피해시스템을 IT 전문가를 동원해서 정상적으로 복구하는 데 필요한 비용과 복구 기간에 고객서비스를 하지 못하는 데 대한 손실비용 등을 포함하는 등의 방법으로 피해액을 산정하기도 한다.

2013년 11월에 발생한 미국 소매 마트 체인인 Target에 대한 해킹사고의 경우는 약 2억 3,600만 달러에 달하는 피해를 입었다고 발표했다(Wallas, 2013). 이 피해비용 산정에는 수백만 장에 달하는 회원카드 재발급, 법정비용, 환급, 및 피해고객들에 대한 신용정보 모니터링 평가수수료 등이 포함되었다. 또한, 추후 유사한 해킹시도를 예방하기 위해, IT 시스템 업그레이드에 약 1억 달러를 투자한다고 발표했다(Kvochko, E. & Pant, R., 2015). 이처럼, 해킹으로 인한 사이버범죄 피해를 객관적으로 산정하기에는 많은 제약이 있다고 할 것이다.

대부분 법집행기관은 사이버범죄를 발생 건수 위주로 집계하고, 민간 기업은 자체적으로 정한 기준에 따라 사이버범죄 피해액수로 공개한다. 사이버범죄 피해액을 산정하여 공개하는 것이 사이버범죄 건수만 공개하는 것보다, 일반 시민들에게는 사이버범죄의 심각성을 이해시키는 데 도움을 줄 수도 있다.

세계 7개국 252개 기업체를 대상으로 사이버범죄 피해를 조사하여 발표한 Ponemon(2015)사의 조사보고서에 따르면, 사이버범죄 피해산정 항목을 정하고 항목별로 드는 비용을 산정하였다. 첫째, 내부적 비용 항목에는, 사고탐지 비용, 사고조사 착수, 피해확산 방지 비용, 피해복구비용, 사고 후 대응비용 등을 산정하고, 외부적 비용 항목에는 데이터 손실, 업무중단에 다른 비용, 장비 훼손 및 수입 손실 비용 등을 산정하였다(p. 22).

앞에서 언급한 CSIS와 McAfee(2014)의 세계 사이버범죄 피해조사에서, 각국에서 발생하는 사이버범죄 피해를 계량화할 수 있는 데이터가 완벽한 것이 없어, 지식재산권범죄 피해액, 사기 및 복구비용 등에 대한 각종 데이터를 검토하고, 주요국 정부 공무원과 전문가 인터뷰 등을 토대로 전 세계의 사이버범죄 피해액을 산출하였다고 밝혔다. 세부적으로 사이버범죄 피해액 산정에는 "데이터의 피해와 파괴된 정도, 탈취된 금전 액수, 상실된 생산성, 지식재산권 피해, 개인정보 및 금융 데이터 절취, 횡령, 사기, 정상적인 비즈니스에 대한 사후공격으로 인한 파괴, 디지털 포렌식 조사, 해킹된 데이터와 시스템의 복구와 삭제 및 업체 명성에 대한 피해" 등의 요소들을 포함하였다고 한다.

Morgan(2016)은 보고되지 않은 사이버범죄, 법적 또는 홍보비용, 피해기업 주기의 하락, 기업평가 하락에 따른 비용, 사이버범죄 피해복구 이후 IT 시스템 재개에 따른 소요비용, 범죄피해 시 온라인 비즈니스 중단으로 인한 피해, 기타 디지털 비즈니스 거래중지, 경쟁력 상실, 사이버범죄 피해로 인한 내부 직원의 이동이나 신규채용에 다른 비용 상실, 절취당한 데이터 및 금전을 추적 수사에 필요한 비용 등을 포함해야 한다고 주장한다.

IT 침해사고로 인한 피해기업의 가치하락을 예로 들자면, Jones

(2016)의 연구에 따르면, 사이버 공격을 받은 미국의 대기업은 사이버 공격에 대한 발표가 있고, 몇 일간은 다소 주가가 내려가는 등 부정적인 반응이 나타났다. 하지만 이 반응은 통계적으로는 유의미하지 않았다(p. 20).

〈Equifax 신용평가기관 데이터 유출 사고 사례〉

2017년 5월 1일부터 7월 29일까지 불상의 해커가 미국 신용평가기관[3)]의 고객 데이터베이스에 불법 접속하여, 전체 미국 인구의 3분의 1에 해당하는 약 1억 4,300만 명의 미국 시민의 성명, 생년월일, 사회보장번호, 일부 운전면허정보와 약 20만 건의 신용카드 정보가 유출되었다. Equifax는 이 대규모 데이터 유출 사건을 7월 29일에 발견했지만, 9월 7일에 공개 발표하였다. 이 데이터 유출 사건으로 인해, Equifax의 주식 가치는 약 30% 정도 하락하였다(Gressin, 2017).

위의 사이버범죄 피해 및 복구관련 모든 요소를 금전적 비용으로 환산할 경우, 기존의 발표되는 사이버범죄 피해액보다도 더욱 증가할 것이다. IT 보안업체마다 사이버범죄 피해산정 방법이 조금씩 다른 것은, 조사 연도나 조사 대상 및 응답자 수, 지역 등 조사방식의 차이가 일차적인 원인이며, 그 다음으로 사이버범죄 피해를 조사하는 항목 등이 서로 다르기 때문이다. 앞으로도 사이버범죄 피해액수를 어떻게 산정할 것 인가에 대한 논란은 계속될 것이다.

사이버범죄 피해액 산정을 둘러싼 문제점 이외에, 피해 기업체는 사이버범죄 피해를 기업의 신용도를 고려하여 잘 공개하지 않고 자

3) 미국의 주요 3대 신용평기관은 Equifax, Experian 및 TransUnion 등이 있다.

체적으로 해결하려 한다. 많은 수의 사이버범죄는 법집행기관에 신고되지 않는 경향이 있고, 개인 피해자나 피해기관은 사이버범죄 피해를 입은 지에 대해서도 인지를 못 하는 경우도 있다. 이런 점을 고려하면 기업체의 사이버 공격으로 인한 피해는 공개된 것보다도 더 클 수 있다는 추정을 할 수도 있다. 이런 경향은 장기적으로는 기업체의 IT 보안시스템에 대한 고객이나 일반인의 신뢰를 제한시키는 결과를 가져올 수 있다. 이런 문제점을 해소하기 위해 미국 대부분 주는 '데이터침해사고통보법(Security Breach Notification Law 또는 Data Breach Notification Law)'[4]을 제정하여, 기업이 일정 건수 이상의 보호되는 데이터 유출 사고가 발생하면 이를 의무적으로 피해자에게 통보하고, 관련 법집행기관에 보고하도록 하고 있다.

〈해킹된 컴퓨터로부터의 2차 피해〉

개인이 소유한 컴퓨터가 해킹 피해를 입었을 경우, 어떠한 종류의 사이버범죄 피해가 추가로 발생하는지에 대해, 미국의 IT 보안 전문가인 Brain Krebs 는 아래와 같이 제2차 사이버범죄 피해의 종류를 열거했다.

1) 불법적인 Bot 활동에 동원됨(스팸메일 발송 역할, DDoS공격에 동원, 피싱 사기메일 발송 역할).
2) 개인의 인터넷 활동 계정 유출(eBay, Paypal 등의 허위 계정에 활용, 온라인 게임 계정 유출, 웹 FTP 계정 유출, Skype/VOIP 계정 유출, 사용자 암호화 증서 계정 유출).
3) 개인의 금융정보 유출(은행 계좌, 신용카드 정보, 온라인 주식거래 계좌 및 투자 펀드 정보 유출).

---

3) 이 법에 관해서는 제9장 사이버범죄 대처를 위한 법규에서 소개하기로 한다.

4) 사이버 공격 역할로 동원(허위 바이러스백신 사기에 동원, 랜섬웨어 유포 역할, 이메일로 랜섬웨어 유포, 웹캠 피해).
5) 피해자 명성 하이재킹(Facebook, Twitter Linkedin 및 Google+ 등의 서비스 이용자 명의로 광고 및 해킹 이메일이 주소록으로 발송).
6) 온라인 상품 거래 활동 피해(온라인 게임 아이템 피해, 온라인 게임 상품 및 온라인 머니 피해, PC 용 게임 라이센스 키 유출, PC 운용 시스템 라이센스 키 유출).
7) 이메일 공격 피해(웹메일 스팸, 해외로부터의 선수금 사기, 피해자 이메일 주소록 수집, 피해자관련 계좌 수집, 직장 이메일에 접속 피해).
8) 불법적인 웹서버로 활용 피해(피싱 사이트로 이용, 멀웨어 다운로드 사이트, Warez/복제 서버로 이용, 아동포르노그래피 서버로 이용, 스팸메일 사이트로 이용) (Krebs, 2012).

참 고 문 헌

Checkland, P. & Holwell, S. (1998). Action research: Its nature and validity. *Systematic Practice and Action Research, 11*(1), 9-21.

Bellinger, G., Castro, D., & Mills, A., (2004). Data, information, knowledge and wisdom. *Systemthinking.org*. Retrieved from http://www.systems-thinking.org/dikw/dikw.htm.

Center for Strategic and International Studies & McAfee (2014, June). *Net losses: Estimating the global cost of cybercrime*. Retrieved from http://www.mcafee.com/us/resources/reports/rp-economic-impact-cybercrime2.pdf.

Cybersecurity Venture. (2017, May 31). *Cybersecurity Ventures predicts global cyber security spending will exceed $1 trillion from 2017 to 2021*. Retrieved from http://cybersecurityventures.com/cybersecurity-market-report/.

European Commission. (2013). *Cybersecurity Strategy of the European Union: An Open, Safe and Secure Cyberspace*. Brussels: European Commission. Retrieved from http://eeas.europa.eu/archives/docs/policies/eu-cyber-security/cybseccomm _en.pdf.

European Parliament. (2015, October 29). Mass surveillance: EU citizens' rights still in danger, says Parliament. *European Parliament*. Retrieved from http://www.europarl.europa.eu/news/en/press-room/ 20151022IPR98818/mass-surveillance-eu-citzens-rights still-in-danger-says-parliament.

Internet Crime Complaint Center. (2017). *2016 Internet Crime Report*. Washington, DC: Federal Bureau of Investigation. Retrieved from https://pdf.ic3.gov/2016_IC3 Rep ort.pdf

Finklea, K. & Theohary, C.A. (2015). Cybercrime: Conceptual issues for Congress and U.S. law enforcement. *Congress Research Service*. Retrieved from https://www.fas.org/sgp/crs/misc/R42547.pdf.

Froomkin, M. (2009). Government data breaches. *Berkeley Technology Law*

Journal, 24(3), 1019–1060. Retrieved from http://btlj.org/data/articles2015/vol24/24_3_S/24–berke ley–tech–l–j–FM–1009–1253.pdf.

Gellman, B. & Soltani, A. (2013, October 30). NSA infiltrates links to Yahoo, Google data centers worldwide, Snowden documents say. *The Washington Post*. Retrieved from https://www.washingtonpost.com/ world/natio nal–security/nsa–infiltrates–links–to–yahoo–google–data–centers–worldwide–snowden–documents–say/.

Goldman, A. (2017, February 8). Government contractor indicted in theft of top–secret documents. *The New York Times*. Retrieved from https://www.nytimes.com/2017/02/08/us/politics/harold–martin–nsa.html?r=0.

Gordon, S. & Ford, R. (2006). On the definition and classification of cyber crime. *Journal in Computer Virology, 2*(1), 13–20.

Gressin, S. (2017, September 8). The Equifax data breach: What to do. F*ederal Trade Commission*. Retrieved from https://www.consumer.ftc.gov/blog/2017/09/equifax–data–breach–what–do

Information Systems Audit and Control Association (ISACA). (2015). State of cybersecurity: Implications for 2015. Retrieved from https://www.isaca.org/cyber/Documents/State–of–Cybersecurity_Res_Eng_0415.pdf.

Jones, A. (2016). *Cybercrime effects on stock prices* (Unpublished dissertation). Murray, KY: Murray State University. Retrieved from http://digitalcommons.murraystate.edu/cgi/viewcontent.cgi?article=1004&context=honorstheses.

Juniper Research. (2015, May 12). *Cybercrime will cost business over $2 trillion by 2019*. Retrieved from https://www.juniperresearch.com/press/press–releases/cyber crime–cost–businesses–over–2trillion.

Kim, C. & Newberger, B., & Shack, B. (2012). Computer crimes. *American Criminal Law Review, 49*(2), 443–488. Retrieved from https://www.ncjrs.gov/App/Publications /abstract. aspx?ID=262047.

Krebs, B. (2012, October 12). The scrap value of a hacked pc–revisited. *Krebsonsecurity.com*. Retrieved from https://krebsonsecurity.com/2012/10/the–scrap–value–of–a–hacked–pc–revisited/.

__________ (2014, February 5). Target hackers broke in via HVAC company. *Krebs on Security*. Retrieved from https://krebsonsecurity.com/

2014/02/target-hackers-broke-in-via-hvac-company/.

Kshetri, N. (2010). *The global cybercrime industry*. New York, NY: Springer.

Kvochko, E. & Pant, R. (2015, March 31). Why data breaches don't hurt stock prices. *Havard Business Review*. Retrieved from https://hbr.org/2015/03/why-data-breaches-dont-hurt-stock-prices.

Laudon, K. & Laudon, J. (2006). *Management Information Systems: Managing the Digital Firm*. Upper Saddle River, NJ: Prentice Hall.

McQuade, S. C. (2006). *Understanding and managing cybercrime*. Boston, MA: Allyn and Bacon (Pearson).

Morgan, S. (2015, January 17). Cybercrime costs projected to reach $2 trillion by 2019. *Forbes*. Retrieved from https://www.forbes.com/sites/stevemorgan/2016/01/07/cyber-crime-costs-projected-to-reach-2-trillion-by-2019/2/#71e93f7b17b2.

Morgan, S. (2016, August 22). Cybercrime damages expected to cost the world $6 trillion by 2021. *CSO*. Retrieved from http://www.csoonline.com/article/3110467/security/cybercrime-damages-expected-to-cost-the-world-6-trillion-by-2021.html.

Morgan, S. (2017). Hackerpocalypse: A cybercrime revelation. *Cybersecurity Ventures*. Retrieved from http://cybersecurityventures.com/hackerapocalypse-cybercrime-report-2016/.

Murray, A. (2016, June 3). The biggest challenge facing fortune 500 companies. *The Fortune*. Retrieved from http://fortune.com/2016/06/03/challenges-facing-fortune-500/.

Newman, G. R. & Clarke, R.V. G. (2003). *Superhighway robbery: preventing e-commerce crime*. Portland, OR: Willan Publishing.

Parker, D. B. (1989). *Computer crime: criminal justice resource manual*. Washington, DC: Department of Justice. Retrieved from https://www.ncjrs.gov/pdffiles1/Digitization/118214 NCJRS.pdf.

Ponemon Institute. (2015, August). *2015 Cost of cybercrime study: Global benchmark study of global companies*. Retrieved from http://www.cnmeonline.com/myresource/hpe/docs/HPE_SIEM_Analyst_Report_-_2015_Cost_of_Cyber_Crime_Study_Glo bal.pdf.

Rometty, G. (2015, May 14). *Prepared opening remarks at IBM security summit*. Retrieved from https://www.ibm.com/ibm/ginni/05_14_2015. html.

Singer, P.W. & Friedman, A. (2014). *Cybersecurity and Cyberwar: What everyone needs to know*. New York, NY: Oxford University Press.

Taylor, R. E., Fritsch, E. J., & Liederbach, J. C.(2015). *Digital crime and digital terrorism*. Upper Saddle River, NJ: Pearson, Inc.

Thomas, D. & Loader, B. (2000). *Introduction: Cybercrime: law enforcement, security and surveillance in the information age*. London, U.K.: Routledge.

Wallas, G. (2013, December 23). Target credit card hack: What you need to know. *CNN.com*. Retrieved from http://money.cnn.com/2013/12/22/news/companies/target-credit-card-hack/index.html.

Wall, D.S. (2007). Policing cybercrimes: Situating the public police in networks of security within cyberspace. *Police Practice & Research: An International Journal*, *8*(2), 183-205.

Wilshusen, G. C. (2015). *Cybersecurity: Actions needed to strengthen U.S capabilities*. Washington, D.C.: U.S. Government Accountability Office.

_______________. (2017). *Cybersecurity: Actions needed to strengthen U.S capabilities*. Washington, D.C.: U.S. Government Accountability Office.

제3장

사이버범죄의 종류

제 3 장

사이버범죄의 종류

사이버범죄에 대한 유형별 분류는 사이버범죄 기법의 다양성이나 정의에 대한 상이성, 사이버범죄 법규의 유무 등의 이유로 인해 전 세계적으로 합의되어 통일된 분류기준은 없다. 이런 점을 고려하여, 여기서는, '유럽 평의회(CoE) 사이버범죄 조약', '국제전기통신연합(ITU)', '유엔 마약 및 범죄기구(UNODC)'와 '국제형사경찰기구(Interpol)' 등 국제 형사사법기구의 사이버범죄 분류를 소개하고, 참고로, 한국 경찰청의 사이버범죄 분류를 소개하고자 한다.

3-1. 사이버범죄의 분류

3-1-1. 유럽 평의회 사이버범죄 조약(CoE Convention on Cybercrime)의 분류

'유럽 평의회 사이버범죄 조약(CoE Convention on Cybercrime, Budapest 조약, CoE 사이버범죄 조약)'은 2001년 11월 23일, Hungary Budapest에서 사이버범죄에 관한 정의(실체법 규정) 및 법적 처벌 근거(절차법 규정)와 이들 범죄에 관한 국제간 협력(국제수사공조 절차) 등을 제정하였다(CoE, n.d.). 이 조약은 '컴퓨터 데이터 및 시스템의 기밀성, 무결성 및 가용성에 대한 범죄', '컴퓨터 관련 범죄', '내용 관련 범죄' 및 '저작권 관련 침해범죄' 등 4가지로 사이버범죄를 분류하고 있다. 여기서는 'CoE 사이버범죄 조약'의 분류에 대해서만 소개하고, 상세한 내용에 관해서는 제9장 '사이버범죄대처를 위한 법규'에서 추가적으로 다시 설명하고자 한다.

A. 컴퓨터 데이터 및 시스템의 기밀성(Confidentiality), 무결성(Integrity) 및 가용성(Availability)에 대한 범죄(Offences against confidentiality, integrity and availability of computer data and systems):
   1) 불법적 접속.
   2) 불법적인 컴퓨터 데이터 도청.
   3) 데이터 방해(컴퓨터 데이터 손상, 삭제, 변조, 품질 저하, 억제).
   4) 시스템 방해(컴퓨터 시스템 기능 방해).
   5) 기기의 오용.
B. 컴퓨터 관련 범죄(Computer-related offences).
   1) 컴퓨터 관련 위조(Computer-related forgery).
   2) 컴퓨터 관련사기(Computer-related fraud).
C. 내용 관련 범죄(Content-related offences). 아동 포르노그래피 범죄.
D. 저작권 관련 침해 범죄(Offences related to infringements of copy-right and related rights).

CoE 사이버범죄 조약 분류는 2001년 이전 당시의 기준으로 분류되고 있어, 제정 이후 새로운 형태의 사이버 범죄를 규정 하는데 다소 미흡한 점이 있다. 하지만, 법집행관련 국제기구와 사이버범죄학계는 공통적으로 아동 포르노그래피 관련 범죄와 특허 등 저작권관련 침해 범죄를 독립된 항목으로 분류하여 중요시하고 있다는 것을 알 수 있다.

3-1-2. 국제전기통신연합(International Telecommunication Union, ITU)의 분류

'국제전기통신연합(ITU)'은 기본적으로 '유럽연합 사이버범죄조약'의 분류법과 유사한 분류를 사용하고 있다. 2009년 4월에 '사이버범죄이해: 개발도상국을 위한 가이드'를 통해서 발표한 분류를 보면, 컴퓨터 데이터 및 시스템의 기밀성, 무결성 및 가용성에 대한 범죄, 내용관련 범죄, 저작권 및 특허권 관련 범죄, 컴퓨터관련 범죄 외에 혼합범죄를 추가하여 5개로 대분류하여 사용하고 있다(ITU, 2009).

A. 컴퓨터 데이터 및 시스템의 기밀성, 무결성과 가용성에 대한 범죄 (Offenses against Computer Data and Systems)
   1) 불법 접속(해킹 및 크래킹)(Illegal Access, Hacking and Cracking)
   2) 데이터 절취(Data Espionage)
   3) 불법 감청(Illegal Interception)
   4) 데이터 방해(Data Interference)
   5) 시스템 방해(System Interference)

B. 내용 관련 범죄(Content-related Offences)
   1) 성인 포르노그래피(Erotic or Pornographic Material)
   2) 아동 포르노그래피(Child Pornography)
   3) 인종차별, 증오 발언, 폭력 찬양(Racism, Hate Speech, Glorification of Violence)
   4) 종교관련 범죄(Religious Offences)
   5) 불법 도박과 온라인 게임 범죄(Illegal Gambling and Online Games)
   6) 명예훼손과 허위 정보 범죄(Libel and False Information)
   7) 스팸 및 관련 협박 범죄(Spam and Related Threats)
   8) 기타 불법 내용(Other forms of Illegal Content)

C. 저작권과 특허권 관련 범죄(Copyright and Trademark related Offences)

1) 저작권 관련 범죄(Copyright-related Offences)

2) 특허권 관련 범죄(Trademark-related Offences)

D. 컴퓨터 관련 범죄(Computer-related Offences)

1) 사기와 컴퓨터 관련사기(Fraud and Computer-related Fraud)

- 온라인 경매사기(Online Auction Fraud)

- 선불금 사기(Advance Fee Fraud)

2) 컴퓨터 관련 위조(Computer-related Forgery)

3) 개인정보 절취(Identity Theft)

4) 기기의 오용(Misuse of Devices)

E. 혼합 범죄(Combination Offences)

1) 사이버 테러리즘(Cyberterrorism)

2) 사이버 전쟁(Cyberwarfare)

3) 사이버 금융세탁(Cyber Laundering)

4) 피싱(Phishing)

3-1-3. 유엔 마약 및 범죄기구(UN Office of Drugs and Crime, UNODC)의 분류

'유엔 마약 및 범죄기구(UNODC)'는 1997년에 창설되었고, 오스트리아 빈에 본부를 두고 있다. 이 기구는 마약, 범죄, 테러 및 부정부패 관련 범죄대책에 관해 국제협력을 도모하고 있다. 이 기구는 2013년의 '사이버범죄에 관한 종합보고서'를 통해 사이버범죄를 3종류로 대분류하고, 각 대분류 아래에 총 14개의 사이버범죄를 소분류하였다(UNODC, 2013, p. 16).

A. 컴퓨터 데이터나 시스템의 기밀성, 무결성 및 가용성에 대한 행위.

1) 컴퓨터 시스템에의 불법적인 접속.

2) 컴퓨터 데이터에 대한 불법적인 접속, 도청이나 습득.

3) 컴퓨터 시스템이나 데이터에 대한 불법적인 방해.

4) 컴퓨터 오용 도구의 제작, 배포나 소지.

5) 프라이버시나 데이터 보호 조치의 침해 등.

B. 인간 및 재정적 이득이나 해를 위한 컴퓨터 관련 행위.

1) 컴퓨터 관련 사기나 위조.

2) 컴퓨터 관련 개인정보 범죄.

3) 컴퓨터 관련 저작권이나 특허 범죄.

4) 스팸메일 전송이나 전송 통제 행위.

5) 개인적 위해를 일으키는 컴퓨터 관련 행위.

6) 컴퓨터 관련 아동 착취 행위 등.

C. 컴퓨터 내용 관련 행위.

1) 증오 표현을 포함한 컴퓨터 내용 관련 행위.

2) 컴퓨터 관련 아동 포르노그래피 제작, 배포나 소지.

3) 컴퓨터 관련 테러 범죄를 지원하는 행위 등.

3-1-4. 국제형사경찰기구(인터폴, Interpol)의 분류

'인터폴(Interpol)'의 사이버범죄에 대한 분류는, 사이버범죄에 대한 유일하고 공통적인 정의가 없다는 전제하에, 전 세계의 대다수 법집행기관의 분류 사례를 인용해 아래와 같이 2가지 유형으로 사이버범죄를 분류하고 있다(Interpol, n.d.).

A. 고급(Advanced) 사이버범죄(또는 High Tech crime): 컴퓨터 하드웨어와 소프트웨어에 대한 정교한 공격.

B. 사이버 공간을 이용한 범죄(Cyber-enabled crime): 전통적인 범죄나

그 목적을 달성하기 위해 인터넷을 이용(아동 포르노, 금융 범죄와 테러리즘 등).

3-1-5. 한국 경찰청 사이버안전국의 분류(2014년부터 적용)

한국 경찰청 사이버안전국의 사이버범죄에 대한 분류는 2000년 사이버테러대응센터 창설 당시부터, 사이버테러형 범죄(해킹, 서비스거부 공격 등)와 일반 사이버범죄(인터넷 사기, 사이버 명예훼손, 사이버 도박 등) 2가지로 분류하여 왔었다. 그러나 2014년부터, 이 분류를 개정하여, 사이버범죄를 아래와 같이 3가지 유형으로 분류하고 있다.

A. 정보통신망침해 범죄
해킹, 서비스거부 공격, 악성프로그램 등.

B. 정보통신망 이용범죄
인터넷 사기, 사이버 금융범죄, 개인위치 정보침해, 사이버저작권 침해, 스팸메일 등.

C. 불법 콘텐츠 범죄
사이버 음란물, 사이버 도박, 사이버 명예훼손 모욕, 사이버 스토킹 등.

위의 분류에서 알 수 있듯이, 국가별로 정보통신기반 시설, IT 보안 산업, 금융 제도 및 사이버 문화 등의 차이로 사이버범죄에 대한 분류는 어느 국가나 동일하게 분류할 수 없다.

3-2. 사이버범죄의 종류와 특징

사이버범죄의 모든 종류를 파악하고 소개하기는 어렵다. 사이버범죄 기법이 대체적으로 유사하고, IT 기술 발전에 따라서 그 기법이 계속 진화하기 때문이다. 여기서는 사회적으로 문제가 되어 온 주요 사이버범죄 일부를 선택하여 설명하고자 한다. 소개하는 사이버범죄의 선택 기준은 미국 FBI, Interpol 및 Europol, 언론 매체의 보도, IT 보안업체의 사이버범죄 분석보고서, 범죄학계의 연구 등을 참조하여 스팸메일, Botnet, 컴퓨터 바이러스, 컴퓨터 웜, 악성코드(Trojan Horse, 랜섬웨어), 서비스거부 공격, 사이버 협박 갈취, 사회공학적 공격(피싱, 파밍, 비싱 및 스미싱), 개인정보 절취, 인터넷 사기, 419 사기, 사이버 괴롭힘, 사이버 스토킹, 아동 포르노그래피 범죄, 지식재산권 범죄, 조직화된 사이버범죄와 사이버범죄 지하시장 등을 선택하였다. 따라서 여기서 소개하는 사이버범죄 유형은 우리 사회에서 발생하는 모든 종류의 사이버범죄를 대표하는 것은 아니다.

3-3. 스팸메일 (Spam Mail)

스팸메일은 이메일 사용자가 수신을 원하지 않아도 거의 매일 다량으로 받게 되는 광고성 또는 사기성 이메일이다. "스팸(Spam)"은 미국 Minnesota 주의 Hormel사가 돼지의 어깨살과 뒷다리 살로 만들어 판매하던 통조림 제품명이다. 1937년 Hormel사가 새로 개발한 식품의 명칭공모에서 Ken Daigneau는 "Spam"이라는 단어로 응모하여 100달러를 상금을 받았다. 그때부터 Hormel 사는 "Spam" 단어를 채택하여, 새로 개발한 통조림 제품에 쓰기 시작했다. "Spiced Ham" 또는 "Specially Processed American Meat"이라는 뜻으로 해석되기도 한다.

스팸메일의 뜻으로 사용되는 "스팸"은 1970년대에 영국에서 인기를 끌었던 "Monty Python's Flying Circus"라는 TV 코미디 시리즈에서 Bun 씨 부부가 아침을 먹으려 카페에서 음식을 주문할 때, 거의 모든 메뉴에 "스팸"이 들어가고 옆자리에 있던 바이킹 복장의 고객들이 덩달아 "스팸"이라고 반복하여 노래를 불렀다. 이와 같이, 싫은 물건이나 일이 계속 반복되어 어쩔 수 없이 이를 받아 드려야 하는 현실을 "스팸"이라 부르게 되었다고 한다.

본격적인 스팸메일은 1994년 3월, 미국의 변호사인 Laurence Canter와 Martha Siegel이 미국으로의 이민자를 상대로 영주권(Green Card) 취득을 위한 서비스를 광고하기 위해 유즈넷에 다량으로 광고 포스팅을 하기 시작했는데 유즈넷 이용자들이, 이와 같이 반복되는 광고 포스팅을 "Green Card spam"이라고 부르게 되었다(Everett-Church, 1999).

그림 3-1은 필자가 박사학위 취득을 위해 공부하던 미국 대학 이메일 계정으로, 스팸 메일 방지 필터로 걸러져 수신된 스팸메일 목록이다.

그림 3-1: 스팸메일 목록 사례

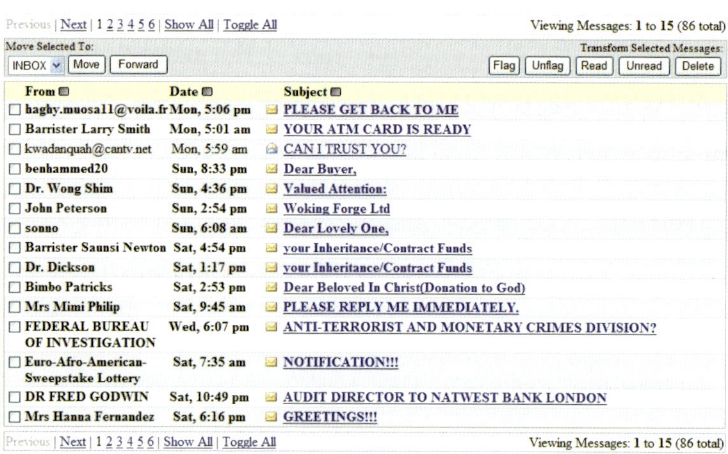

Previous | Next | 1 2 3 4 5 6 | Show All | Toggle All   Viewing Messages: 1 to 15 (86 total)

Move Selected To: INBOX Move Forward   Transform Selected Messages: Flag Unflag Read Unread Delete

From	Date	Subject
haghy.muosa11@voila.fr	Mon, 5:06 pm	PLEASE GET BACK TO ME
Barrister Larry Smith	Mon, 5:01 am	YOUR ATM CARD IS READY
kwadanquah@cantv.net	Mon, 5:59 am	CAN I TRUST YOU?
benhammed20	Sun, 8:33 pm	Dear Buyer,
Dr. Wong Shim	Sun, 4:36 pm	Valued Attention:
John Peterson	Sun, 2:54 pm	Woking Forge Ltd
sonno	Sun, 6:08 am	Dear Lovely One,
Barrister Saunsi Newton	Sat, 4:54 pm	your Inheritance/Contract Funds
Dr. Dickson	Sat, 1:17 pm	your Inheritance/Contract Funds
Bimbo Patricks	Sat, 2:53 pm	Dear Beloved In Christ(Donation to God)
Mrs Mimi Philip	Sat, 9:45 am	PLEASE REPLY ME IMMEDIATELY.
FEDERAL BUREAU OF INVESTIGATION	Wed, 6:07 pm	ANTI-TERRORIST AND MONETARY CRIMES DIVISION?
Euro-Afro-American-Sweepstake Lottery	Sat, 7:35 am	NOTIFICATION!!!
DR FRED GODWIN	Sat, 10:49 pm	AUDIT DIRECTOR TO NATWEST BANK LONDON
Mrs Hanna Fernandez	Sat, 6:16 pm	GREETINGS!!!

Previous | Next | 1 2 3 4 5 6 | Show All | Toggle All   Viewing Messages: 1 to 15 (86 total)

스팸메일은 상품 광고로부터 사기성 내용까지 그 내용은 다양하다. 대표적인 스팸메일 사례인 '나이지리아 419 사기'라 불리는 이메일의 전형적인 내용을 소개하자면,

"본인은 수백만 달러를 상속받았는데 이를 해외 계좌로 옮기고자 한다. 내가 거주하는 국가의 외국환관리법으로는 이런 거액을 해외로 송금하는데 여러 절차가 필요하므로 귀하의 도움이 필요하다. 귀하가 협조하면, 사례금으로 수백만 달러의 5~10% 정도의 수수료를 지급하겠다."

스팸메일의 내용은 상황에 따라 조금씩 변형이 가해지며, 해킹이나 사이버범죄 지하시장에서 입수한 이메일 리스트를 활용하여 무작위로 발송하여, 잠재적 피해자를 유혹하고 있다(그림 3-2 참조).

그림 3-2: 스팸메일 내용 사례

Dear Friend,

I got your contact during my searching in internet for a reliable, trust worthy and Honest person with the fear of God to introduce this Bank to Bank transfer project with you, Only if I can trust you and you must promise me to keep this transaction utmost secret/confidential to your self alone. My name is Mr. Kwabena Danquah, I am the manager of the Sg-ssb Bank Kumasi Branch-Ghana.

I am a Ghanaian married with Three kids. I am writing

to solicit your urgent assistance in the noble transfer of US$7,500.000.00Dollars into your designated bank account in your country. This fund is the excess of what my branch office made in which I am the branch manager as profit during last year in my office, and nobody knows about this money only me and you now I am telling you about it, and my head office in Accra never know of this Excess. I have since then, I placed this amount on a SUSPENSE ACCOUNT without any ben

eficiary.As an officer of the bank, I cannot be directly connected to this money, I am compelled to request for your urgent assistance to receive this money into your designated bank account. I intend to part 30% of this fund to you while 70% shall be for me. I do need to stress that there are practically no risk involved in this transaction, it is 100% risk free.It is going to be a bank-to-bank transfer to your nominated bank account anywhere you feel safer. All I need from you is to stand as the original depositor of this fund. If you accept this offer. Reply to me immediately.

With regards,
Mr.Kwabena Danquah.

출처: 필자의 대학원 이메일 계정에서 발췌

스팸메일은 주로 악성코드에 감염되어 해커의 명령을 받는 Botnet 시스템에 의해 다량으로 발송된다. 일반적인 스팸메일에는 상품과 서비스에 대한 광고내용이 포함되지만, 악성코드가 첨부된 경우도 있다. 1978년에 최초로 스팸메일이 발송된 이후, 스팸메일은 2000년대 후반까지 기하급수적으로 증가했다(ITU, 2009, p. 39). 전 세계 각지로 발송되는 이메일의 85~90%가 스팸메일로 추정된다고 한다(ITU, 2009, p. 39). 독일의 리서치 기업인 Statista(2016a)사가 2007년에서 2015년간 조사한 통계에 따르면(표 3-1 참조), 다행히, 전 세계로 발송된 이메일 중 스팸메일이 차지하는 비율은 매년 감소하고 있음을 보여 주고 있다. 이는 미국 FBI와 '유럽연합경찰기구(Europol)' 등 국제 법집행기관이 수차례에 걸쳐 스팸메일 발송조직에 대한 단속을 벌인 결과라고 할 수 있다.

표 3-1: 스팸메일의 비율 변화 추세(2007년~2015년, 단위: %)

년도	2007	2008	2009	2010	2011	2012	2013	2014	2015
%	88.5	92.6	88.1	84.9	77	75.2	69.2	59.7	54.1

출처: http://www.statista.com/statistics

스팸메일의 발송은 2가지로 구분한다. 첫째는 'Opt-in' 방식이다. 이 방식은 소비자를 보호하려는 목적으로, 소비자의 승낙을 사전에 받아야 광고성 메일을 전송할 수 있다. 두 번째는 'Opt-out' 방식으로, 이는 스팸메일을 발송하는 기업체의 편익을 위하여, 광고성 메일을 먼저 발송하고, 소비자들이 광고성 메일을 계속 수신할지를 결정토록 하는 형식이다. 대부분의 스팸메일이 'Opt-out' 방식인데, 유럽 연합은 이 방식을 인정하지 않고 있다.

스팸메일의 발송지를 보면, 미국 (10.8%), 베트남 (10.1%), 인도 (10%), 중국 (6.5%), 멕시코 (4.6%), 러시아 (4.1%), 프랑스 (3.6%), 브라질 (3.3%) 등에서 스팸메일이 다수 발송되었다 (Statista, 2016b). 이들 국가의 IT 시스템 일부가 Botnet에 감염 등, IT 시스템 보안이 취약하다고 해석할 수 있다. 하지만, 이 스팸메일의 국가별 발송지 순위는 매년 변동하고 있다.

또한, 2015년에 조사한 스팸메일의 광고내용을 분야별로 살펴보면, 건강관리 광고(38.7%), Date 서비스 (18.3%), 성인 사이트 (12.3%), 일반상품 광고 (6.6%), 악성 코드 (4.8%), 금융서비스 광고 (4.4%), 사기성 메일 (3.6%), 도박 (1.6%), 피싱 (0.2%) 등의 순으로 스팸메일이 발송되었다 (Statista, 2016c).

실질적으로는, 스팸메일을 읽고 스팸 광고 페이지로 바로 접속하는 비율은 매우 낮다. 이는 이메일 서비스 제공업체와 사용자들이 스팸메일에 대한 필터 기능을 설정하여 사용하고, 국제 법집행기관은 수시로 스팸메일 발송자들에 대한 검거 활동을 하고 있기 때문이다.

2008년의 미국 University of California, Berkeley 대학에서 실시한 실험 결과를 보면, 총 75,869대의 컴퓨터를 사용하여 가짜로 만든 의약품 광고메일을 다량으로 발송하였다. 총 26일간 3억 5천만 통의 스팸메일을 보냈는데, 그중 28명이 이 실험용으로 발송된 스팸메일에 응답했다. 이는 전체 스팸메일의 0.00001% 미만이어서, 실지로 스팸메일에 대한 응답률은 매우 낮다는 것을 추정할 수 있었다. Berkeley 대학 연구팀은 이 실험을 통해서 총 2,731 달러의 '가상' 수익을 올렸다 (BBC, 2008).

그림 3-3: 스팸메일 발송 구조

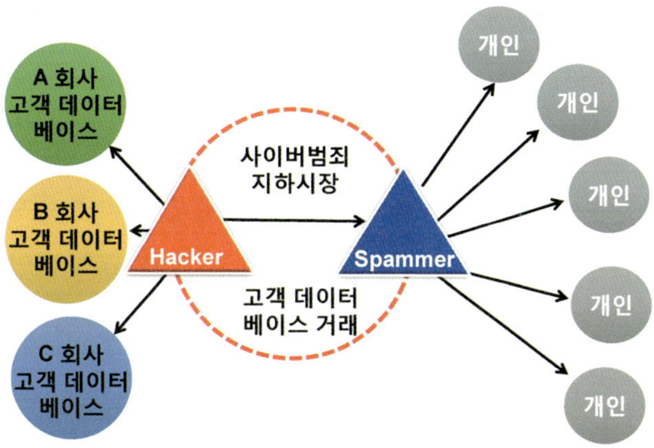

그림 3-3은 스팸메일이 발송되는 과정을 보여주고 있다.

과정을 설명하자면,

1) 금전적 이득을 노리는 해커는 기업체, 학교, 의료기관, 정부기관 등 다수의 고객이나 서비스 사용자의 개인정보를 담고 있는 데이터베이스 해킹을 계획한다.

2) 목표 기관의 IT 시스템 취약점을 파악하고, 네트워크 시스템 관리자 계정을 획득하거나, 또는 목표대상 기관의 구성원에게 악성코드를 첨부한 사회공학적인 내용으로 작성된 이메일을 발송한다.

3) 이메일을 받은 구성원이 착오로 악성코드가 첨부된 이메일을 열고 첨부된 파일을 다운로드한다.

4) 악성코드가 실행되면, 사용자의 컴퓨터를 통해, 목표기관의 네트워크가 악성 코드에 의해 감염된다. 감염된 네트워크는 해커의 통제를 받게 된다.

5) 해커는 감염된 네트워크를 통해 고객의 데이터베이스에 접속하여 목표한 개인정보 데이터를 절취한다.
6) 해커는 절취한 데이터베이스를 사이버범죄 지하시장을 통해 스팸메일을 발송하려는 구매자에게 판매한다. 다량의 이메일 리스트를 필요로 하는 구매자는 주로 온라인 도박, 포르노그래피, 유사 의약품, 복제제품 판매 등 불법 온라인 콘텐츠서비스 업체이다. 판매하는 데이터베이스 가격의 폭은 다양하다.
7) 또는 데이터베이스를 탈취한 해커가 스팸메일을 보내려는 고객(의뢰자)을 대신하여 일정 대가를 받고 스팸메일을 발송하기도 한다.

〈스팸메일 사례〉

미국 Florida 주에서 활동하다가 검거된 스팸메일 그룹은 2012년부터 2015년간 불법 마약 제품을 광고하는 스팸메일을 발송해 주고 판매로 이어진 이메일 당 5~9달러를 요구하였다(US DOJ Attorney's Office, 2015). 이들은 스팸메일을 발송하는데 사용한 이메일 주소는 미국 인터넷통신회사 Comcast에 근무했던 직원으로부터 2,450만 명의 고객 이메일 주소를 불법으로 입수했다.

기업이나 기관이 보유하고 있는 고객이나 업무용 데이터베이스는 외부로부터의 해킹으로도 유출되지만, 기업 내부직원의 불법적인 협조로 유출되기도 한다.

3-4. 봇넷 (Botnet)

Botnet 역할로 오염되는 네트워크가 형성되는 과정에는 몇 가지 경로가 있다. Botnet의 역할이나 기능은 계속 분화를 하여 왔다. 해커는 자체 제작한 악성코드가 첨부된 사회공학적인 이메일을 기관, 단체, 기업이나 개인 등에 무작위로 발송한다. 또는 악성코드가 첨부된 허위광고 등을 인터넷 포럼 등에 게시한다. 피해자는 악성코드가 첨부된 이메일, 이미지파일, 링크 등을 클릭하거나 다운로드하면, 이 악성코드는 피해자 컴퓨터에 자동 실행되고, 그 컴퓨터가 소속된 네트워크 시스템 등에 전파되어 네트워크가 악성코드에 감염되어 해커의 통제 아래에 놓이게 된다. 이들을 일명 좀비(Zombie) 시스템으로도 불린다.

악성코드에 감염된 컴퓨터나 네트워크 시스템은 해커의 명령을 기다리고, 해커는 필요하면, 네트워크상의 감염된 컴퓨터를 원격 명령하여, 스팸메일 발송, 기타 종류의 컴퓨터 바이러스나 악성코드 유포, 개인정보 수집, 피해자 컴퓨터에 대한 인터넷 통신량 제한 또는 방해, 그리고 분산서비스거부 공격(Distributed Denial of Service, DDoS), 동일한 네트워크 내에 속한 감염되지 않은 컴퓨터에 대한 감염 시도, 해커위치 추적 커버 등 여러 기능을 수행한다.

그림 3-4는 Botnet 조정자인 해커가 악성코드를 무작위로 배포하여 피해 네트워크 내의 컴퓨터를 일차적으로 감염시키고, 이들 감염된 컴퓨터가 같은 시스템 내의 감염되지 않은 컴퓨터를 악성코드로 이차적으로 감염시켜 결국 Botnet 마스터가 한 시스템 전체를 통제하게 되는 구조를 보여주고 있다.

그림 3-4: Botnet 감염 구조

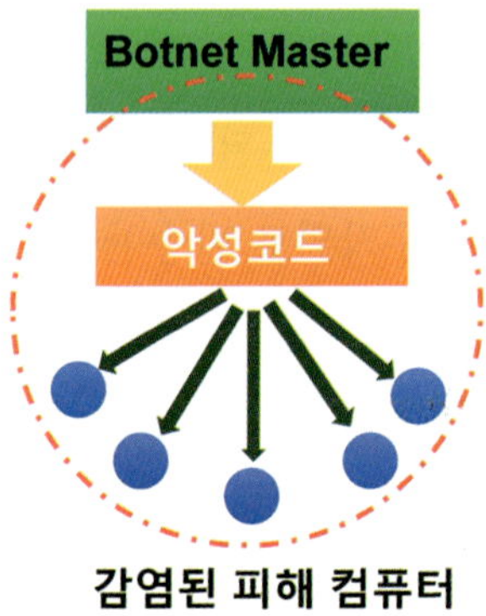

그림 3-5는 스팸메일 발송자(또는 해커)가 악성코드에 의해 해커의 통제에 놓이게 된 감염된 Botnet을 이용하여 그 네트워크에 소속된 오염된 컴퓨터들을 이용하여 다량으로 피해자들에게 스팸메일을 발송하는 구조를 보여주고 있다.

그림 3-5: Botnet에 의한 스팸메일 발송

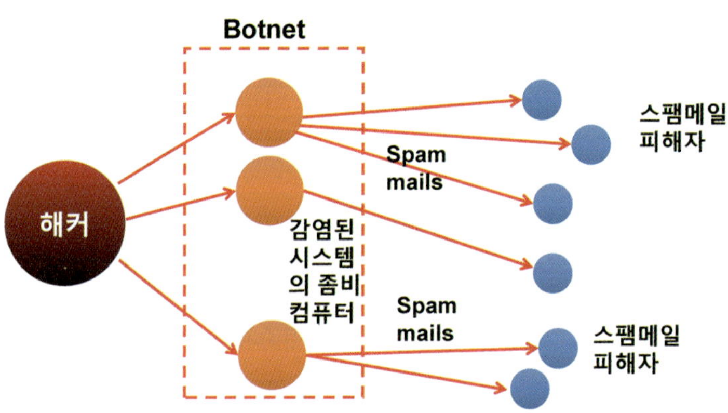

3-5. 컴퓨터 바이러스 (Computer Virus)

해커가 제작한 컴퓨터 바이러스는 종류와 기능이 다양하다. 컴퓨터 바이러스는 이메일의 첨부파일, 특정 웹페이지의 팝업창으로부터의 바이러스 첨부 파일 다운로드, 인터넷 링크, P2P 파일공유 프로그램 등을 통해서 전파된다. 컴퓨터 바이러스는 이미지파일, 오디오나 비디오 파일 등의 형태로 제작되기도 하며, 실행프로그램으로써, 컴퓨터 바이러스는 피해자의 클릭으로 실행되어 피해자의 컴퓨터를 감염시킨다. 피해자는 초기에 컴퓨터 바이러스 감염을 인식하지 못하기도 한다.

컴퓨터 바이러스는 해커가 작성한 소스 코드에 따라 감염된 컴퓨터의 파일과 시스템을 분석하고, 경로를 찾아 컴퓨터 프로그램, 파일이나 문서 내부에 숨는다. 또한, 컴퓨터의 메인 드라이브에 저장된 .jpeg, .avi 등 미디어 파일을 찾아내 삭제하기도 한다.

컴퓨터 바이러스는 컴퓨터 속도를 저하하고, 감염된 컴퓨터나 네트워크 시스템 전체를 다운시킬 수 있다. 사용자 컴퓨터의 패스워드, 데이터, 자판 키로그 내용 등을 탈취하여, 해커에게 전송한다. 또한, 컴퓨터 사용자가 보유중인 주소록을 검색하여, 스팸메일 등을 피해자의 메일계정 명의로 발송할 수 있다. 컴퓨터 바이러스는 기존의 컴퓨터 파일 위에 덮어 쓰여 기존 파일을 사용할 수 없게도 만든다.

3-6. 컴퓨터 웜 (Computer Worm)

컴퓨터 웜은 스스로 복제되도록 제작되었고, 네트워크를 통해 연결된 컴퓨터에 자동으로 전파되어 오염시킨다. 전염될 때 사용자의 클릭이 불필요하다. 컴퓨터 웜은 전파될 때 컴퓨터 시스템의 메모리를 사용한다. 따라서 감염된 컴퓨터의 기능을 저하시킨다. 예를 들면, 다른 웹페이지로 이동하는 속도를 저하시킨다.

컴퓨터 웜의 전파속도는 매우 빠르며, 다량으로 복제된다. 피해자 컴퓨터 내에 저장된 이메일 주소록을 인식하여 이 주소록을 대상으로 컴퓨터 웜을 전파하기도 한다. 컴퓨터 웜은 독립적으로 작성된 프로그램으로, 피해 컴퓨터 내에서 작동 중인 시스템 파일이나 코드를 변형시킬 필요가 없다(Nazario, 2003).

초기의 컴퓨터 웜인 Code Red는 2001년 7월, 전 세계 네트워크로 전파되었는데 14시간 내에 약 359,000대의 컴퓨터를 감염시켰다(CAIDA, 2001). 최초의 웜은 1988년 11월, Cornell 대학 학생이었던 Robert Tappan Morris가, 제작하여, MIT 대학 컴퓨터를 통해 전파되었던 Morris 웜이었다. 제작자인 Morris는 네트워크에 연결된 각 컴퓨터 내에서 웜 코드가 복제되는 시간을 계산하여 인터넷의 크기를 알아보려고 웜을 제작하게 되었다고 밝혔다(Eisenberg, Gries, Hartmanis, Holcomb, Lynn, & Santoro, 1989). 하지만 웜 코드가 잘못 작성되어 약 6,000여 대에 달하는 UNIX 계열 컴퓨터가 이 웜에 오염되어 작동이 불능하게 되는 결과를 가져왔다.

Morris는 '컴퓨터 사기 및 오용법(Computer Fraud and Abuse Act)'이 제정된 이후, 최초로 이 법으로 기소되어, 3년의 징역, 400시간의 지역 봉사 등의 형을 선고받았다(Markoff, 1990). 이 사건을 계기로 미국 '국방고등연구프로젝트국(Defense Advanced Research Project Agency, DARPA)'은 미국 '컴퓨터사고긴급대응팀(US-Computer Emergency Response Team, US-CERT)'를 설치하게 되었다. 추후에

'컴퓨터침해사고긴급대응팀(US-Computer Emergency Readiness Team)'으로 개명하게 된다.

3-7. 악성코드 (Malicious Software Program, Malware)

악성코드는 멀웨어, 애드웨어, 스파이웨어 등으로 불리기도 한다. 이들 악성코드의 기능은 대체로 비슷해서, 명칭에 따라서 엄밀하게 분리하지 않는다. 전파방법은 주로 이메일의 첨부파일에 포함된 악성 코드를 다운로드하거나, 특정 웹사이트의 팝업창 광고를 클릭하면 자동으로 악성코드가 다운로드 되어 감염된다. 악성코드가 실행되면, 컴퓨터나 IT 기기 내의 데이터 관리기능을 방해하고, 컴퓨터 파일을 삭제하거나 변경시킨다. 또, 특정 웹사이트에 컴퓨터 사용자의 의사와 관계없이 강제적으로 접속을 유도한다(Symantec, 2014).

스파이웨어는 마케팅 목적으로 제작되어 사용자가 인식하지 못하게, 스파이웨어 제작자(해커)에게 컴퓨터 사용자의 인터넷 사용정보 등 개인정보 등을 전송하기도 한다. 이렇듯 악성코드는 컴퓨터의 소프트웨어나 하드웨어의 취약점을 이용하여 컴퓨터의 정상적인 운영체제를 방해한다(Symantec, 2014).

IT 보안기업인 Panda사가 자체 연구를 통해서, 2013년 1년간 전 세계에서 약 3,000만여 개의 악성코드를 탐지하였는데, 이 중 71%에 해당하는 악성코드는 Trojan Horse 계열이었다는 것을 밝혔다(Panda Security, 2014).

악성코드에 감염된 USB 메모리 스틱을 컴퓨터 본체와 연결하면 컴퓨터 본체도 감염된다. 2010년에 전 세계 IT 커뮤니티에 화제를 일으켰던 Stuxnet 웜은 독일 Simens사가 설계한 '산업기기용 감시제어 데이터획득(Supervisory Control and Data Acquisition, SCADA) 프로그램'에 접속하게 되면 작동하도록 특별히 설계되었다. 이 웜은 휴대용 USB 메모리 스틱에 숨겨져 사회공학적인 방법으로 전파되어 이란의 Natanz 핵발전소의 SCADA 시스템에 접속되자 작동하여, 이 시스템을 오염시켰다. 이로 인하여 핵처리시설의 원심분리기 속도를 불규칙하게 작동시켜 우라늄원료를 제대로 생산하지 못하게 방해하였다(Clayton, 2010; Kerr, Rollins, & Theohary, 2010).

그림 3-6: 악성코드에 감염되는 과정

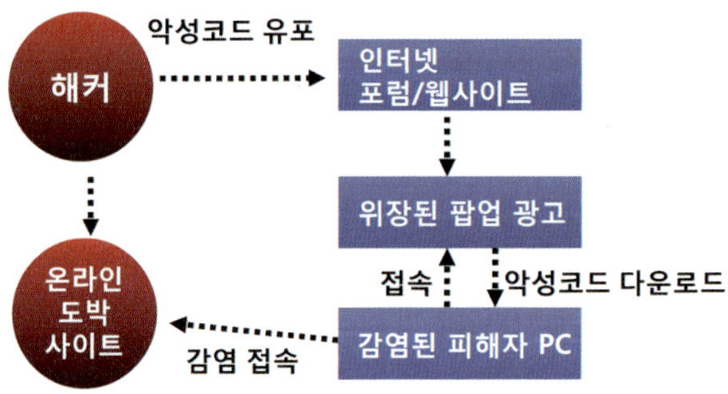

그림 3-6은 온라인 도박 사이트에 컴퓨터 악성코드가 인터넷 사용자들을 어떻게 유도하여 강제적으로 접속하게 만드는지를 보여주고 있다. 온라인 도박 사이트를 운영하는 관리자는 해커의 도움으로 특별히 제작한 악성코드를 인터넷 카페나 포럼, 특정 웹사이트 등에 사회공학적인 기법을 사용한 광고나 메시지를 팝업 광고, 특정파일, 사진, 동영상 등의 형태로 포스팅 한다. 인터넷 사용자들은 호기심이나 관심으로 악성코드가 첨부된 해당 파일을 클릭하거나 다운로드한다. 이로써, 클릭한 인터넷 사용자의 컴퓨터는 악성코드에 감염되어,

악성코드에 의해 설정된 온라인 도박 사이트로 자동으로 이동하게 된다. 이런 감염 경로나 기법은 여러 형태의 변종이 있다.

표 3-2는 Europol (2016)이 파악한 유럽지역 내에서 발견된 악성코드 목록과 그 특성들을 요약한 것이다. 최근에 발견된 악성코드들은 금전취득 목적으로 피해자로부터 금융정보를 탈취하기 위한 목적으로 제작 유포되었음을 알 수 있다.

표 3-2: EUROPOL이 파악한 악성코드 (2016년)

종류	기능	특성
Cryptowall	랜섬웨어	금융정보 탈취.
Ctb-Locker	랜섬웨어	이메일 첨부 파일. 금융정보탈취.
Dridex	데이터 탈취	이메일 첨부 파일. 금융정보 탈취.
Teslacrtpt	랜섬웨어	금융정보탈취.
Angler	Exploit kit	금융정보 탈취.
Citadel	데이터 탈취	
Darkcomet	RAT	
Zeus	데이터 탈취	
Dyre	데이터 탈취	
Neutrino	Exploit kit	
Vawtrack	데이터 탈취	이메일 첨부 파일.
Nuclear	Exploit kit	

출처: https://www.europol.europa.eu/sites/default/files/documents/europol_iocta_web_2016.pdf (p. 17-22).

〈제로 데이 사이버공격〉

제로 데이 사이버 공격(Zero Day Attack)은 특정의 컴퓨터 운영체제나 응용 프로그램 등이 일반 사용자를 상대로 인터넷에 최초 공개되었을 때, 바로 그 운영체제나 프로그램 등의 취약점을 공격하여 공개된 프로그램을 사용하지 못하게 하거나 사용자들을 혼란하게 만드는 방해 행위이다.

컴퓨터 운영체제와 응용 프로그램을 공개한 회사 측은 그 취약점을 수정하는 데, 시간이 걸리게 마련이어서, 업데이트 프로그램을 만들기까지 손실을 보게 된다(그림 3-7 참조). 응용 프로그램을 만든 IT 기업은 고객에 대한 서비스 측면만을 우선적 고려하기 때문에 보안 측면을 높게 고려하지 못할 수가 있다.

따라서 대부분의 IT 기업은 정식 출시 전에 그 출시 제품이 일반 공개 시에 제대로 사용될 수 있는지 시제품(베타 제품)을 출시하여 제한적으로 테스트해보기도 한다.

그림 3-7: Zero Day 사이버 공격 피해

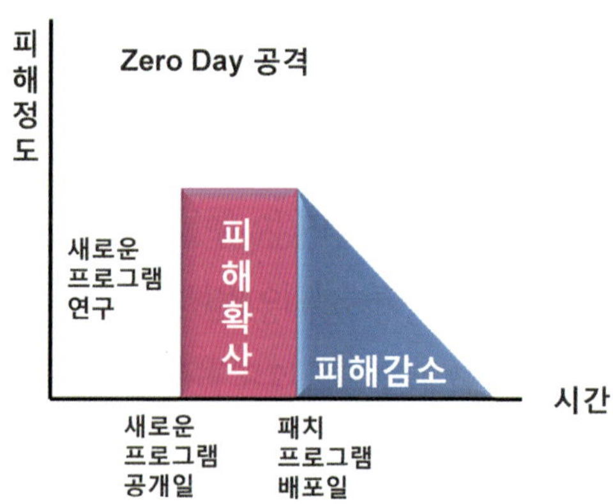

3-7-1. 랜섬웨어 (Ransomware)

최근 강력한 컴퓨터 악성코드로 등장한 것이 랜섬웨어 (Ransomware) 이다. 피싱과 유사하게 피해자가 사회공학적 내용으로 작성된 이메일에 첨부된 파일을 클릭하게 만든다. 랜섬웨어는 피해자 컴퓨터 내의 파일을 모두 암호화하여 이 랜섬웨어를 제작한 해커만이 암호화된 파일을 해독할 수 있는 악성 프로그램이다. 해커는 개인, 기업체, 교육기관, 정부기관이나 의료기관 등을 표적으로 한다. 2016년에, FBI의 인터넷범죄신고센터 (FBI IC3)는 2,673건의 랜섬웨어관련 신고를 접수하였고, 이로 인한 피해액은 240만 달러에 달했다고 밝혔다 (FBI, 2017, p. 10).

사회공학적인 방법에 따라 컴퓨터 바이러스에 감염된 대표적인 사례 중 하나는 대상 업체에 소비자의 불만을 담은 항의 이메일을 보내어 랜섬웨어가 첨부된 불만 내용을 다운로드하여 읽어 보라고 요구한다. 기업체의 소비자 불만 담당자가 그 첨부 파일을 열어보면 랜섬웨어가 자동으로 작동하게 된다.

이 랜섬웨어에 감염되면, 피해 회사가 사용하는 IT 시스템의 업무용 데이터가 해커가 사전에 설정한 대루 암호화 파일로 진환하세 뇐나. 따라서 피해회사는 업무용 데이터를 사용할 수 없게 된디. 개인의 경우, 랜섬웨어에 감염될 경우, 사용하는 컴퓨터 윈도시스템을 이용할 수 없거나, 컴퓨터 내 특정프로그램을 사용할 수 없게 된다 (Microsoft, 2017). 또는 피해자 컴퓨터에 저장된 파일을 암호화 파일로 전환한다.

이런 문제를 해결하려면, 해커로부터 해독키를 입수해야 한다. 해커는 해독키를 보내 주는 조건으로 얼마간의 금액을 비트코인 (Bitcoin)

으로 지불할 것을 요구한다. 해독키 값을 지불하고서도 해독키를 보내 주지 않는 사례가 흔하므로 피해자를 곤경에 빠뜨린다. 해커는 해독키가 원격 서버에 저장되어 지정된 시간이 지나면 해독키가 자동으로 파괴된다고 주장하여, 피해자는 특정 시간 내에 지정된 방법으로 비트코인을 보내야 하는 심리적 압박감을 받는다.

대표적인 랜섬웨어 중의 하나인 Cryptolocker 는 2013년 9월에 발견되었는데 이메일의 첨부파일을 내려 받거나, 특정 웹사이트에서 다운로드하면 감염되었고, 마이크로소프트 윈도체제를 사용할 수 없게 만들었다. 이 랜섬웨어에 감염되면, 하드드라이브의 모든 파일이 암호화되었다. 이런 종류의 랜섬웨어의 피해를 법집행기관에 신고해도, 해커의 추적이 쉽지 않다. 랜섬웨어로부터 컴퓨터를 보호하는 방법의 하나는 백업 파일을 만들어 두어야 한다. 해독키를 받지 못하면 피해 컴퓨터의 하드 드라이브를 포맷시켜야 한다. 의심스러운 웹사이트에 접속하지 않거나 의심스러운 프로그램은 다운로드 하지 말아야 한다.

Microsoft (2017)사가 파악한 2016년도 국가별로 랜섬웨어 감염현황을 보면, 미국, 이탈리아, 러시아, 한국, 스페인 등의 순으로 랜섬웨어가 다수 발견되었다. 랜섬웨어의 종류를 보면, Cerber (20%), Locky (16%), Crowti (12%), Tescrypt (11%), Teerac (9%), Reveton (7%) 등의 랜섬웨어가 주로 발견이 되었다.

Microsoft사의 조사에 의하면, 랜섬웨어인 FakeBsod 는 피해자 컴퓨터의 웹브라우저를 자바스크립트 악성코드를 사용해 작동 불능하게 만들고, 에러메시지 (Error 333 Registry Failure of operating system-Host: BLUE SCREEN ERROR Ox000000CE)가 뜨면서,

해커가 미리 지정한 전화번호로 접촉하라는 문구를 보여준다. 피해자가 지정된 전화번호로 접촉하면, 해커는 이 악성코드 에러를 고치려면 얼마간의 돈을 지불해야 한다고 요구한다(Tung, 2016).

〈랜섬웨어 피해 사례 1〉

2016년 2월, 미국 Los Angeles에 있는 Hollywood Presbyterian 병원은 랜섬웨어를 사용한 사회공학적 기법에 따라 컴퓨터 시스템이 해커의 손에 장악되었다. 해커는 암호화시킨 병원의 데이터베이스를 풀어 주는 조건으로 9,000 Bitcoin을 요구하였으나 협상을 통해 40 Bitcoin(약 17,000달러)을 받고 해독키를 보내 피해 컴퓨터 시스템은 복구되었다(Wolff, 2016).

〈랜섬웨어 피해 사례 2〉

2017년 5월, 마이크로소프트(MicroSoft)사의 Window 운용체제의 취약점을 이용한 WannaCry 랜섬웨어가 급속히 퍼져, 150여 개국의 약 23만여 대의 컴퓨터를 감염시켰다. 이 랜섬웨어에 감염되면, 컴퓨터의 파일을 암호화 시키고, 암호화된 파일을 해제시켜주는 조건으로 300달러를 비트코인으로 지불할 것을 요구하였다(그림 3-8 참조). 영국은 일부 병원, 독일과 러시아 연방은 철도 네트워크가 피해를 입었고, 스페인 및 포르투갈은 일부 통신 회사, 중국과 브라질은 석유화학 회사. 그리고 일본의 경우 자동차 부품 제조 회사들이 피해를 입었다(Symantec, 2017).

그림 3-8: WannaCry 랜섬웨어에 감염된 스크린샷

3-7-2. 독스웨어 (Doxware)

Dox (또는 doxx)는 어원적으로 documents의 약자로[5], 독스웨어 (Doxware) 공격은 유명 인사나 특정 단체, 기관의 IT 기기나 시스템을 악성코드로 오염시켜서, 개인이나 기관의 프라이버시에 해당하는 문서, 주소록, 사진, 동영상, 또는 사적인 대화 내용을 찾아내어, 이를 공개하겠다는 협박을 하여 금전을 요구하거나 특정한 정치적, 사회적 행위를 요구한다는 개념이다. 또는, 호기심으로 영화배우 등 유명 인사의 소셜 네트워크 서비스(SNS) 계정을 피싱 기법으로 해킹하여, 비공개로 설정된 개인적 사진을 공개하거나 사이버범죄 지하시장을 통해 해킹한 계정을 일정 금액을 받고, 열람할 수 있도록 하기도 한다. 또 다른 사례는, 반드시 컴퓨터를 오염시키는 악성 코드를

5) 출처: https://en.oxforddictionaries.com/definition/dox

사용하는 방법이 아니라, 인터넷 서치 엔진을 사용하여 특정 인사의 개인 정보를 탐색하거나, Facebook, Instagram, 또는 LinkedIn등의 소셜 네트워크 서비스를 사용해 특정인의 개인 정보를 알아내어 공개하기도 한다.

Doxware 공격은, 피싱 메일에 첨부한 악성코드로 피해자의 컴퓨터 파일을 암호화 시켜서, 해독키를 보내 주는 조건으로 금전을 요구하는 랜섬웨어 공격과는 반대의 개념이라고 할 수 있다(Lee, 2017). Doxware의 특징은 첫째, 상대적으로 적은 분량의 데이터만으로도 협박하기에 충분하며, 둘째, 절취한 데이터로 피해자를 협박할 때 금전적인 가치가 있는 지 또는 피해자가 협박에 응할 지 여부 등을 판단해야 하며, 셋째, 절취한 데이터를 온라인상으로 공개할 때, 법집행기관의 추적을 받을 수 있다는 점을 감안해야 한다(Bhargava, 2017). Doxware 공격에 대한 예방은 일반적인 피싱 공격에 대한 예방과 같이 의심스러운 메일은 열어보지 않아야 하며, 컴퓨터에 중요한 파일은 암호화하여 보관하거나, 별도의 저장 매체에 보관한다. 그리고 컴퓨터바이러스 백신 프로그램을 항상 업데이트하노톡 한다(Bhargava, 2017).

〈악성 코드를 이용한 해킹과 Doxware 복합적 공격 사례〉

2014년 11월, Sony Picture사가 "The Interview" 영화 개봉을 앞두고 북한 연계 추정 해커 그룹인 Guardians of Peace 로부터 IT 시스템이 해킹되어, 영화 개봉을 취소하라는 압력을 받았다. Sony Picture사는 이를 거부하여, 이 해커 그룹은 Sony Picture사의 제작진, 직원 및 그 가족에 대한 개인 정보, 직원간의 메일, 연봉, 회사의 장기 계획, 배우, 경쟁사 등에 관한 내용을 공개하였다. 이 사례는 의도적으로 악성 코드를 사용한 해킹 공격이었지만, 요구 조건이 받아들여지지 않아서, 민감한 내용을 공개했다는 점에서 Doxware 공격의 특징을 보여준 복합적 사이버 공격의 사례라고 할 수 있다(Siboni & Simon-Tov, 2014; Ensey, 2017).

3-7-3. 트로얀 호스(Trojan Horse) 프로그램

트로얀 호스(Trojan Horse)란 의미의 단어는 그리스 시대 Trojan 전쟁 당시에 그리스군이 목재로 만든 거대한 말 모형에 소수의 군사를 숨겨서 트로이 성문 앞에 갖다 놓자, Trojan 사람들이 전리품이라고 그들의 성안으로 끌어들이자, 그날 밤에 말 모형에 숨어 있던 그리스 군사들이 몰래 나와 성문을 열자, 그리스군이 기습적으로 진입하여 트로이 성을 함락시킨 유래에서 시작했다. 따라서 Trojan Horse는 합법적으로 설치된 컴퓨터 프로그램 속에 사용자가 인식하지 못하게 설치한 불법적인 프로그램으로 악성코드의 대표적인 사례이다(Kaspersky, n.d.).

Trojan Horse 프로그램은 컴퓨터 바이러스나 웜과 유사한 방법으로 위장하여 네트워크를 타고 전파된다. 해커는 사회공학적인 내용의 이메일과 악성코드가 첨부된 이메일을 작성하여, 피해자가 첨부된 파일을 클릭하도록 유도하거나, 특정 소프트웨어의 다운로드, 파일 공유 사이트로부터 패키지 형태로 다운로드, 특정 웹사이트의 액티브 엑스(ActiveX)창 설치, 웹 브라우저의 결함, 미디어 플레이어 및 인스턴트 메신저 등의 취약점을 이용한 방법을 통해서 전파된다.

Trojan 프로그램은 스스로 복제되어 전파되거나 실행되지 않고, 컴퓨터 사용자가 이를 실행을 시켜야 설치된다. Trojan 프로그램의 종류는 다양하며, 해커가 피해자 컴퓨터의 감염된 이후 언제라도 피해자 시스템에 접속할 수 있도록, 피해자가 인지하지 못하는 백도어가 설치되어 작동한다(Dunham, 2008).

Trojan 프로그램이, 피해자 컴퓨터에 설치되면, 피해자가 Trojan 프로그램의 작동을 인식하지 못하며, 해커의 컴퓨터로 자발적인 원격접속, 패스워드 전송, Key logger 활동, 파일 스캔, 임의수정 및 삭제, 시스템 파괴, 소프트웨어 탐지 등의 임무를 수행한다. 또한, 피해자 컴퓨터에 설치된 Webcam을 작동시키거나, 피해자 컴퓨터 스크린 모니터링, 피해자 컴퓨터 하드드라이브의 임의사용, 방화벽이나 컴퓨터 보안프로그램의 기능을 불능하게 만들 수 있다. Botnet 일부로도 작동하여 자동으로 DDoS 공격이나 스팸메일의 발송에 이용되기도 한다.

제우스(Zeus) 코드는 Trojan 프로그램의 대표적인 악성코드의 일종으로 전 세계적으로 대다수 정부기관이나 금융기관 등의 컴퓨터 네트워크를 감염시킨 바 있다(Symantec, 2014; Leyden, 2014). Zeus 코드는 특히 마이크로 소프트의 윈도시스템에 작동하도록 제작되었다. 특정 Zeus 코드는 스마트 폰 이나 태블릿 등 구글 안드로이드 운영체제 등에 피해를 주기도 한다.

일반적인 Trojan 프로그램처럼 피싱 메일, 스팸메일 등을 통해서 전파되며, 인터넷링크를 클릭하거나 첨부 파일을 열면 컴퓨터 시스템에 백도어를 설치하여, 해커가 피해자 컴퓨터를 원격 통제할 수 있게 된다. 피해자가 인터넷의 특정 웹사이트에 비밀번호 등 개인정보를 입력할 때 이 내용을 해커에 전송하기도 한다.

3-8. 서비스거부 공격 (Denial of Service Attack, DoS Attack)

언론 매체를 통해 자주 보도되는 사이버 공격 중에는 서비스거부(Denial of Service, DoS) 공격과 분산서비스거부(Distributed Denial of Service, DDoS) 공격이 있다(US-CERT, 2009). 이 두 가지 타입의 사이버 공격은 원리는 비슷하지만, 실지 공격 형태에서 다르다.

서비스거부(DoS) 공격은

1) 해커가 목표로 보안이 취약한 컴퓨터 네트워크를 스캔하여, 그 네트워크에 속한 특정 컴퓨터를 악성 코드로 감염시키고,
2) 그 컴퓨터를 조정하여, 당초 사이버 공격 목표로 설정한 기업이 운용중인 웹사이트에 엄청난 양의 접속 부하를 일으키도록 한다.
3) 이로 인해, 합법적인 웹사이트 사용자들은 사이버 공격을 받은 기관의 웹서비스(이메일 사용, 온라인 쇼핑이나 금융, 온라인 예약, 웹 검색 등)를 이용할 수 없게 된다.

분산서비스거부(DDoS) 공격은 해커가 악성코드를 통해서, 여러 지역의 '감염된 네트워크' 내에 속하는 다수의 컴퓨터를 원격 통제한다. 이들 감염된 네트워크나 그 네트워크에 속한 컴퓨터들이 소위 Botnet 역할을 하게 된다. 해커가 목표로 설정한 특정 웹사이트나 웹사이트 메일서버에 특정 시간을 설정해 대상 웹사이트의 부하 능력을 초과하는 다량의 접속시도나 스팸메일을 보낸다. 이로 인해 피해 웹사이트의 접속속도가 급격히 저하되거나, 접속할 수 없게 된다(그림 3-9 참조).

그림 3-9: 분산서비스거부 (Distributed Denial of Service, DDoS) 공격 구조

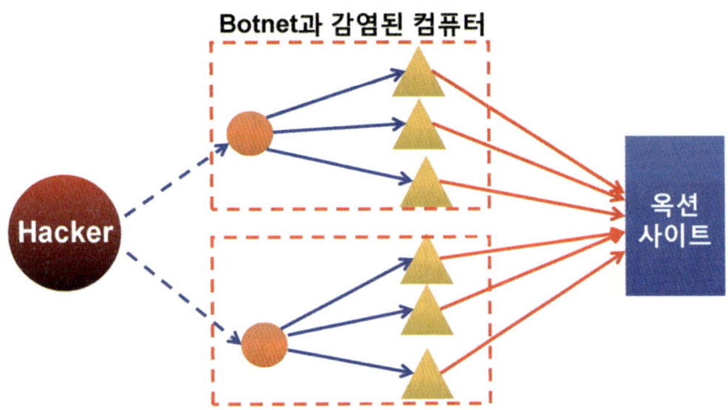

3-9. 사이버 협박 갈취 (Cyber Extortion)

사이버 협박 갈취는 범죄대상에 따라 형태가 조금씩 다르다. 첫째, 금전을 취득하기 위하여 목표로 설정된 온라인 비즈니스 기업체의 IT 시스템을 DDoS 공격을 하여, 인터넷 서비스 이용자들이 해당 웹사이트에 접속할 수 없도록 만든다. 이 사이버 공격을 멈추는 대가로 특정 금액을 피해기업에 요구한다.

둘째, 개인적인 차원에서는 영화배우 등 유명연예인의 소셜 네트워크 서비스 계정이나 이메일 계정을 해킹하여, 사적인 사진이나 텍스트 등을 언론 매체에 공개하겠다고 협박하기도 한다.

셋째, 사회공학적인 방법을 사용하여 특수 제작한 악성코드로 개인의 컴퓨터나, 피해기업의 네트워크를 감염시켜, 이 기업이 사용 중인 데이터를 암호화시킨 후, 암호화된 데이터베이스 파일을 해독할 수 있는 해독키를 주는 조건으로 특정 금액을 요구하기도 한다. 암호화시키는 악성코드가 랜섬웨어 (Ransomware)이다.

사이버 협박 갈취는 법집행기관의 수사, 체포 및 기소가 어려운 국경을 넘은 해외로부터 주로 이루어지기 때문에 해커를 추적하고 기소하기가 어렵다. 요구금액 지불방법으로, 최근엔 주로 Tor network를 통해 비트코인 등을 요구하여 해커에 대한 위치추적과 검거가 더 어려워지고 있다. 개인 피해자인 경우, 요구금액을 보내도 암호 해독키를 보내 주지 않는 사례도 흔하다. 기업체의 경우, 요구한 금액을 보내도 피해기업 IT 시스템의 취약점을 파악한 또 다른 해커들로부터 같은 협박 갈취를 받을 수도 있다.

대부분의 사이버 협박 갈취 사례가 법집행기관에 신고되는 것은 아니다. 피해 업체들은 피해 사실이 공개되면, 고객들로부터 자신들의 데이터를 제대로 관리하지 못했다는 이유 등으로 신용을 잃을 우려가 있기 때문이다. 또한, 법집행기관에 신고했다고 해서 반드시 범죄자를 체포할 수 있는 것도 아니고, 피해가 바로 복구되는 것도 아니다.

그림 3-10: 사이버 협박 갈취 구조

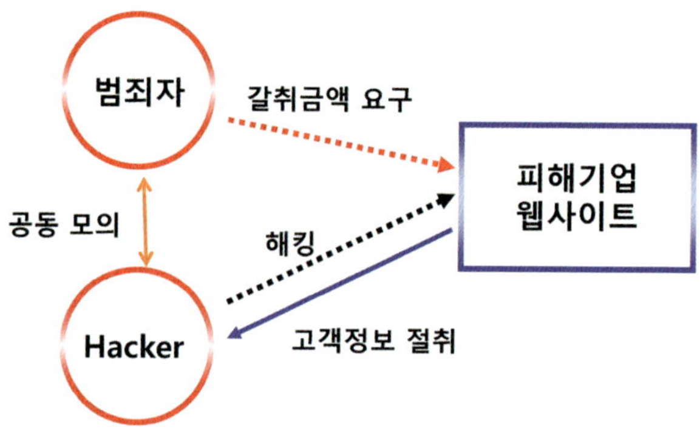

그림 3-10은 사이버 협박 갈취의 한 사례를 보여준다. 범죄자는 해커와 공모하여 역할분담을 한다. 해커는 악성코드를 제작하여, 사회공학적인 내용의 이메일에 첨부하여 목표로 설정한 기업의 구성원에게 보낸다.

해당 메일에 첨부된 파일이 악성코드인 것을 인지하지 못한 기업의 구성원이 첨부파일을 클릭하게 되면, 그 구성원의 컴퓨터를 통해 기업의 IT 시스템 네트워크가 악성코드에 의해 감염된다. 해커는 피해 기업의 IT 시스템을 원격 조정 통제할 수 있게 된다. 해커와 공모한 범죄자는 피해 기업이 보유하고 있는 고객들의 개인정보 데이터베이스를 공개 또는 파괴하겠다고 협박한다.

또는, 피해 기업의 IT 시스템을 통제하여, 고객은 피해 기업의 온라인 서비스를 받을 수 없게 된다. 해커는 피해 기업을 접촉하여, 서비스를 복구시켜 주는 대가로 금전을 요구한다. 피해 기업은 해커가 요구한 금액을 비트코인(Bitcoin) 등으로 지불하게 된다.

〈사이버 협박 갈취와 비트코인(Bitcoin)〉

최근 사이버 협박 갈취를 하는 해커들은 피해자들에게 비트코인(Bitcoin)으로 돈을 지불하라고 요구하는 등 비트코인을 범죄 행위에 사용하는 사례가 늘고 있다(Wilson & Yelowitz, 2015). 비트코인(Bitcoin)[6]은 화폐정책을 통괄하는 일반 국가의 중앙은행처럼 통제하는 기구가 없고, 분권화된 P2P 방식으로 네트워크 중심으로 유통되는 암호화 화폐(또는 가상 화폐)

4) 2008년 10월 Satoshi Nakamoto 라 불리는 익명의 프로그래머가 비트코인 시스템을 개발하였다. 후에 호주 국적의 Craig Wright가 본인이 비트코인을 개발한 당사자라고 주장하였다.

이며, 어느 정도의 익명성으로 개인들 간에 불법자금을 생산, 이전, 사기 또는 절취할 수 있다 (Nigh & Pelker, 2015).

그림 3-11: 비트코인 로고

출처: https://en.bitcoin.it

2009년에는 비트코인을 제조하는 소스 소프트웨어가 세상에 공개되었다. 비트코인은 수학 알고리즘을 이용한 컴퓨터 계산으로 경쟁하여 그 결과로 보상받아 생산된다. 이를 채굴 (Mining)이라고 한다. 블록체인 (Block Chain)[7]에는 모든 비트코인 거래가 기록된다.

아동 포르노, 마약, 무기 불법거래 등 사이버범죄 지하경제 시장에서는 주로 비트코인으로 거래가 이루어지기도 한다 (Smith, 2013). 2014년 4월, 일본에서 비트코인 교환 거래를 하던 Mt. Gox 사가 신원 미상의 해커들로부터 총 744,000 비트코인 (약 3억 5천만 달러 상당)을 절취당하여 파산신청을 하였다 (McMillan, 2014). 2016년에는 비트코인 거래소인 Bitfinex가 해킹 피해를 입어 120,000 비트코인을 절취당해 약 7,200만 달러의 피해를 보았다 (Baldwin, 2016).

---

5) 블록체인은 전체 비트코인 네트워크가 의존하는 공공장부이다. 비트코인 거래는 실명으로 거래를 하지 않지만, 엄밀한 의미에서 익명 거래라고는 할 수 없다. 거래는 '비트코인 지갑 (Wallet)'을 통해서 이루어진다.

2014년 2월, Utopia라는 사이버범죄 지하경제 웹사이트는 1,000여 개 품목에 달하는 마약, 복제 상품, 화장품 등을 판매하고 있었다. 네덜란드 경찰은 이 웹사이트 운영자들을 체포하고 거래자금 9,000 비트코인을 압수하였다(Murray-Morris, 2014). 비트코인 지갑(Wallet)의 비밀번호(Private Key)를 탈취하는 악성코드도 제작 유포되어 네트워크를 통해 비트코인 지갑 소유자 모르게 비밀번호가 절취되는 사례도 발생하였다.

최근에는 비트코인에 대한 현금성 가치가 증가하고, 유사한 가상화폐(Virtual Currency)의 종류가 다양해지고 있다. 따라서 비트코인 등 가상화폐를 매개로 하는 불법거래에 대한 각국 법집행기관들의 대책이 필요하게 되었다.

3-10. 사회공학적 공격(Social Engineering Attack)

사회공학적인 방법으로 이루어지는 사이버범죄는 피해자에게 해커의 말을 신뢰하도록 기만하여 개인정보나 기업정보를 제공하도록 유도하는 범죄행위이다. 사회공학적인 방법이 사용되기 시작한 초기에는 피해자들에게 직접 전화하여, 은행 직원, FBI 수사관, 국세청(IRS) 직원 등 정부기관원으로 사칭하여 업무상의 이유를 들어 피해자에게 개인정보를 요구하였다. 인터넷이 일반에 공개된 초기에는, 사이버 범죄자가 직접 피해자 IT 시스템 관리자에게 전화를 해서 피해기업 고위임원이나 시스템관리업체 직원 등으로 가장하여 IT 시스템 접속에 필요한 정보를 취득하기도 하였다. 최근에는 이메일 등을 통해 피해자를 기만하는 것이 보편적인 형태가 되었다.

사회공학적인 방법의 사이버 공격의 종류에는, '피싱 (Phishing)', '파밍(Pharming)', '비싱 (Vishing)'과 '스미싱 (Smishing)' 등이 있다. 미국의 경우, 1999년에 제정된 '금융서비스현대화법 (Financial Services Modernization Act, 일명 Gramm-Leach-Bliley Act)'은 금융기관의 데이터 및 정보를 기만 (Pretexting)하는 방법으로 불법 취득하는 행위를 연방법으로 처벌할 수 있도록 하였다.

MarkMonitor (2016)사가 실시한 사이버범죄피해조사에 따르면, 응답자의 45%가 어떤 형태로든 사이버범죄의 피해를 본 경험이 있으며, 소셜 네트워크 서비스 계정의 패스워드를 재설정하라는 허위요구가 가장 흔한 사회공학적 사이버 공격이었고 (20%), 다음으로는 합법적인 기업으로 가장하여 개인정보를 수집하는 형태였다 (17%).

사회공학적 사이버공격의 대표적인 기법인 '피싱', '파밍', '비싱' 및 '스미싱' 기법을 차례로 알아보기로 한다.

3-10-1. 피싱 (Phishing)

피싱은 가짜 웹사이트나 인터넷 링크를 포함한 이메일을 발송하여, 피해자를 기만하여 첨부한 가짜 웹사이트나 링크에 이동 또는 접속토록 하여, 개인금융 정보 등을 입력하게 유도하는 사기기법을 말한다. 가짜 웹사이트는 진짜 웹사이트와 거의 구분을 못 할 정도로 정교하게 제작하기 때문에, 피해자가 착오를 일으키기 쉽다.

'피싱예방실무그룹 (Anti-Phishing Working Group, APWG)'은 피싱 및 악성코드로부터 개인 정보절취 및 사기방지와 예방을 위한 비영리단체이다. 여기에 가입한 기관들은 전 세계 약 2,000여 개에 달하며, 이들 기관이 신고한 피싱 등 피해 통계를 분기별로 발표한다.

2015년 1년간, 전 세계 해커나 범죄 단체들로부터 이들 회원기관에 발송된 피싱 관련 이메일 수는 1,413,978통이었고, 실지 접속한 피싱 웹사이트의 수는 789,068개였다(APWG, 2016). 그림 3-12는 APWG가 파악한, 2016년 월별 인터넷상에 유포된 피싱 사이트 수의 추세이다. 이 표를 보면 4월에서 7월간 피싱 사이트의 수가 다른 계절에 비해 증가했는데, 계절에 따른 변화 또는 일시적인 현상인지는 좀 더 지켜보아야 할 것이다.

그림 3-12: 2016년 월별 피싱 사이트 수

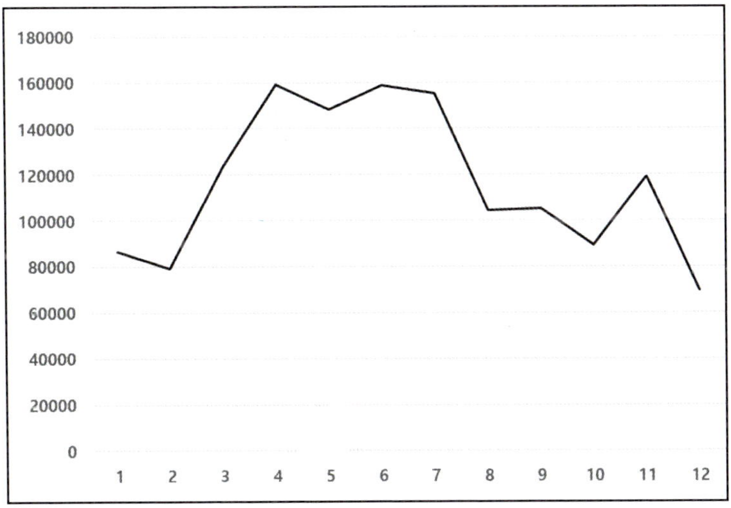

출처: APWG (http://docs.apwg.org/).

APWG (2017)의 통계에 의하면, 해커에 의한 피싱 공격을 받은 기관을 업종별로 보면, 소매 및 일반 서비스 업종이 제일 많은 피싱 메일을 받았고(42.7%), 금융기관(19%), 신용카드 등 지불중계서비스(12.3%), 인터넷 서비스(12.2%), 멀티미디어업(3.8%), 소셜 네트

워크 서비스업체(2.3%)와 정부기관(1.2%) 등의 순위를 보여주고 있다. 이는 개인정보를 다량으로 보유하고 있는 소매와 일반서비스업체, 금융기관이나 금융거래 처리기관이 해커의 주요 표적이라는 것을 알 수 있다.

또한, 해커가 유포하는 악성코드 종류 중 압도적 다수를 차지하는 것은 Trojan 프로그램(75%)이고, Virus(1.5%), Worm(1.5%), Adware/Spyware(0.5%) 및 기타(21.5%) 순으로 이어진다. 국가별로 Trojan, Virus, Worm, Adware/Spyware 등 악성 코드에 감염된 비율은, 2016년 4분기에 중국(47%), 터키(43%), 대만(39%), 러시아(36%), 브라질(33%) 등의 순으로, 이들 국가 내에 위치한 IT 시스템이 악성코드에 감염되었다(APWG, 2017).

그림 3-13은 전형적인 피싱 메일 사례를 보여 주고 있다. 해당 피싱 메일은 미국 Chase 은행을 가장하여, 최근 온라인 금융 거래가 사기행위로 의심되니, 신분확인 절차가 필요하다고 하면서, 이메일에 첨부된 파일을 다운로드하라고 메일 수신자에게 요구한다. 하지만 이 메일 주소는 Chase 은행과 관련 없어 보이는 브라질 정부로 추정될 수 있는 이메일 주소를 쓰고 있다. 이메일 주소 역시 허위로 만들어졌을 가능성이 있다. 이 첨부 파일은 악성코드가 첨부되어 있어 첨부 파일을 다운로드받고 실행시키면, 메일 수신자의 컴퓨터가 해커가 작성한 악성코드로 감염되어, 피해자의 컴퓨터에 저장된 개인정보가 해커에게 유출될 수 있다.

그림 3-13: 피싱 메일 사례

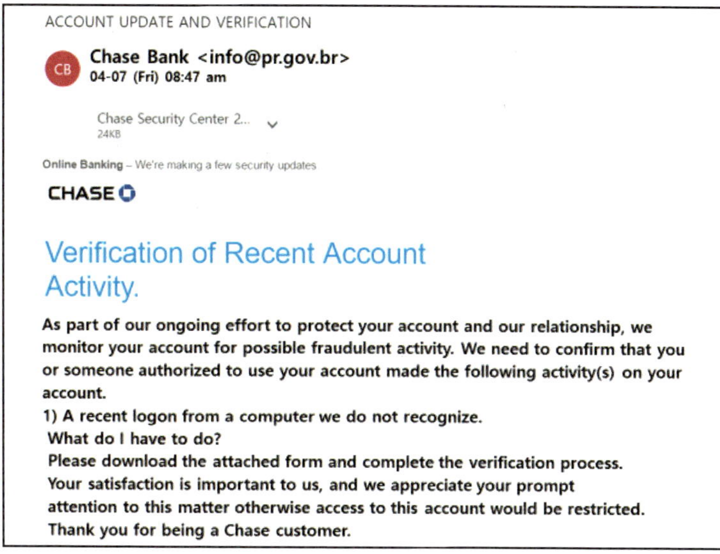

ACCOUNT UPDATE AND VERIFICATION

Chase Bank <info@pr.gov.br>
04-07 (Fri) 08:47 am

Chase Security Center 2...
24KB

Online Banking – We're making a few security updates

CHASE

Verification of Recent Account Activity.

As part of our ongoing effort to protect your account and our relationship, we monitor your account for possible fraudulent activity. We need to confirm that you or someone authorized to use your account made the following activity(s) on your account.
1) A recent logon from a computer we do not recognize.
What do I have to do?
Please download the attached form and complete the verification process.
Your satisfaction is important to us, and we appreciate your prompt attention to this matter otherwise access to this account would be restricted.
Thank you for being a Chase customer.

출처: 필자의 개인 이메일에서 발췌

〈Jennifer Lawrence 해킹 피해〉

2014년 8월 말 미국의 여배우 Jennifer Lawrence 등 유명 여배우들의 나체 사진들이 4chan 등 사진 공유 웹사이트에 게시되었다. 범인은 여배우들의 이메일이나 소셜 네트워크 서비스(SNS) 계정을 알아내기 위해, 메일 서비스 회사나 SNS 회사 관리자를 가장하여 사용계정과 비밀번호 등 개인 정보를 입력하라는 피싱 메일을 보내어 이에 30여 명의 여배우 등이 개인 정보를 제공하면서 그들의 SNS 개인계정의 나체 사진이나 비디오 등이 노출되었다. 범인인 Edward Majerczyk은 검거되어 2017년 1월, 9개월의 징역형을 선고받았다(Reisinger, 2017).

그림 3-14: 스피어 피싱 기법

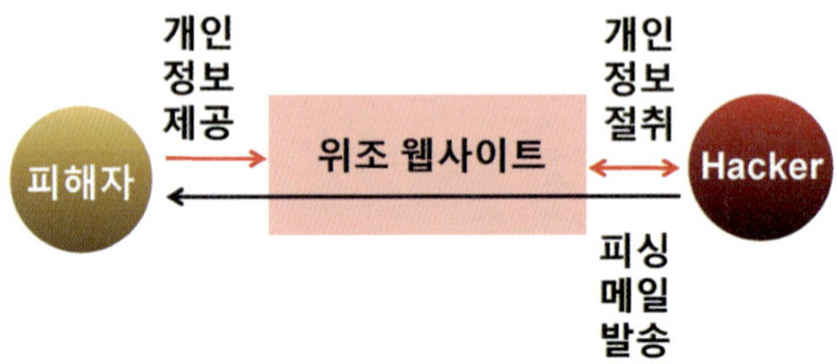

피싱 공격 기법의 하나인 스피어피싱(Spear phishing)은 표적으로 정한 정부기관이나 기업체에 근무하는 특정 인물(주로 CEO 등 임원급 이상)을 선정하여 피싱 메일을 보내어 당사자가 피싱 메일에 첨부된 웹사이트 링크를 클릭하면, 피해자의 컴퓨터가 악성코드로 오염되어 개인정보가 절취되거나, 피해자가 속한 IT 네트워크가 악성코드로 오염된다(그림 3-14 참조). 이 기법을 사용하는 해커는 사전에 목표로 정한 인물들에 대한 기본정보를 수집하고 사회공학적인 내용의 메일을 보내기 때문에 목표대상으로 설정된 인물이 이 피싱 기법에 응할 확률은 일반 피싱 기법보다 더욱 높다.

3-10-2. 파밍(Pharming)

파밍(Pharming)은 Farming과 Fishing 단어의 합성어이다. 피싱과 마찬가지로 개인정보절취에 사용되는 기법이다. 피싱보다 기술적으로 더 정교하여, 해커가 보낸 사회공학적인 내용의 이메일을 피해자가 회답하면, 피해자의 컴퓨터에 해커가 제작한 악성코드가 자동 설치된다. 이를 모르는 피해자가 특정의 인터넷 홈페이지(예: www.rutgers.edu)로 접속을 시도하면, 설치된 악성코드는 해커가 미리 제작한 위조 인터넷 홈페이지(예: www.rutgers11.edu)로 이동시킨다(그림 3-15 참조). 홈페이지 주소가 비슷하게 보이므로, 피해자는 위조 홈페이지를 원래의 홈페이지와의 차이를 인식하지 못한다. 피해자는 위조 홈페이지인 것을 모르는 상태에서 아이디와 패스워드 등 개인정보 등을 입력하면, 그 정보가 그대로 해커의 컴퓨터로 전송된다. 은행 계좌인 경우, 해커는 탈취한 정보를 이용하여 해커 본인의 계좌로 돈을 이체할 수 있다. 온라인 뱅킹 및 온라인 쇼핑 이용자들이 피해를 볼 수 있다.

그림 3-15: 파밍 기법

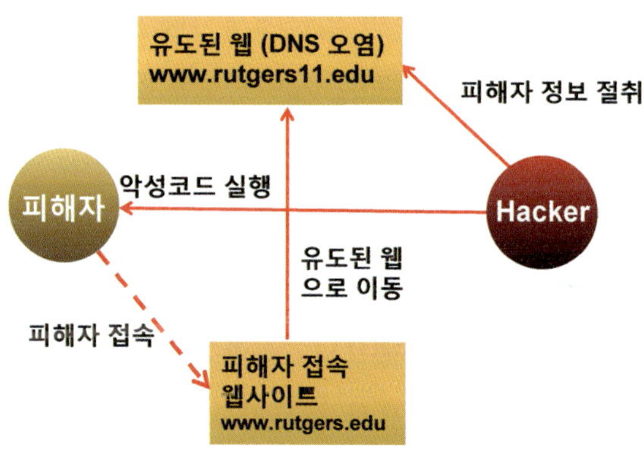

3-10-3. 비싱(Vishing: Voice Phishing)

인터넷 음성 전화(Voice over IP) 서비스를 이용하여, 해커는 사이버범죄지하시장에서 입수한 전화번호 데이터베이스에서 무작위로 선택한 피해자들의 전화번호로 전화를 걸고, 피해자가 전화를 받으면, 자동응답 장치를 이용하여, 사전에 설정한 전화 서비스로 이동한 후, 신용카드 정보나 개인정보 등을 입력하도록 유도하고 이 정보를 탈취하는 행위이다(그림 3-16 참조).

그림 3-16: 비싱 기법

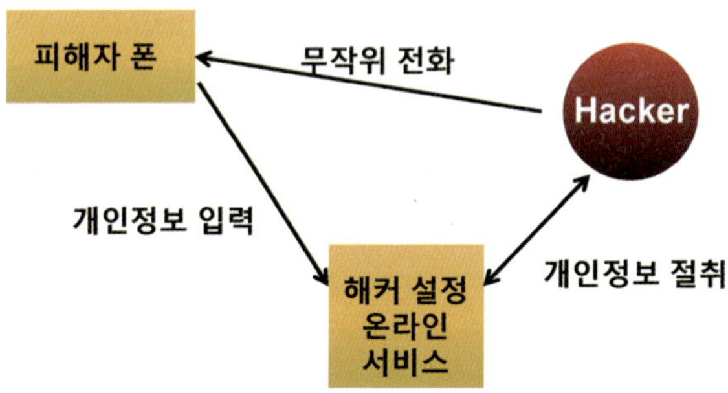

또 다른 비싱범죄 유형은 사기범이 직접 피해자에게 전화를 걸어서, 피해자의 금융정보나 주변 인물에게 긴급한 상황이 발생했음을 설명하고, 이에 대한 해결책으로, 개인정보를 요구하거나, 일정 금액을 요구하는 행위를 말한다. 상황이 긴급함을 강조하여 피해자를 합리적으로 판단할 틈을 주지 않는다(Keyworth, 2016).

구체적 사례로는 전화를 받은 피해자가 소유한 은행 계좌에 비정상적인 입출금 기록이 발생했으니, 정확하게 은행 계좌번호를 다시 입력하라고 요구하거나, 소유한 신용카드번호가 유출되었다는 등의 메시지를 자동 음성녹음 방식으로 전달해 주고, 피해자의 은행 계좌나 신용카드 정보입력을 요구한다. 추가로 신용카드의 보안코드나 유효기간 등을 입력하라고 요구하기도 한다.

최근 사례로는 FBI나 미국 '국세청(Internal Revenue Service, IRS)' 등 연방정부 기관원이라고 주장하면서, 개인정보를 요구하는 사례도 발생하고 있다. 어떤 형사사건에 연루되었으니, 체포를 면하려면, 얼마간의 합의금을 송금해야 한다고 요구하기도 하고, 세금 미납분을 지정계좌로 즉시 입금하라고 요구하던가, 또는 신원확인용 개인정보를 요구하는 등의 사례가 보고되었다(FBI, 2016). 이와 같은 피해자를 기만하는 사기 시나리오는 다양하다.

2013년 10월부터 2016년 3월까지, 미국 국세청 직원으로 사칭하여, 약 1백만 건 이상의 비싱 사기 시도가 있었고, 5,500명의 피해자가 2,900만 달러의 피해가 있었다(FBI, 2016). 전화를 사용하는 비싱범죄의 경우, 상대적으로 비용이 저렴한 인터넷 폰을 사용한다는 점을 빼고는 엄밀하게 구분하면, 사이버범죄로 분류할 수 있는지에 대한 논란은 있을 수 있다.

3-10-4. 스미싱 (Smishing)

스미싱은 SMS text message와 Phishing의 합성어이다. 스마트폰으로 이용하는 단문메시지 서비스로 스마트폰 사용자들에게 무차별적으로 텍스트 메시지를 전송하여, 보상 포인트(Reward points)나 상품 선물권 카드(Gift card) 획득을 위해 개인정보를 입력하도록 요구한다.

실지로 2012년 3월경, 미국 Colorado 州 Denver 시에서 Walmart 회사로 가장하여 1,000달러의 상품권 카드를 제공하니 링크로 연결된 특정 웹사이트에 들어가서 이름, 이메일 주소, 전화번호 등 개인정보를 입력하라는 사기(Scam) 메시지가 발송된 사례가 있었다(Smith, 2012).

3-11. 개인정보 절취 (Identity Theft)

2014년의 미국 '전국범죄피해조사(NCVS)'에 따르면, 16세 이상 미국민 중 1,760만 명이 어떤 형태로든 한 번 이상의 개인정보 절취 피해를 입은 것으로 추산되었다(Harrell, 2014). 이는 전체 미국민의 약 7%에 해당한다. 미국 '연방거래위원회(FTC)'가 신고를 받는 모든 소비자 사기 고발 건수 중 개인정보 절취 건수는 매년 13~26%를 차지하는 등 최상위권을 차지하여 왔다. 또한, 2006년의 246,214건에서 2016년에 399,225건으로 매년 꾸준히 증가하여 왔다(그림 3-17 참조).

그림 3-17: 미국 연방거래위원회(FTC)에 접수된 개인정보절취(ID Theft) 피해 추세

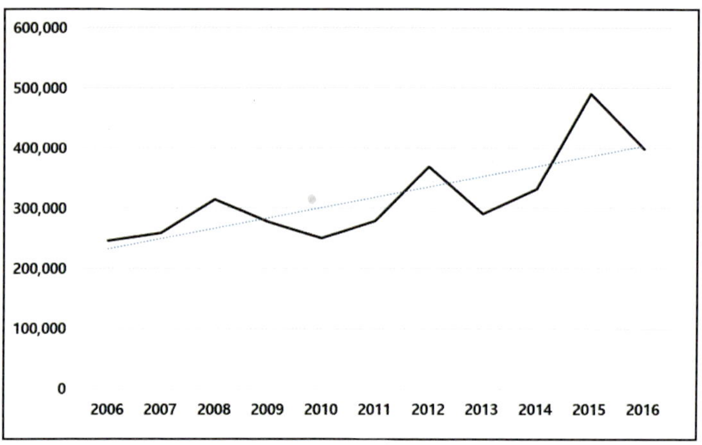

출처: https://www.ftc.gov/

대표적인 개인정보 절취방법 몇 가지를 소개하면,

1) 기업의 데이터베이스를 해킹하여 고객의 개인정보를 절취.
2) 고객정보를 취급하는 담당 직원의 협조로 개인정보를 절취.
3) 매장에서 카드결제기에 스키머(Skimmer)를 장착해 구매자의 신용카드 정보 등 개인정보를 절취(내부 직원의 협조가 필요).
4) 길거리나 특정 건물의 쓰레기 처리장에 버려진 개인정보가 수록된 서류를 절취.

5) 주택이나 건물의 우편함에서 배달된 우편물들을 직접 탈취.

6) 개인이 읽고 있는 서류나 메일 내용을 어깨너머로 읽고 필요한 개인정보를 절취하는 등 여러 가지 방법이 있다.

개인정보 절취의 목적은 밀입국 등으로 인한 불법적인 신분증 획득, 테러목적 신분위장, 불법 취업, 금융사기 관련 및 기타 일반범죄 목적 등 여러 가지이다.

〈스키머를 사용한 개인정보 절취 과정〉

스키머를 사용하여 신용카드나 현금카드의 금융정보를 탈취하는 범죄는 미국 내에서 드문 것은 아니다. 개인정보 절취를 전문으로 하는 범죄조직이 은행의 ATM 기기로부터 피해자들의 신용/현금카드 정보를 입수하는 방법을 알아보기로 한다.

1) 개인정보를 이미 절취한 범죄조직은 사이버범죄 지하시장에서 신용카드 뒷면의 마그네틱테이프 정보를 읽을 수 있는 스키머를 구입한다.

2) 그리고 미국 은행 지점에 설치된 ATM 부스를 선정하여, ATM 기기의 현금/신용카드 투입구 위에 구입한 스키머를 설치한다.

3) 피해자는 스키머가 설치된 것을 모르는 상태에서 스키머를 은행카드 투입구로 오인하고 은행카드를 투입한다.

4) 불법 설치된 스키머는 피해자의 금융정보를 스캔하고 저장한다.

5) 피해자의 비밀번호를 파악하기 위해, ATM 기기 옆에 설치된 은행홍보용 팜플릿이 비치된 박스 아래쪽에 조그만 구멍을 내고, 박스 안에 특수 제작한 소형카메라를 설치하여 피

해자가 ATM의 키패드에 비밀번호를 입력할 때 이를 촬영하도록 한다.

6) 나중에 스키머와 소형 카메라를 수거하여 입수한 피해자의 금융정보를 알아낸다(FBI, 2011).

〈ATM 기기에 스키머 설치 범죄 사례〉

사례 1

2015년 12월, 플로리다 주 마이애미 등 4개 지역에서 ATM 기기에 스키머를 설치하고 ATM 이용자의 개인 및 금융 정보를 탈취한 4명의 루마니아인이 체포되었다(FBI, 2011).

사례 2

뉴욕시에서 ATM 기기에 설치한 스키머를 통해서 절취한 개인 및 금융정보로 1,400여 개의 은행 계정에서 180만 달러를 절취한 불가리아인이 체포되었다(FBI, 2011).

사례 3

2016년 7월, 은행지점에 설치된 ATM기기에 직접 스키머를 장치하여 불법적으로 개인 금융정보를 절취하는 수법 이외에, ATM기기를 운용하는 소프트웨어 프로그램에 악성코드를 입력시켜, ATM 기기에서 직접 현금을 불법 인출한 사례가 발생했다(McMillan, 2016). 대만 타이베이 소재 First Commercial 은행의 ATM 기기들이 악성코드에 감염되어, 고액의 현금이 ATM 기기에서 무단 방출되었고, 이 사건과 관련하여. 3명의 동유럽 출신 용의자들이 체포되었다. 이 악성코드는 Buhtrap이라 불리는 러시아 범죄 조직이 러시아 내 은행 등을 대상으로 최초 사용하였다. 이들은 2016년 5월, First Commercial 은행의 영국 런던지점 컴퓨터 시스템에 악성 코드를 침투시켜 독일제 ATM 기기를 악성코드로 업데이트시켜서 장악한 후, ATM 기기가 보유하고 있던 현금을 방출하도록 불법 조작하였다. 태국의 '정부 저축 은행'도 유사한 피해를 보았다. 이들 은행은 사기성 피싱 이메일에 첨부된 악성코드에 의해 IT 시스템이 감염되었다.

이런 방법 외에, 사이버 범죄자는 사이버범죄 지하시장에서 신용카드 제작용 플라스틱 카드와 절취한 개인정보 및 금융정보 데이터베이스를 구매하여, 신용카드 뒷면의 마그네틱테이프에 절취한 정보를 입력하여 피해자의 은행카드를 복제한다. 불법 복제한 은행카드를 다시 사이버범죄 지하시장을 통해 판매하거나, 직접 복제한 신용카드를 사용하여 피해자의 현금을 인출하거나 물건을 온라인으로 또는 직접 구매한다.

표 3-3: 미국 연방거래위원회(FTC) 접수 개인정보 절취 사례 분포(단위: %)

구분	2008	2010	2015
세금 및 임금 관련사기	12.3	15.5	45.3
신규 신용카드사기	12.3	9	11.6
기존 신용카드사기	20	15	4.2
은행 관련사기	11	10	5.9

출처: FTC 홈페이지(https://www.ftc.gov/).

위 표 3-3에 따르면, 세금 및 임금 관련사기는 FTC에 접수된 건수 중 2008년의 12.3%에서 2015년에 45.5%로 대폭 증가하였다

(FTC, 2016). 이는 어려워진 경제문제로, 세금 환급이나 임금 지불 관련하여 타인의 개인정보를 절취한 사기 건수가 증가한 것으로 보인다. 한편, 신규로 신청되는 신용카드 관련사기는 2008년부터 2015년간 신규 신용카드 관련사기 건수는 12.3%에서 11.6%로 큰 변동은 없었다.

기존에 발급된 신용카드 관련사기 건수는 2008년 20%에서 2015년에 4.2%로 대폭 감소하였다. 이는 과거에 은행 신용카드 관련사기 건수가 많아 은행 측이 이들 신용카드에 대한 보안 등 관리정책을 꾸준히 강화해 온 것으로 해석할 수 있다.

은행 계좌관련 사기도 2008년의 11%에서 2015년에 5.9%로 대폭 감소한 것도 은행에서 자체적으로 고객 계좌 보호와 데이터 시스템 보호 등 금융사기에 대한 보안체제를 강화한 것으로 보인다. 다시 말하면, 은행당국이 신용카드와 사기관련 예방 정책을 강화하여, 어느 정도 효과를 본 것으로 해석할 수 있다.

3-12. 인터넷 사기 (Internet Fraud)

인터넷 사기는 미국 법집행기관에 신고되는 사이버범죄 중 다수를 차지한다. 표 3-4는 2015년에 'FBI 인터넷범죄신고센터(FBI Internet Crime Complaint Center, ICCC)'에 접수된 인터넷 사기 사례이다. 제일 많이 차지하는 인터넷 사기범죄는 온라인으로 물품을 구매하려고 돈을 송금했지만, 판매자로부터 물품을 받지 못한 경우이다. 다음으로는 419 사기 및 과도한 지불 요구, 개인정보 절취, 경매사기, 개인 데이터 대량유출, 취업 관련사기와 사이버 협박 관련사기 등의 순이다(FBI, 2016, p. 15).

표 3-4: FBI/ICCC에 신고된 사이버 사기 등 범죄 통계(2015년)

범죄 형태	피해 건수	범죄 형태	피해 건수
미지불/비배송	67,375	피싱/비싱/스미싱/파밍	16,594
419 사기/과다지불	30,855	선불금 사기	16,445
개인정보 절취	21,949	사이버 괴롭힘/폭력위협	14,812
경매사기	21,510	악성코드 유포	3,294
개인 데이터 유출	19,632	기업 데이터 유출	2,499
취업 관련	18,758	랜섬웨어	2,453
협박 갈취	17,804	서비스거부 공격	1,020
신용카드사기	17,172	컴퓨터바이러스 유포	971

출처: FBI ICCC 홈페이지(https://pdf.ic3.gov/2015_IC3Report.pdf).

그림 3-18: 온라인 사기 사례(1)

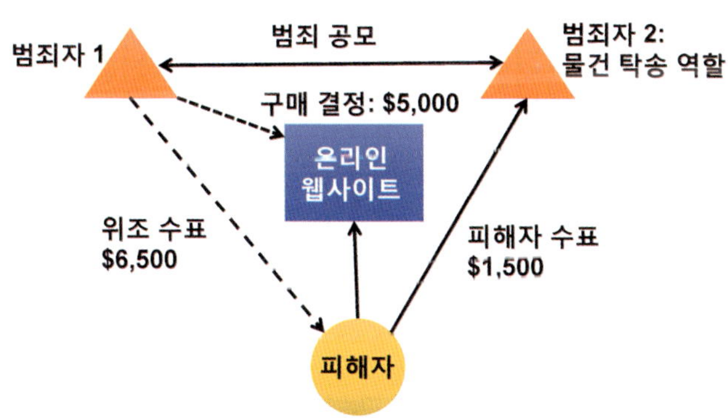

그림 3-18은 물품 판매 관련 온라인 사기의 전형적인 사례를 보여준다. 범죄자 1은 직업 때문에 급히 다른 지역으로 이사해야 하므로, 자신이 쓰던 승용차를 급히 판매해야 한다고 하면서, 통상적인 중고거래 가격이 1만 불인 승용차를 반값인 5천 달러에 판다고 온라인

포럼(흔히 Craigslist 또는 기타 직거래용 온라인 게시판)에 광고 메시지를 게시한다. 피해자는 그 광고 메시지를 보고 가격이 저렴하므로, 승용차를 구매하기로 하고, 범죄자 1에게 접촉한다.

범죄자 1은 피해자에게 6,500달러 수표(실지로는 가짜수표)를 보낼 테니, 공범인 범죄자 2에게, 운송비 명목으로 1,500달러를 범죄자 2의 은행계좌로 입금하라고 요청한다. 범죄자 2는 계약한 승용차를 피해자에게 탁송하는 역할을 한다고 범죄자 1은 이유를 설명한다.

더불어 피해자의 은행 계좌 정보도 요구한다. 피해자는 6,500달러의 수표를 받으면서, 1,500달러를 범죄자 2에게 보내고, 차액으로 5,000달러는 피해자의 수중에 있으니, 손실은 없다고 판단한다.

피해자는 범죄자 1의 요청대로 즉시 1,500달러를 범죄자 2의 은행계좌로 송금한다. 그리고 가짜수표 6,500달러를 본인의 거래은행에 입금하지만, 은행의 추심과정에서 그 수표는 가짜수표로 판명된다.

범죄자 1은 종적을 감추고, 그동안 연락한 전화번호나 주소로는 범죄자 1과 범죄자 2를 찾기 어렵다. 결국, 피해자는 실지로 현금 1,500달러와 피해자 은행정보 유출의 피해를 보게 된다.

그림 3-19: 온라인 사기 사례(2)

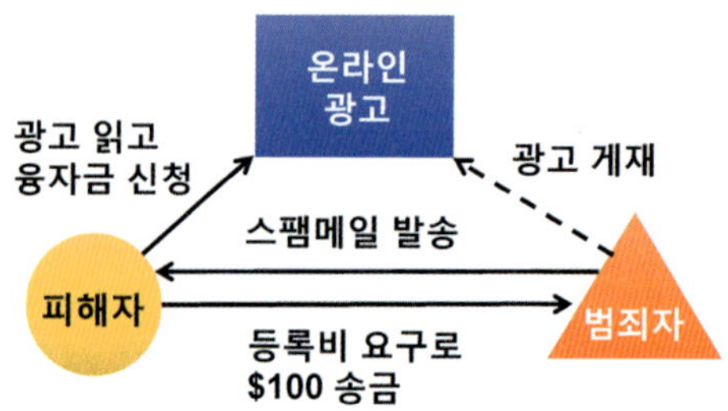

또 다른 인터넷 사기 사례(그림 3-19)는, 학비나 생활비가 늘 부족한 대학생들을 대상으로 하는 학비 융자금 온라인 사기이다. 범죄자는 온라인 포럼에 2,500~6,000달러를 이자 없이 학자금을 융자한다는 광고를 게재하거나, 또는 불법으로 입수한 대학생들의 이메일 리스트를 통해 학비 융자금 스팸메일을 발송한다. 이 광고나 이메일을 보고 금전적으로 어려운 대학생들이 융자금 신청을 한다. 신청 시에 범죄자는 융자금 신청등록비 명목으로 100불을 송금하도록 요구한다. 피해 대학생은 범죄자의 지정계좌로 100불을 송금하지만 신청한 융자금은 입금되지 않는다. 피해 대학생은 범죄자를 찾을 수 없다. 범죄자의 은행 계좌도 타인의 명의로 되어 있다.

3-13. 419 사기(나이지리아 419 사기)

419 사기(또는 나이지리아 419 사기)는 인터넷 시대 이전부터 존재하여 왔다. 인터넷이 사용되기 전에는 비즈니스 회사에 직접 국제우편으로 편지를 보내거나, 기업이 공개된 팩스 번호로 사기 메시지를 보냈다. 1990년대 중반 인터넷이 일반에게 공개된 이후, 나이지리아 조직범죄 그룹들은 불법적으로 입수한 이메일 주소록으로 무작위로 사기 스팸메일을 보내기 시작했다.

나이지리아 형법 Part 6은 재물과 계약에 관한 범죄를 규정하고 있는데, 특히 Chapter 38(허위의 사실로 재물 취득)의 제419조는 허위의 사실로 사람을 기만하여 재물이나 금전을 불법 취득하는 범죄를 처벌하는 조항이다(ICFNL, 2017). 여기에서 나이지리아 419 사기의 용어가 유래한다.

나이지리아 419 사기 메일은 나이지리아에서만 발송되는 것은 아니다. 사기 내용도 여러 종류로 다양하다. 전형적인 사기 사례는, 범죄자가 부모로부터 물려받은 수천만 달러의 현금이 자국의 은행에 예치되어 있는 데, 이 돈을 해외의 계좌로 이전시키는 데 도와주면 5~15% 정도의 수수료를 지불하겠다고 내용으로 피해자를 유혹한다. 수수료의 규모가 크므로 피해자가 이 제안에 솔깃해서 응답할 경우, 419 사기행위가 본격적으로 시작된다.

419 사기가 진행되는 세부 절차 사례는,

1) 피해자는 나이지리아 419 스팸메일을 읽고 제시된 금액을 해외로 이전시키는 데, 범죄자를 도와주기로 한다. 그 대가로 제시된 수수료를 받을 것으로 기대한다. 피해자는 범죄자에게 답신을 보낸다. 이때부터 범죄자들은 회답한 피해자를 'Mark'로 지칭한다.
2) 범죄자는 피해자에게 인적 사항과 수수료를 보낼 피해자의 거래은행 계좌번호를 요구한다. 피해자는 본인의 인적사항과 은행정보를 범죄자에게 알려준다.
3) 범죄자는 피해자에게 이제 곧 현금 송금절차를 실행한다고 하면서, 자국의 외환 거래법 때문에 은행직원에게 뇌물을 주어야 하므로 얼마간의 돈을 송금해 달라고 요청한다. 피해자는 어차피 나중에 막대한 수수료를 받을 예정이기 때문에, 의심 없이 요청 받은 금액을 지정된 계좌로 송금한다.
4) 1주일 후, 범죄자는 이번에 또 다른 문제가 발생했다고 하면서, 그 일을 해결하기 위해서 자국의 외환 업무 담당 정부 공무원에게 뇌물을 주어야 해결할 수 있다고 하면서 또 얼마간의 돈을 송금해 달라고 요청한다. 피해자는 약간 의심스럽지만,

나중에 받을 막대한 수수료를 생각하면서 요청 받은 돈을 송금한다.

5) 이런 식으로 범죄자는 시간을 끌면서 유사한 이유를 계속 만들고, 문제 해결을 이유로 피해자에게 계속 돈을 요구한다. 이미 돈을 투자한 피해자는 이들의 요구를 거절할 수 없게 된다.
6) 결국 어느 시점에 이르러 피해자는 자신이 사기를 당했다는 것을 인식하게 되지만 범죄자를 찾을 방법이 없다.

이런 종류의 스팸메일을 받는 경우는, 회답하지 않는 것이 금전적인 피해를 예방하는 방법이다. 전 세계 419 사기 메일의 약 20%가 나이지리아에서 발송되고 있다고 하며 (Engber, 2014), 최근엔 나이지리아 419 사기 메일은 악성 코드를 첨부한 사회공학적인 내용으로 발송되고 있다 (Eng, 2014).

419 사기의 특이한 피해 사례는, 2003년에 나이지리아 419 사기에 본인의 연금을 투자한 당시 72세의 체코인이 이 사기와 전혀 관련 없는 체코주재 나이지리아 영사를 권총을 쏘아 사망하게 하였다 (Wearden, 2003).

3-14. 사이버 괴롭힘 (Cyber Bullying)

사이버 괴롭힘 (Cyber Bullying)은 인터넷 포럼, 소셜 네트워크 서비스 등에 이미지, 허위사실, 또는 동영상 파일 등을 포스팅하여 학교, 직장의 친구 또는 동료들을 괴롭히거나 당황스럽게 하는 일탈적인 행위이다. Hinduja & Patchin (2008)의 연구에 의하면, 사이버 괴롭힘은 전자적 수단을 통해 이루어지는 의도적이고, 공격적인 행위이며, 컴퓨터 활용능력과 온라인에 몰두하는 시간과 사이버 괴롭힘을 행하는 데 상관관계가 있다고 한다.

사이버 괴롭힘의 유형은, 피해자의 이메일이나 전화 메시지로 괴롭히거나 협박하는 내용의 메시지 보내기, 근거 없는 소문을 소셜 네트워크 서비스를 통해 전파하고, 피해자의 이메일이나 온라인 커뮤니티 계정 해킹, 피해자에 대한 성적 이미지 왜곡 등 괴롭힘의 유형은 다양하고, 소셜 네트워크나 커뮤니티 서비스의 변화에 따라 내용이나 방식 역시 달라진다.

미국의 경우, 청소년층의 11~30% 정도가 사이버 괴롭힘을 당한 적이 있다고 조사되었다(Nansel et al., 2001). 또 다른 연구에서는 조사대상 18% 정도의 중학교 학생들이 온라인상 괴롭힘을 받은 적이 있다고 응답했다(Kowalski & Limber, 2007). 2009~2010년에 조사된 미국 '전국범죄피해자조사 부속조사(National Crime Victimization Survey(NCVS) Supplemental Survey)'에서 12~19세간 청소년 중 약 6%가 사이버 괴롭힘을 받은 적이 있다고 응답했다(DeVoe, Bauer, & Hill, 2011). 미국 민간 '사이버 괴롭힘 연구센터(Cyberbullying Research Center)'(2016)에서 2007년부터 2016년간 청소년층을 대상으로 '사이버 괴롭힘' 조사보고서 10개를 분석한 바, 평균 27.9%의 학생이 사이버 괴롭힘을 경험했다고 한다.

위에 소개한 청소년층의 사이버 괴롭힘 피해 연구는 피해를 입은 정도가 연구마다 차이가 있지만, 최소 6%에서 30% 정도의 청소년층이 사이버 괴롭힘을 받고 있다는 사실을 보여주고 있다.

사이버 괴롭힘 가해자의 경우, 10개의 가해자 조사 보고서 분석 결과 평균 15.8%의 학생이 사이버 괴롭힘에 가담한 적이 있다고 한다

(Cyberbullying Research Center, 2016). Ybarra & Mitchell (2004)의 연구에는 조사대상 청소년의 약 18%가 사이버 괴롭힘에 가담한 적 있다고 응답했다. 또한, 사이버 괴롭힘의 피해자 역시 자신의 친구나 동료에게 사이버 괴롭힘에 참여한 적이 있다고 한다(Hinduja & Patchin, 2008). 사이버 괴롭힘에 가담한 청소년층은 그들의 행위에 대해 뉘우치기보다는 변명적이고, 즐거움 또는 자부심 등을 느낀 것으로 조사되었다(Kowalski & Witte, 2006).

사이버 괴롭힘은 시간과 장소에 구애를 받지 않고 발생하기 때문에 그 심리적인 영향력이 크다. 7,313명의 청소년을 대상으로 한 조사에서는, 직접적이고 물리적 접촉을 통한 괴롭힘 보다, 익명에 의한 사이버 괴롭힘이 더 피해자의 심리적 피해가 강했다고 한다(Wang, Nansel, & Iannotti, 2011). 사이버 괴롭힘은 종류가 다양하여, 피해자가 받는 심리적이고 감정적인 충격은 피해자마다 측정하기 어렵고, 정신 병리학적인 증세를 보여주고 있다고 한다(Kowalski, Limber, & Agatston, 2002).

〈동성애 행위 웹캠에 Rutgers 대학 신입생 자살〉

미국 New Jersey 주립 Rutgers 대학 신입생인 Tyler Clementi(당시 18세) 이 2010년 9월 22일, 미국 뉴저지와 뉴욕시를 연결하는 조지 워싱턴 다리에서 뛰어내려 자살했다. 당시 이 사건은 미국 오바마 대통령도 공개적으로 위로를 표명할 정도로 미국 사회에 큰 파문을 일으켰다.

Clementi는 뉴저지 북부 출신으로 게이였는데, 9월 20일 자신의 기숙사로 게이인 한 친구를 데려왔다. Clementi의 룸메이트인 인도 출신 Ravi한테는 당일 밤 12시까지 친구를 데려오니

방을 비워 달라는 요청을 한 상태였다. Ravi는 자신의 컴퓨터 웹캠을 켜 놓고 나가서 중국계 여자 친구인 Wei의 방으로 가서 Wei의 컴퓨터로 Clementi가 무엇을 하는지 지켜보았다. Clementi가 그의 동성친구와 키스 등의 애정 표현하는 것을 지켜보고 이를 그의 소셜 네트워크 서비스에 일시적으로 포스팅하였다.
이를 알아챈 Clementi는 프라이버시 침해 등으로 학교 기숙사 관리자에게 Ravi의 행위를 신고하였고, 분노와 수치심 때문에 조지 워싱턴 다리로 가서, 뛰어내렸다. 시신은 9월 28일에 발견되었다.
이로 인해 Ravi 및 Wei는 프라이버시 침해 등 10가지 혐의로 기소되었고, Wei는 유죄 협상(Plea Bargain)을 통해, Ravi의 유죄 인정을 위한 법정 증언을 하고, Ravi는 "프라이버시 침해 시도" 혐의로 유죄를 인정해, 30일간의 구금, 3년간의 보호 관찰, 300시간의 커뮤니티 봉사, 1만 달러의 벌금, 사이버 괴롭힘 및 동성애 자유에 관한 카운슬링 등의 형을 선고받았다.
이 사건으로 인해 Rutgers 대학 당국은 동성애 학생들의 프라이버시를 위한 정책을 새로 만드는 등 대책을 마련했다. 이 사건은 사이버 괴롭힘의 전형적인 사례로 인식되어, 사이버 괴롭힘 피해에 대한 사례로 자주 인용되고 있다.

3-15. 사이버 스토킹(Cyber Stalking)

스토킹(Stalking)에 대해 미국 '법무부(DOJ)'는 "특정인에게 정상적인 사람이 느낄 수 있는 두려움을 일으키는 일련의 행위, 반복적이거나 원하지 않는 관심, 괴롭힘, 또는 접촉의 형태"라고 정의한다. 스토킹 행위는 가해자가 피해자와 어떤 형태로든 관계 성립을 원하기 때문에 발생한다고 한다.

미국 법무부가 분류한 전통적인 방식의 스토킹 유형을 보면 (Catalano, 2012),

1) 피해자가 원하지 않는 전화를 계속하는 경우(67%)
2) 피해자에 대해 인터넷, 공공장소 및 입소문으로 개인정보나 루머를 퍼트리는 경우(36%)
3) 피해자를 쫓아다니거나 사생활을 계속 캐내는 경우(34%).
4) 법적으로 타당한 이유 없이 피해자와 관련된 장소에 나타나는 경우(32%)
2) 피해자가 원치 않는 편지나 이메일을 계속 보내는 경우(31%)
5) 피해자를 기다리는 경우(29%)
6) 피해자가 원치 않는 물건, 선물, 꽃 등을 놓고 가는 경우(12%) 등이 있다.

사이버 공간에서의 스토킹 행위는 이메일, 채팅 사이트, 인터넷 포럼, 소셜 네트워크 서비스 등 전자적 커뮤니케이션 방법 등을 사용하여, 피해자에게 심리적 위협을 가하거나, 협박하거나, 괴롭히는 행위 일체를 의미한다. 2006년의 미국 '법무부' 조사에 따르면, 미국민 18세 이상 인구의 1.5% 정도가 최소 1회 이상의 스토킹(사이버 스토킹 포함) 피해를 경험하였다고 한다(Catalano, 2012). Alexy, Burgess, Baker, & Smoyak (2005)의 연구는, 조사대상 대학생들의 약 5~10% 정도가 온라인으로 괴롭힘을 당한 적이 있다고 밝혔다.

피해자에 대한 스토킹 기간을 보면, 6개월 정도가 39%, 6개월 이상 1년 미만이 16.9%, 1년 정도가 13.4%, 5년 이상의 경우도 11.1%

정도 되었다(Catalano, 2012). 전통적 스토킹 피해자 중 22%가 사이버 스토킹을 경험했으며, 피해 유형으로는 이메일이 83%, 인터넷 메시지 35%, 블로그나 게시판을 통한 피해가 12%, 피해자 관련 인터넷 커뮤니티를 통한 피해 9%, 그리고 채팅방에 의한 피해 4% 등이다(Baum, Catalano & Rand, 2009).

사이버 스토킹 피해자는 심리적으로 무력감, 창피함, 격리감, 걱정, 억압감이나 약물 의존 등의 피해를 겪을 수 있다고 한다(Blaauw, Winkel, Arensman, Sheridan, & Freeve, 2002). 이 연구는 사이버 스토킹 피해자들이 생각하는 가해자의 사이버 스토킹 원인으로, 가해자의 복수, 화 또는 앙심 등이 37%, 피해자에 대한 통제를 원하는 경우 33%, 스토커의 정신적/감정 불안정 23%, 피해자에 대한 애정 17%, 관계 지속을 원하는 경우 16%, 약물 남용자 14%, 피해자의 관심 유도 9% 등으로 나타났다.

Finn(2004)에 따르면, 온라인상 괴롭힘 피해자들은 대부분 피해 사실을 심각하지 않다는 이유로 법집행기관에 신고하지 않는다고 한다. 하지만, 정도가 심각한 스토킹 범죄자의 최초 피해자에 대한 재범률은 높은 것으로 조사되었다(McEwan, et al., 2016).

3-16. 아동 포르노그래피 범죄 (Child Pornography Crime)

인터넷 확대 보급에 따른 부작용 중의 하나는 전 세계에 아동 포르노그래피 확산과 온라인 매춘알선 등 성범죄 관련 행위들이 더욱 용이하게 되었다. 미국의 경우, 1980년대 중반까지는, 아동 포르노그래피 거래가 법집행기관의 강력한 법집행으로 거의 사라질 정도였다

(CEOS, 2017). 1990년대 중반 인터넷이 일반에게 공개된 이후, 아동 포르노그래피는 다시 활성화되기 시작했다. 아동 성애자(Pedophile)는 인터넷을 통해, 아동 포르노그래피를 검색하고, 피해자가 될 아동을 검색하고, 접촉을 시도한다. 더불어 다른 아동 성애자와 아동 포르노그래피에 대한 정보 교류를 한다. 결국, 인터넷이 아동 성애자의 확산이나 심화를 촉진한 결과를 가져왔다.

미국의 경우, 아동 포르노그래피 단속은 연방 형법(18 U.S.C. § 2251~60)에 근거를 둔다. 아동 포르노그래피는 연방 수정헌법 제1조 표현의 자유 조항에 의한 법적 보호를 받지 않는다. 미국 연방 형법 Section 2256, Title 18에 따르면, 18세 이하의 청소년 그룹과 관련된 성적 행위로 묘사된 비주얼 묘사는 아동 포르노그래피 범주에 해당한다. 비주얼 묘사의 범위에는 사진, 비디오, 디지털 이미지, 컴퓨터로 작성된 이미지 등도 포함된다.

또한, 이 법은 아동 포르노그래피의 제작, 배포, 수신 및 소지를 금지하고 있다. 아동 포르노그래피를 제작한 범법자는 벌금 이외에 15~30년간의 징역형을 선고받을 수 있고, 해외로 전송을 하거나 우편이나 인편으로 보낸 경우는 5년에서 20년 형을 선고받을 수 있다. 최고 종신형까지 가중 처벌되는 경우는 이미지가 폭력적, 가학적, 자학적인 경우, 피해 아동이 성적으로 착취된 경우, 그리고 과거에 동종 전과가 있는 경우 등이다(CEOS, 2015).

2006년 이후, Interpol 회원국인 184개국을 대상으로 조사한 보고서에 의하면, 35개국이 아직도 아동포르노그래피 배포에 관한 처벌 법규가 없다. 최소 범위의 아동 포르노그래피 처벌법규를 시행 중인 국가는 82개국, 이들 국가 중 60개국은 아동 포르노그래피에 대한 정의가 없는 것으로 나타났다. 또한, 50개국은 아동 포르노그래피 소지에 대한 처벌법규가 없다고 조사되었다(ICMEC, 2016, p. 6).

일부 아동 성애자는 동남아지역의 저개발국이나 개발도상국을 여행하여, 아동을 상대로 성매매를 하고 있다. 이들은 아동 성매매 여행 관련 인터넷 포럼을 통해 관련 정보를 공유한다. 본인들이 직접 가기도 하고, 현지에서 현지인의 권유나 호기심으로 성매매를 한다. 성매매에 나서는 아동은 경제적으로 어려운 처지에 있는 가정 출신으로, 자발적이기보다는 부모나 이웃 등의 권유로 해외 관광객을 상대로 성매매를 한다. 전 세계적으로 약 2백만 명에 달하는 아동이 성적 착취의 피해자로 추산된다(CDC, 2013). 2014년에 조사된 성 착취 피해 청소년층의 72%가 아동 연령대, 21%는 청소년 연령대, 그리고 7%는 유아연령대로 조사되어, 아동 연령층 피해자가 대다수를 차지하고 있다(Inhope, 2014).

아동 성 착취 관련 법집행과 관련하여, 몇 가지 문제점이 존재한다. 첫째, 중복적인 법집행과 수사 및 기소관련 관할권 문제, 관련 예산 부족과 기타 일반범죄와 비교할 때 법집행 우선순위가 떨어진다. 둘째, 성 착취 관련 사이버 범죄자에 대한 추적이 쉽지 않고, 익명으로 활동하거나 사법적 관할권을 벗어나는 지역에서 불법 활동하여 수사 자체가 어려운 문제점 등이 있다.

Inhope은 전 세계 43개국의 유관 기관들이 국제 아동 성 착취 방지 및 예방을 목적으로 활동하는 민간 국제단체이다. Inhope이 회원국을 상대로 조사한 인터넷상의 아동 성적착취 관련 상업적 웹페이지 수는 2012년 37,404개, 2013년 54,962개 및 2014년 89,758개 등으로 꾸준히 증가하였다(Inhope, 2014). 2013년에 조사된, 아동 성 착취 관련 웹페이지 수가 많은 국가는 미국(2,617개), 네덜란드

(947개), 러시아(437개), 일본(322개), 우크라이나(182), 캐나다(177개), 체코(125개), 독일(81개), 한국(51개), 영국(34), 그리고 프랑스(27) 등의 순이었다.

3-17. 지식재산권 범죄(Intellectual Property Crime)

세계 경제는 기술기반 경제로 이전하기 때문에 지식재산권 보호는 더욱 중요하다. 지식재산권 범죄는 해킹 행위에 의한 상업용, 군사용, 학술적 산출물에 대한 절취행위, 컴퓨터 소프트웨어의 불법복제 및 무단전파, 음악 및 영화, 유료 강연 등의 불법복제 및 무단전파 행위 등이라 정의 할 수 있다. 유럽연합경찰(Europol)은 지식재산권 범죄에 관한 정의에 대해, "특정인이 특허권, 상표권, 산업 디자인, 문학 및 예술 작품 등과 같이 상업적 이득을 위해 위조하거나 복제한 상품 등을 제조, 판매, 배포하는 행위" 등으로 정의한다(Europol, n.d.). 그러나, 단순히 의류, 스포츠용품, 화장품, 의약품, 기호품 등 유명상표의 제품을 복제하여 판매하는 행위를 일반적 의미의 사이버범죄라고 분류하는 것은 논란이 있을 수 있다.

1996년, '경제기밀절취법(Economic Espionage Act of 1996)' 서명에 즈음하여 당시 Clinton 대통령은 "경제스파이 활동과 기업기밀 절취는 미국의 안보와 경제번영에 치명적인 위협요소이다"라고 선언했다(Campos, 2016, p. 14).

Europol 자료에 따르면, 2013년의 지식재산권 피해(복제품 포함) 규모는 전 세계 무역거래의 2.5%에 달하는 4,610억 달러로 추산했다. 이런 규모는 2008년에 비해 2배로 증가한 것이었다(Europol, 2014).

지식재산권 범죄행위에 대한 처벌은 다른 컴퓨터범죄에 비해 무겁다. 미국의 '경제기밀절취법'은 기업기밀 절취에 관해 두 가지 형태의 불법행위를 처벌한다. 첫째는, 외국 정부나 기관의 이익을 위해 기업기밀을 절취하는 행위. 이 불법행위는 최대 15년 형과 500만 달러의 벌금을 처할 수 있다. 둘째, 기업기밀에 대한 상업적 절취를 금지한다. 이 행위는 최대 10년의 징역형과 25만 달러의 벌금을 부과할 수 있다. 또한, 동법은 재판 기간 중엔 피해기업의 기업 비밀에 대한 보호조치를 제공해야 한다고 규정하고 있다(US GPO, n.d., p. 3).

지식재산권에 대한 소비자들의 인식은 사회경제적인 신분에 따라 다를 수 있다. 경제적으로 여유롭지 못한 젊은 세대들은 음악, 드라마, 영화 또는 학습이나 오락용 소프트웨어 등에 대한 불법 다운로드를 대체로 커다란 죄의식 없이 행하고 있다. 이와 관련한 연구에서, 대학생의 10~40%가 불법 다운로드 등 복제행위를 한 적이 있다고 응답했다(Gunter, 2009; Higgins, Wolfe, & Ricketts, 2009).

Priebe(2014)는 1996년부터 2011년간 미국 연방 검찰이 기소한 105건의 '경제기밀절취법'이 적용된 영업기밀 절취 사례를 분석한바, 피해기업 업종 중 제조업체의 피해 건수가 제일 많았고, 다음으로 일반 서비스업 및 금융/보험업 등의 순이었다. 또한, 기소된 자의 80%가 단독 범행으로 밝혀졌으며, 이들에 대해서는 평균 20개월의 징역형이 선고되었다. 그리고 기소된 자의 79%가 피해를 본 기업의 전·현직 직원이었다. 피해기업 중 59%에 달하는 기업은 종업원 수가 1,000명 이상을 가진 대기업이었다. 기업 규모가 클수록 직원 개개인에 대해 기업기밀 보호를 위한 관리·감독과 훈련이 미비할 수밖에 없다고 할 수 있으며, 개인별 직원들의 직업윤리에 의존해야 하는 실정임을 알 수 있다.

표 3-5는 2014년 10월부터 2015년 9월 말까지 미국 FBI가 수사 중인 지식재산권 범죄를 세부적인 내용이다.

표 3-5: FBI의 지식재산권 관련 수사 건수(2014년~2015년)

법규 위반	건수
경제기밀 절취	91
소프트웨어 특허권 침해	39
기타 특허권 침해	65
상표권 침해	37
유선 방송 관련 특허권 침해	11

출처: FBI (https://www.justice.gov/criminal-ccips).

아래의 사례는 미국 FBI 및 주 검찰이 수사한 지식재산권 범죄에 관한 실제 사례이다.

지식재산권 범죄 사례 (1)

Samarth Agrawal은 Societe Generale에 재직 중 주식거래 업무를 담당하고 있었는데, 회사의 초단타 주식매매 프로그램의 소스코드를 절취한 혐의로 기소되었다. Agrawal은 소스코드를 페이퍼에 옮겨 적어 경쟁사로 이직하면서 이에 대가로 수십만 달러를 받을 예정이었다. Societe Generale은 동 소스코드를 이용해 개발한 매매 프로그램을 사용하면서 3년간 매년 1천만 달러의 이익을 올리고 있었다. 동 소스코드의 절취로 인한 피해액 산정은 동 프로그램 개발에 990만 달러가 소요된 것으로 포함하여 700만~2,000만 달러 정도로 산정하였다. Agrawal은 36개월의 징역형을 선고받았다(FBI, 2011).

지식재산권 범죄 사례 (2)

2011년 Hanjuan Jin[8]은 미국 내 Motorola사에서 소프트웨어 엔지니어로 근무하면서 중국의 한 통신회사로 전직하려고 iDen이라는 통신기술을 Motorola사에서 절취한 혐의로 기소되었다. 당시 Motorola사는 이 기술로 3억 6,500만 달러의 이익을 얻고 있었다. 피해액 추산에는 이 기술의 연구와 개발비용으로 투자된 2,000~5,000만 달러가 포함되었고, 이 피해들을 고려하여, Jin은 48개월의 징역형을 선고받았다(TSI, 2013).

지식재산권 범죄 사례 (3)

Walter Liew[9]는 DuPont 사에 근무하던 중 '티타늄 디옥사이드(TiO2)' 제조 관련 기업기밀을 절취하여 중국의 한 기업에 2,800만 달러를 받고 판매하여, '경제기밀절취법' 위반으로 2011년 기소되었다. DePont사는 이 제조공정을 계속 개선하기 위해서 매년 1억 5,000만 달러를 투자해 왔다고 주장했다. Liew는 15년의 징역형을 선고받았다(FBI, 2014).

지식재산권 범죄 사례 (4)

2016년 7월, 미국 이민세관단속국(Immigration and Customs Enforcement, ICE)은 우크라이나 국적의 Arten Vaulin이 폴란드에서 저작권법 위반과 금융사기 등의 혐의로 체포되자, 미국에서의 재판을 위해 송환을 추진하였다. Vaulin은 Kickass 토렌토(일명 KAT)를 2008년부터 운영하면서 미국의 영화, 비디오 게임, TV 드라마, 음악회일 등 저작권으로 보호되는 작품들을 불법적으로 유통하였다. 이들 피해품의 규모는 약 10억

6) United States v. Hanjuan Jin, 833 F.Supp.2d 977 (N.D. Ill. 2012).
7) United States v. Walter Liew, 11 CR 573 (N.D.CA Dec. 9, 2013).

달러에 달했으며, 이 토렌토 웹사이트에는 월평균 5천만 건의 파일 요청이 있었다고 밝혔다(US-ICE, 2016).

3-18. 조직화한 사이버범죄(Organized Cyber Crime)

전통적인 범죄조직은 피라미드식 조직구조를 갖추고 있다(그림 3-20). 최상위 단계에 있는 보스를 중심으로, 다음 아래 단계 리더인 중간보스가 있고, 중간보스 아래 단계로 행동대장, 그리고 최하위 단위에 일선 조직원등이 있다. 행동대장 지휘 아래 일선 조직원이 실질적으로 일선에서 온갖 범죄행위를 직접 행한다. 이들의 활동영역은 대체로 지리적으로 일정 지역 범위 안에서 범죄활동을 한다. 전국적으로 활동하는 조직들도 있지만, 대개 대도시의 특정 지역이나 특정 범죄 대상으로 범죄행위를 행한다.

그림 3-20: 전통적 범죄조직 구조

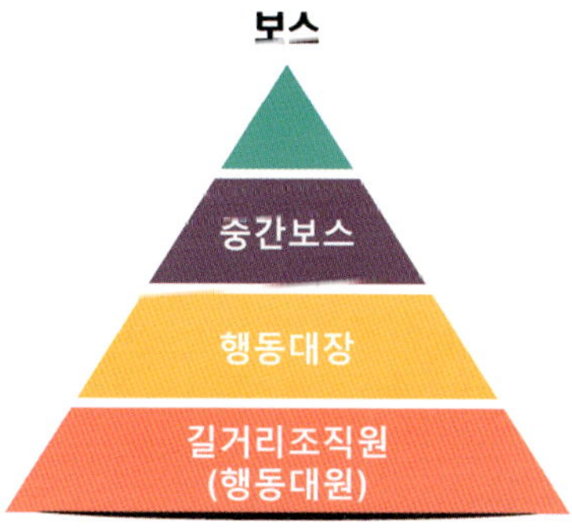

사이버범죄조직은 조직의 리더를 중심으로 행동 조직원(또는 운반 조직원)과 전문적 기술을 가진 해커가 역할을 분담하여 활동한다. 전통적인 범죄조직과 달리, 사이버 범죄조직은 보스, 행동 조직원과

해커 등 역할에 따른 계층 구조가 단순하며, 소규모로 운영된다. 특정 범죄행위가 끝나면 해체되기도 하는 임무 중심형(Task Force) 조직을 보여주기도 한다.

사이버범죄 조직은 특정 장소에서 대면적 모임을 하기보다는 이메일이나 소셜 네트워크 서비스, 메신저 서비스 등을 이용해 음어 등을 사용해 상호 연락을 한다. 일부 조직원이나 해커는 서로 모르는 관계인 경우도 있다. 하지만, 국가 및 지역에 따라 전통적인 범죄조직의 활동 양상을 보이기도 한다.

전통적인 범죄조직은 피해자를 대상으로 대인적 폭력이나 재물을 절취하지만, 사이버범죄 조직은 피해자가 소유하는 개인정보, 영업 기밀정보 등의 데이터베이스에 대한 사이버상 절취, 파손, 또는 파괴 위협 등을 주로 한다. 또한, 불법 이민서류 등 문서 조작, 사이버범죄 지하시장 관리, 인터넷 사기, 인터넷 성매매 관리, 불법 인터넷 도박 사이트 운영과 인터넷상 불법제품 판매 등의 범죄를 행한다.

그림 3-21: 조직화한 사이버범죄 구조 사례

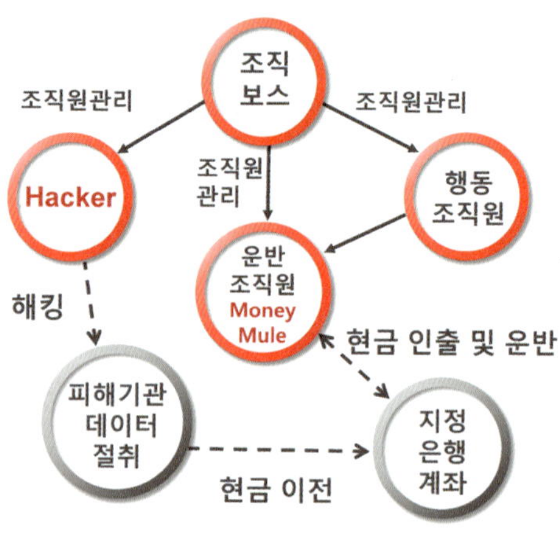

조직화한 사이버 범죄 구성원들의 임무는(그림 3-21 참조), 첫째, 사이버 범죄조직에 가담하는 해커는 컴퓨터 악성 프로그램을 범죄 목적과 대상에게 맞게 제작하거나, 사이버범죄 지하시장에서 해킹, 서비스거부 공격, 스팸메일 발송 등 사이버 공격에 사용될 악성 프로그램을 구입하여, 공격 목표인 특정 기관의 데이터를 절취하거나 절취한 데이터를 암호화시킬 능력이 있어야 한다. 이들 해커는 러시아 또는 동유럽 출신이 많은 것으로 보고되며, 금전적 어려움을 겪는 퇴직 IT 전문가, 또는 복수심이나 잘못된 공명심이 있는 해커들이 이들 범죄조직에 가담하기도 한다.

둘째, 행동 조직원은 전통적 범죄조직의 행동대원 임무와 비슷하다. 이들은 범죄목표가 되는 기관의 담당자와 접촉하여 협박 등을 하기도 한다. 또한, 임시로 고용되는 운반조직원을 관리하기도 한다.

셋째, 사이버 범죄조직의 특성에 따라서, 일시적으로 운용되는 임시 조직원이 있다. 이들은 Call center 관련 업무, 경리 관련 업무, 또는 IT 관련 일을 할 사람을 구한다는 광고를 보고 지원을 한다. 이들은 지원하는 기관이 범죄조직이라는 사실을 인식하지 못하는 상태에서 지원하게 된다.

일단 고용되면, 사이버 범죄조직 리더나 행동 조직원의 지시를 받고, 임시 조직원 본인의 여권이나 범죄조직이 지급한 위조여권을 사용하여 은행에 직접 예금 계좌를 개설한다. 사이버 범죄조직으로부터 금전 협박을 받은 기관이나 개인으로부터 절취한 돈을 이 계좌로 일시적으로 입금시키거나, 또는 이 계좌에서 현금을 인출하여 해외로 반출하는 역할을 하기도 한다.

따라서 이들을 운반 조직원이라는 뜻으로 Money Mule이라고 불린다(DeSantis, Dougherty, & McDowell, 2011). 사이버 범죄행위에 가담한 해커와 운반 조직원인 Money Mule은 사이버 범죄조직과 한 번 손을 잡게 되면, 해당 범죄조직의 계속된 유혹이나 협박으로, 그 범죄조직에서 벗어나기 어려운 상황에 처하는 경우도 있다.

그림 3-22: Zeus 악성코드를 사용한 조직화한 사이버범죄 사례

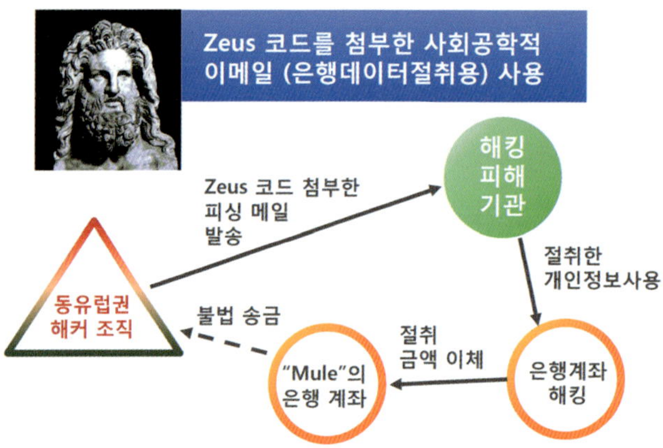

조직화한 사이버범죄의 전형적인 사례를 소개하면,

2010년 9월, 미국 뉴욕시 지부 맨해튼 연방 검찰은 Zeus 악성코드 등을 사용하여, 약 3백만 달러를 절취하고, 이를 수백여 개의 가명 계좌로 이체한 동유럽 출신 해커 그룹 조직원 37명을 검거했다(FBI NY Office, 2010). 이 조직은 Zeus 악성코드를 사회공학적으로 작성된 이메일을 유포하여, 목표 기관의 IT 시스템을 오염시켜서, 고객 데이터베이스를 해킹하여, 고객의 금융정보를 절취하였다.

또한, 개인 피해자가 이메일에 첨부된 Zeus 악성코드를 다운로드하여, 피해자의 컴퓨터가 오염되면, 해커는 피해자의 컴퓨터를 스

캔하여 피해자의 은행 계좌 정보를 절취하고, 피해자의 예금을 해커가 개설한 다른 은행의 계좌로 이체시켰다. 이를 위해 학생비자로 미국에 입국한 러시아 등 동유럽 출신의 학생을 모집(이들을 Money Mule이라 부른다)하여, 위조여권을 제공하고, 미국 내 여러 은행에 은행 계좌를 개설하였다. 이 조직의 해커는 피해자로부터 절취한 예금을 해외계좌로 이체시키거나, Money Mule 역할을 하는 학생 조직원으로 하여금, 현금을 찾아 해외로 반출하게 하였다(그림 3-22 참조).

3-19. 사이버범죄 지하시장 (Cyber Crime Underground Market)

사이버범죄 지하시장은 해커가 특정 범죄 목적에 맞게 제작한 해킹프로그램을 다른 해커에게 판매하거나, 또는 특정 범죄에 필요한 해킹용 프로그램을 구매할 수 있는 비공개 온라인 마켓이라고 할 수 있다. 사이버범죄 지하시장을 이용하는 해커는 Deep Web이라 불리는 별도의 인터넷망을 이용하기도 하는데 이 Deep Web에서 오가는 불법 품목들은 기존 인터넷 서비스의 검색엔진에 의해 검색되지 않는 경우도 있다. 또한, 불법 품목이나 악성 프로그램의 거래에는 국제 법집행기관이 해커와 구매자의 소재지를 추적이 어렵거나, 추적에 많은 시간이 소요되는 Tor network를 사용하기도 한다. 사이버범죄 지하시장에서는 해커 간 사이버범죄용 악성 프로그램 거래이외에, 특정 해킹프로그램 실행 의뢰, DoS 공격이나 스팸메일 발송 같은 사이버 공격 대행 서비스도 거래된다.

사이버범죄 지하시장에서 거래되는 세부적인 거래품목은 서버판매나 호스팅 서비스, 스팸메일 발송, 불법 파일 제공 서비스, DoS/DDoS 공격서비스, 파일 암호화 서비스, Trojan 프로그램 판매, 사이버 갈취용 프로그램 판매, 그리고 불법 인터넷 사용서비스 등이 있다(TrendMicro, 2016).

Gu(2013)는 사이버범죄 지하경제에 대해, "사이버범죄에 대한 장벽은 점점 낮아져 왔고, 해킹용 도구는 쉽게 구할 수 있고, 가격 역시 어떤 해킹용 도구는 공짜로 구할 수 있을 정도로 저렴하다. 사이버범죄 지하시장은 특히 러시아, 중국 및 브라질 등의 국가에서 활성화되어 있다(p. 1)."고 밝혔다.

3-19-1. 실크 로드(Silk Road)

실크 로드(Silk Road)는 대표적인 사이버범죄 지하경제 웹사이트로 Ross William Ulbricht가 2011년 2월에 오픈하였다(Gayathri, 2011). 최대 1만여 개의 불법 품목을 판매하였는데, 약 70%가 불법 마약이나 불법 의약품이었다. 실크 로드에서만 전 세계 마약 거래량의 4.5%~9%가 거래되었다(Christin, 2014).

FBI에 따르면 실크 로드내의 최대 거래량은 1,229,465건이었고, 거래 액수는 1,500만 달러에 달했다. 주로 Bitcoin으로 결제가 이루어졌다. FBI는 173,991 Bitcoin(약 3,360만 달러)을 실크 로드에서 압수했다(Murray-Morris, 2014). 주요 고객은 미국, 영국, 호주, 독일, 캐나다, 스웨덴, 프랑스, 러시아, 이탈리아 및 네덜란드 출신이었다. 사법 당국의 추적을 피하고자 Tor network를 사용하였으며, FBI와 Europol의 추적으로 2013년 10월과 2014년 11월 두 차례에 걸쳐 폐쇄되었다. 운영자였던 Ulbricht 미국 뉴욕 맨해튼 지역 연방법원에서 종신형을 선고받았다(Weiser, 2015).

3-19-2. Darkode

〈FBI의 Shrouded Horizon 작전〉

그림 3-23: FBI 및 유로폴에 의해 폐쇄된 Darkode 홈페이지

출처: https://www.fbi.gov/news/stories/cyber-criminal-forum-taken-down

Darkode 는 사이버범죄자들이 주로 이용하던 비공개 온라인 사이트로, 악성 코드, Botnet, 절취한 개인정보 데이터, 신용카드 정보, 해킹된 서버 정보, 기타 사이버범죄를 용이하게 할 수 있는 악성 프로그램이나 관련 데이터 등을 판매, 구매 등 거래를 할 수 있었다. 오직 사이트 회원의 초대로만 가입이 가능하고, 회원은 200~300명 정도였다.

Europol 등 19개국은 합동으로 이 웹사이트에 대한 수사를 벌여 70여 명의 회원을 조사하고 그중 12명을 기소하고 이 웹사이트를 폐쇄

하였다(그림 3-23). 이 국제 합동 수사에는, 브라질, 캐나다, 콜롬비아, 코스타리카, 키프로스, 크로아티아, 덴마크, 핀란드, 독일, 이스라엘, 라트비아, 마케도니아, 나이지리아, 루마니아, 세르비아, 스웨덴, 영국 및 미국 등이 참가하였다. 이 사이트 운영자는 스웨덴 출신의 Gudmunds(체포 당시 27세)였는데, 자신의 Botnet 활동을 위해, 전 세계 5만여 대의 컴퓨터를 악성 코드로 오염시킨 적이 있었다.

3-19-3. 알파베이(AlphaBay)

미 법무부는 2017년 7월, 온라인으로 마약, 총기, 컴퓨터 해킹 툴 및 기타 불법 상품 등이 거래되는 비공개 웹사이트인 'AlphaBay'를 적발하고 폐쇄하였다(Voltz, 2017). 동시에 네덜란드 법집행기관은 또 다른 불법 사이트인 Hansa Market을 폐쇄하였다. 이 두 사이트는 사이버 지하시장에서 규모면에서 3위권 내에 드는 비중 있는 사이버범죄 지하시장이었다. 'AlphaBay'의 서버는 태국, 리투아니아, 캐나다, 영국 및 프랑스에 위치하고 있었고, 'AlphaBay'의 운영자인 캐나다 국적의 Alexander Cazes(25세)를 태국에서 체포하였다. 체포 당시 그는 'AlphaBay' 사이트에 로그인한 상태였다. 이 사이트는 Silk Road 사이트가 폐쇄된 지 1년 만에 개설되었고, Tor network를 통해 불법으로 거래되는 상품을 검색하고, Bitcoin으로 거래를 하고 있었다.

〈사이버범죄 지하시장은 모바일 플랫폼으로 이동중〉

2017년 7월 유로폴 및 FBI에 의해 사이버범죄 지하시장인 AlphaBay와 Hansa가 폐쇄된 이후, Group Chat을 사용하는 사이버범죄자들은 Discord, ICQ, Skype, Telegram 및 Whats App 등의 모바일 기반 커뮤니케이션 플랫폼으로 이동하고 있으며, 일부 해커그룹은 자체적으로 모바일 통신 전용 앱을 만들어 사용하기도 한다. 따라서, 법집행기관의 사이버범죄 지하시장에 대한 추적은 점점 어려워지고 있다. 또한, 스마트폰으로도 사이버범죄를 위한 툴을 구입할 수 있게 되었다고 한다. 사이버범죄 지하시장은 점차 소규모, 폐쇄적 그리고 분산적인 네트워크 형태로 진화하고 있다(Seals, 2017).

다음은 사이버범죄 지하시장 규모가 큰 것으로 추정되는 러시아와 중국의 사례를 간략히 소개하고자 한다.

3-19-4. 러시아의 사이버범죄 지하시장

러시아 해커들은 수준 높은 기술력으로 알려져 있다(Kellermann, 2012). 러시아의 사이버범죄 지하시장은 2004년경부터 조직화하기 시작했으며, 비교적 광범위하고, 다양하고 전문적인 수준의 기술과 서비스가 거래된다고 알려져 있다(Trend Micro, 2015).

러시아 해커들이 주로 이용하는 사이버 포럼에는 antichat.ru, xeka.ru, carding-cc.com, Exploit.IN, InAttack, XaKePoK.su, HACKER-PRO CLUB(HPC), XAkNet.ru, zloy 그리고 HackForce.RU 등이 있다고 한다(Higgins, 2012). 이들 인터넷 포럼에서는 Trojan Horse 프로그램, 스팸메일 발송 프로그램과 이를 발송하기 위한 Botnet 대여 서비스, DDoS공격, Zeus 프로그램 및 SpyEye, 루트 키트, 랜섬웨어인 Crypters, 위조문서 및 분실된 신용 카드 정보, 악성 코드를 위장하는 암호화 서비스, 보안통신을 위한 VPN 서비스, 해킹방지용 호스팅 서버

서비스, 해적판 소프트웨어 작동키, 그리고 해킹공격 대행 등의 프로그램과 서비스를 제공하고 있다.

또한, 러시아 사이버범죄 지하시장에서는 TDS (Traffic Direction System) 판매, PPI (Pay per Install) 서비스(Doshi, Athalye, & Chien, 2010) 및 Traffic direction 등에 보다 치중되어있다(Goncharov, 2011). 이들 서비스는 Tor network 및 I2P (Invisible Internet Project) 같은 익명의 네트워크를 통해 구매할 수 있다고 한다(Goncharov, 2014).

전 세계 Botnet 네트워크의 상당수가 동유럽권과 러시아의 해커에 의해 운영되고 있다는 사실은 잘 알려져 있다(Kellermann, 2012). 최근엔 개인이나 소그룹 해커에 의한 사이버범죄 지하시장 활동이 증가하고 있다고 한다. 또한, 기술력 있는 해커들의 꾸준한 유입으로, 각종 사이버 공격 도구와 서비스에 대한 가격은 계속 하락해 왔다. 러시아 해커가 러시아 연방 정부기관이나 금융시스템에 대해 사이버 공격을 하지 않는 한 러시아 법집행기관은 이들의 사이버범죄 지하시장 활동을 묵인하고 있다고 한다(Schwartz, 2015).

표 3-6은 러시아 사이버범죄 지하시장 에서 거래되는 사이버 공격용 해킹 도구와 서비스 내용이다(Goncharov, 2014, p. 16-18). 이들 거래되는 해킹용 도구와 가격은 이들에 대한 수요, 사이버기술 발전, IT 보안 시장의 동향, 법집행기관 대응 및 시대 추이에 따라서 변화가 심하다.

표 3-6: 러시아 사이버범죄 지하경제 현황(단위: 미 달러).

품목	가격(2013년)
Trojan Horse	35
Crypter	10-65
유럽 및 러시아 위조 여권	1-2
서버 호스팅	50
VPN 서버 호스팅	15-24
절취 신용카드 계정	1-6
Gmail/Hotmail/Facebook 계정 절취	100
서류 위조	5-28

출처: http://la.trendmicro.com/media

3-19-5. 중국의 사이버범죄 지하시장

2011년 기준으로 중국 사이버범죄 지하시장 규모는 약 8억 5천만 달러였고, 지하경제 활동에 참여한 해커는 약 9만여 명에 달했다. 사이버범죄 피해를 2011년 기준으로 분류해 보면, Botnet이나 Trojan으로 해킹된 웹 호스트 수는 약 9백만 개였고, 스마트 폰 감염은 약 5천만 건이 신고 되었다(Zhuge, Gu, Duan, & Taylor, 2015).

QQ 메신저 서비스를 제공하는 Tencent사 는 약 500여 개에 달하는 사이버범죄 지하시장 관련 채팅 그룹을 조사하여, 이들 채팅 그룹에서 2012년에 403,660건, 2013년에 1,118,193건의 메시지가 교환되었다고 밝혔다(Gu, 2013). 그 내용을 보면, 보안 서버 호스팅 서비스, 해킹, DDoS 공격 및 IT 시스템을 원격 접속 통제할 수 있는 RATS 공격 서비스, Botnet 공격 서비스, 웹사이트 이용 통계 조작, 가짜 웹사이트 제작, 시리얼 키 판매, 스팸메일 발송, Trojan 등 해킹용 프로그램 주문 판매 등에 관한 질의응답 내용이었다(Gu, 2013).

중국의 사이버범죄 조직은 안드로이드 운영 체제를 기반으로 모바일 관련 해킹 도구에 특화되어 있다.

표 3-7은 중국의 사이버범죄 지하시장에서 구입문의 및 거래되는 사이버범죄 도구와 서비스 목록을 보여 주고 있다. 이들 제품의 성능이나 서비스 내용에 따라 가격이 다양함을 알 수 있다. 하지만, 사이버범죄에 사용되는 각종 악성 코드 등 해킹 도구의 변화는 새로운 전자적 기기의 등장이나, 컴퓨터 소프트웨어 및 인터넷 서비스의 개발로 인해 그 품목과 가격 등의 추세가 빠르게 변하고 있다.

표 3-7: 중국 사이버범죄 지하경제 거래 품목과 가격

사이버 도구	가격(달러)	사이버 도구	가격(달러)
Botnet	8~596	인터넷 트래픽 서비스	0.26~473
댓글/조회수/ 가입자 수 조작	2~48	Trojan 서비스	32~856
가짜 사이트 제작	81~97	Proxy 서버 호스팅	4~16
시리얼 키 판매	2~81	허위문서작성	19
크래킹	45~12,919	해킹	48~323
보안 서버 호스팅	81~775	프로그래밍 주문 판매	161~323
DDoS 공격	16~484	RAT 툴킷 대여	97~258
스팸메일발송	13~484	VPN 서버 호스팅	3~32

출처: Gu(2013). The Chinese Underground in 2013. Trend Micro.

참 고 문 헌

Alexy, E.M., Burgess, A. W., Baker, T., Smoyak, S.A. (2005). Perceptions of cyberstalking among college students. *Brief Treatment and Crisis Intervention*, *5*(3), 279-289.

Anti-Phishing Working Group. (APWG). (2016). *Phishing Activity Trends Report (4th Quarter).* Retrieved from http://docs.apwg.org/reports/apwg_trends_report_q4_2015.pdf.

_______________ (APWG). (2017). *Phishing Activity Trends Report (4th Quarter).* Retrieved from http://docs.apwg.org/reports/apwg_trends_ report_q4_2016.pdf.

BBC News. (2008, November 10). *Study shows how spammers cash in.* Retrievedfrom http://news.bbc.co.uk/2/hi/technology/7719281.stm.

Baldwin, C. (2016, August 3). Bitcoin worth $72 million stolen from Bitfinex exchange in Hong Kong. *Reuters*. Retrieved from http://www.reuters.com/article/us-bitfinex-hacked-hongkong-idUSKCN10E0KP.

Baum, K., Catalano, S., & Rand, M. (2009). *Stalking victimization in the United States*. Washington, DC: US DOJ Bureau of Justice Statistic. Retrieved from http://victimsofcrime.org/docs/src/baum-k-catalano-s-rand m-rose-k-2009.pdf?sfvrsn=0. Stalking Victimization in the United States.

Blauuw, E., Winkel, F. W., Arensman, E., Sheridan, L., & Freeve, A. (2002). The toll of stalking: The relationship between features of stalking and psychopathology of victims. *Journal of Interpersonal Violence*, *17*(1), 50-63.

Campos, W. P. (2016, January). Loss amount in trade secret cases. *Prosecuting Intellectual Property Crimes*, *64*(1), 14-17. Retrieved from https://www.justice.gov/ usao/file/813026/download.

CAIDA (Center for Applied Internet Data Analysis). (2001, July 12). *CAIDA analysis of Code-Red.* Retrieved from https://www.caida.org/research/security/code-red/.

Catalano, S. (2012). *Stalking victims in the United States*. Washington, DC:

DOJ Bureau of Justice Statistics. Retrieved from https://www.bjs.gov/content/pub/pdf/svus_rev.pdf.

Clayton, M. (2010, September 21). Stuxnet malware is "weapon" out to destroy ... Iran's Bushehr Nuclear Plant. *Christian Science Monitor*. Retrieved from https://www.csmonitor.com/USA/2010/0921/Stuxnet-malware-is-weapon-out-to-destroy-Iran-s-Bushehr-nuclear-plant.

Child Exploitation and Obscenity Section. (2007). *Child pornography*. Washington, DC: US DOJ. Retrieved from https://www.justice.gov/criminal-ceos/child-pornography.

CDC (Centers for Disease Control and Prevention) (2013, April, 23). *Traveler's Health: Sex Tourism*. Retrieved from https://wwwnc.cdc.gov/travel/page/sex-tourism.

Council of Europe. (n.d.). *Budapest convention and related standards*. Retrieved from http://www.coe.int/en/web/cybercrime/the-budapest-convention.

Cyberbullying Research Center. (2016). *Summary of our cyberbullying research (2007–2016)*. Retrieved from http://cyberbullying.org/summary-of-our-cyberbullying-research.

DeSantis, M., Dougherty, C., & McDowell, M. (2011). Understanding and protecting yourself against money mule schemes. *US CERT*. Retrieved from https://www.us-cert.gov/sites/default/files/publications/money_mules.pdf.

DeVoe, J. F., Bauer, L., & Hill, M. R. (2011). *Student victimization in U.S. schools: Results from the 2009 school crime supplement to the National Crime Victimization Survey*. Washington, DC: National Center for Educational Statistics. Retrieved from http://nces.ed.gov/pubs2012/2012314.pdf.

Doshi, N., Athalye, A. & Chien, E. (2010). Pay per install: The new malware distribution network. *Symantec*. Retrieved from ttps://www.symantec.com/content/en/us/enterprise/media/security_response/whitepapers/pay_per_install.pdf.

Dunham, K. (2008). *Mobile malware attacks and defense*. Burlington, MA: Syngress.

Eng, J. (2014, July 23). Nigerian 419 email scammers shift to malware and hacking. *NBC News*. Retrieved from http://www.nbcnews.com/tech/security/nigerian-419-email-scammers-shift-malware-hacking-n163491.

Engber, D. (2014, January 5). Who made that Nigerian scam? *The New York Times*. Retrieved from http://www.nytimes.com/2014/01/05/magazine/who-made-that-nigerian-scam.html?_r=0.

Eisenberg, T., Gries, D., Hartmanis, J., Holcomb, D., Lynn, M. S., & Santoro, T.(1989). The Cornell commission: on Morris and the worm. *Communications of the ACM*, *32*(6), 706-709.

Europol. (2016). *Internet organized crime threat assessment 2016*. Retrieved fromhttps://www.europol.europa.eu/sites/default/files/documents/europol_iocta_web_2016.pdf.

Europol. (n.d.). Intellectual property crime. Retrieved from https://www.europol.europa.eu/crime-areas-and-trends/crime-areas/intellectual-property-crime.

Everett-Church, R. (1999, April 13). The spam that started it all. *Wired.com*. Retrieved from https://www.wired.com/1999/04/the-spam-that-started-it-all/.

FBI. (2011, July 14). *Taking a trip to the ATM? Beware of skimmers*. Retrieved from https://www.fbi.gov/news/stories/atm-skimming.

____ (2016). *2015 Internet crime report*. Retrieved from https://pdf.ic3.gov/2015_IC3Report.pdf.

____ (2016, April 1). *Wave of Government Impersonation Scammers Target Unaware Public*. Retrieved from https://www.fbi.gov/contact-us/field-offices/atlanta/news/press-releases/wave-of-government-impersonation-scammers-target-unaware-public.

FBI New York Field Office. (2010, September 30). *Manhattan U.S. attorney charges 37 defendants involved in global bank fraud schemes that used "Zeus Trojan" and other malware to steal millions of dollars from U.S. bank accounts*. Retrieved from https://archives.fbi.gov/archives/newyork/press-releases/2010/nyfo093010.htm.

FBI Northern District of California. (2014, July 14). Walter Liew Sentenced to 15 Years in Prison for Economic Espionage. Retrieved from https://www.fbi.gov/contact-us/field-offices/sanfrancisco/news/press-rele

ases/.

Federal Trade Commission (FTC). (2016). *Consumer sentinel network: databook for January-December 2015*. Retrieved from https://www. ftc.gov/system/files/documents/reports/consumer-sentinel-network-data-book-january-december-2015/160229csn-2015databook.pdf.

Finn, J. (2004). A survey of online harassment at a university campus. *Journal of Interpersonal Violence, 19*(4), 468-483.

Goncharov, M. (2011). Traffic direction systems as malware distribution tools. *Trend Micro*. Retrieved from http://la.trendmicro.com/media/misc/malware-distribution-tools-research-paper-en.pdf.

__________ (2014). Russian underground revisited. *Trend Micro*. Retrieved from http://la.trendmicro.com/media/misc/malware-distribution-tools-research-paper-en.pdf.

Gu, L. (2013). The Chinese underground in 2013. *Trend Micro*. Retrieved from https://www.trendmicro.de/cloud-content/us/pdfs/security-intelligence/white-papers/wp-the-chinese-underground-in-2013.pdf.

_____ (2014). The mobile cybercriminal underground market in China. *Trend Micro*. Retrieved from https://www.trendmicro.de/cloud-content/us/pdfs/security-intelligence/white-papers/wp-the-mobile-cybercriminal-underground-market-in-china.pdf.

Gunter, W. D. (2009). Internet scallywags: A comparative analysis of multiple forms and measurements of digital piracy. *Western Criminology Review, 10*(1),15-28.

Harrell, E. (2015). Victims of identity theft, 2014. *US DOJ Bureau of Justice Statistics*. Retrieved from http://www.bjs.gov/content/pub/pdf/vit14.pdf.

Higgins, G. E., Wolfe, S. E., & Ricketts, M. L. (2009). Digital Piracy: A Latent Class Analysis. *Social Science Computer Review, 27*(1), 24-40.

Hinduja, S., & Patchin, J. (2008). Cyberbullying: An exploratory analysis of factors related to offending and victimization. *Deviant Behavior, 29*(2), 129-156.

Inhope. (2014). *Statistics 2014 Facts, Figures & Trends*. Retrieved from http://www.inhope.org/tns/resources/statistics-and-infographics/statistics-and-infographics-2014.aspx.

International Centre for Missing & Exploited Children (ICMEC). (2016). *Child pornography: Model legislation & global review*. Retrieved from http://www.icmec.org/wp-content/uploads/2016/02/Child-Pornography-Model-Law-8th-Ed-Final-linked.pdf.

International Centre for Nigerian Law (ICFNL) (2017). *Part 6. Offenses relating to property and contracts. Chapter 38. Obtaining Property by false pretences; Cheating*. Retrieved from http://www.nigeria-law.org/Criminal%20Code%20Act-Part%20VI%20%20to%20the%20end.htm.

International Telecommunication Union (ITU). (2009). *Understanding cybercrime: A guide for developing countries*. Retrieved from https://www.itu.int/ITU-D/cyb/cybersecurity/docs/itu-understanding-cybercrime-guide.pdf.

Internet Crime Complaint Center. (2017). *2016 Internet Crime Report*. Washington, DC: Federal Bureau of Investigation. Retrieved from https://pdf.ic3.gov/2016_IC3 Rep ort.pdf

Interpol. (n.d.). *Cybercrime*. Retrieved from https://www.interpol.int/Crime-areas/Cybercrime/Cybercrime.

Jackson, L J. Higgins. (2012, October 30). Shopping the Russian cybercrime underground. Retrieved from ww.darkreading.com/vulnerabilities---threats/shopping-the-russian-cybercrime-underground/d/d-id/1138616.

Kaspersky. (n.d.). *What is a Trojan virus?* Retrieved from https://usa.kaspersky.com/resource-center/threats/trojans.

Kellermann, T. (2012, September 19). Peter the Great beats Sun Tzu in cybercrime. *Infosecurity Group*. Retrieved from http://www.infosecurity-magazine.com/news/peter-the-great-beats-sun-tzu-in-cybercrime/.

Kerr, P. K., Rollins, J., & Theohary, C. A. (2010). *The Stuxnet computer worm: Harbinger of an emerging warfare capability*. Washington DC: Congressional Research Service.

Keyworth, M. (2016, January 1). Vishing and smishing: The rise of social engineering fraud. *BBC*. Retrieved from http://www.bbc.com/news/business-35201188.

Kowalski, R.M. & Witte, J. (2006). *Youth Internet Survey*. Retrieved from http://www.camss.clemson.edu/KowalskiSurvey/Servelet/Page1.

Kowalski, R. M., & Limber, P. (2007). Electronic bullying among middle school students. *Journal of Adolescent Health*, *41*(6), 22-30.

Kowalski, R. M., Limber, S. P., & Agatston, P. W. (2012). *Cyberbullying: Bullying in the Digital Age*. Maldon, MA: Willey-Blackwell Publishing.

Lee, H. (2017, June 5). Doxware: Ransomeware evolution or merely media hype? *Emsisoft.com*. Retrieved from http://blog.emsisoft.com/2017/06/05/doxware-ransomware/

Leyden, J. (2014, April 5). Bank-raid ZeuS malware waltzes around web with 'valid app signature'. *The Register*. Retrieved from https://www.theregister.co.uk/2014/04/05/digitally_signed_zeus/

MarkMonitor. (2016, October 27). *45 percent of consumers have been a victim ofcybercrime*. Retrieved from https://www.markmonitor.com/brand-protection-domain-management-resources/press-releases/release/45-percent-of-consumers-have-been-a-victim-of-cybercrime.

Markoff, J. (1990, January 23). Computer intruder is found guilty. *The New YorkTimes*. Retrieved from http://www.nytimes.com/1990/01/23/us/computer-intruder-is-found-guilty.html.

McEwan, T.E., Shea, D.E., Daffern, M., McKenzie, R. D., Ogloff, J.R., & Mullen,P. E. (2016). The reliability and predictive validity of the stalking risk profile. *Assessment: Sage Journals*. Retrieved from http://journals.sagepub.com/author/Shea,%20Daniel%20E.

McMillan, R. (2014, February 24). Bitcoin exchange Mt. Gox implodes amid allegations of $350 million hack. *Wired.com*. Retrieved from https://www.wired.com/2014/02/bitcoins-mt-gox-implodes-2/.

_______________ (2016, November 20). Hackers program bank ATMs to spew cash. *The Wall Street Journal*. Retrieved from http://www.wsj.com/articles/hackers-program-bank-atms-to-spew-cash-1479683814.

Microsoft. (2017). *Malware protection center: Ransomware*. Retrieved from https://www.microsoft.com/en-us/security/portal/mmpc/shared/ransomware.aspx.

Murray-Morris, S. (2014, February 13). Utopia no more: Drug marketplace seen as the next silk road shut down by Dutch police. *The Independent*. Retrieved from http://www.independent.co.uk/life-style/gadgets-and-tech/9126063.html.

Nansel, T. R., Overpeck, M., Pilla, R. S., Ruan, W. J., Simmons-Morton, B., & Scheidt, P. (2001). Bullying behavior among U.S. youth: Prevalence and association with psychosocial adjustment. *Journal of the American Medical Association, 285*(16), 2094-2100.

Nazario, J. (2003). *Defense and detection strategies against internet worms.* Norwood, MA: Artech House, Inc.

Nigh, B. & Pelker, C.A. (2015, September). Virtual currency: Investigative challenges and opportunities. *FBI Law Enforcement Bulletin.* Retrieved from https://leb.fbi.gov/2015/september/virtual-currency-investigative-challenges-and-opportunities.

Panda Security. (2014). *Annual Report PANDALABS 2013.* Retrieved from http://www.pandasecurity.com/mediacenter/src/uploads/2014/07/Annual-Report-PandaLabs-2013.pdf.

Priebe, M.T. (2014). *The economic espionage act of 1996: A 15 year review* (*Unpublished master's thesis*). Allendale, MI: Grand Valley State University. Retrieved from http://scholarworkds.gusu.edu/cgi/view/content.cgi?article=1741&context=theses.

Reisinger, D. (2017, January 25). Man who hacked Jennifer Lawrence to serve nine months in jail. *Fortune.com.* Retrieved from http://fortune.com/2017/01/25/jennifer-lawren ce-hacker-celebgate/

Schwartz, M.J. (2015, September 14). Russian cybercrime rule no. 1: don't hack Russians. *Bankinfosecurity.* Retrieved from http://www.bankinfosecurity.com/blogs/russian-cybercrime-rule-no-1-dont-hack-russians-p-1934.

Seals, T. (2017, October 25). The dark web goes mobile and more untrackable. *Infosecurity-magazine.* Retrieved from https://www.infosecurity-magazine.com /news/the-dark-web-goes-mobile/

Smith, G. (2013, April 15). How bitcoin sales of guns could undermine new rules. *The Huffington Post.* Retrieved from http://www.huffingtonpost.com/2013/04/15/bitcoin-guns_n_3070828.html.

Siboni, G & Siman-Tov, D. (2014, December 23). Cyberspace extortion: North Korea versus the United States, *INSS Insight.*

Smith, L. (2012, March 7). Walmart Gift Card Text Hits Phones Across Denver Metro Area. *CBS Denver.* Retrieved from http://denver.

cbslocal.com/2012/03/07/.

Statista. (2016a). *Global spam volume as percentage of total e-mail traffic from 2007 to 2015*. Retrieved from https://www.statista.com/ statistics/ 420400/spam-email-traffic-share-annual/.

__________ (2016b). *Leading countries of origin for unsolicited spam emails in 2016, by share of worldwide spam volume*. Retrieved from https:// www.statista.com/statistics/263086/countries-of-origin-of-spam/.

__________ (2016c). *Most prevalent spam content categories worldwide in 2014 and 2015*. Retrieved from https://www.statista.com/statistics/ 263452/most-common-content-of-spam-messages-worldwide-by-category/.

Symantec. (2013, April). *Internet Security Threat Report 2013. 18*. Retrieved from https://www.symantec.com/content/en/us/enterprise/other_resources /b-istr_main_report_v18_2012_21291018.en-us.pdf.

__________ (2016, April). Internet security threat report. *21*. Retrieved from https://www.symantec.com/content/dam/symantec/docs/reports/istr -21-2016-en.pdf.

__________ (2016, August 16). *Trojan.Zbot*. Retrieved from https://www. symantec.com/security_response/writeup.jsp?docid=2010-011016-351 4-99.

__________(2017, May 12). *What you need to know about the WannaCry Ransomware*. Retrieved from https://www.symantec.com/connect/blogs/ what-you-need-know-about-wannacry-ransomware

Trade Secret Institute. (2013, September 26). *United States v. Hanjuan Jin*. Brooklyn Law School. Retrieved from http://tsi.brooklaw.edu/cases/ united-states-v-hanjuan-jin.

TrendMicro. (2015, July 28). *The Russian underground today: Automated infrastructure, sophisticated tools*. Retrieved from https://www. trendmicro.com/vinfo/us/security/news/cybercrime-and-digital-threats/russian-underground-automized-infrastructure-services-sophisticated-tools.

__________ (2016, March 1). *Cybercrime and the deep web*. Retrieved from https://www.trendmicro.com/vinfo/us/security/news/cybercrime-and-digital-threats/cybercrime-and-the-deep-web.

Tung, L. (2016, October 24). Microsoft: Beware this fake Windows BSOD from tech support scammers' malware. *Zdnet*. Retrieved from http://www.zdnet.com/article/microsoft-beware-this-fake-windows-bsod-from-tech-support-scammers-malware/.

UNODC (United Nations Office on Drugs and Crime). (2013). *Comprehensive study on cybercrime*. Retrieved from https://www.unodc.org/documents/organized-crime/UNODC_CCPCJ_EG.4_2013/CYBERCRIME_STUDY_210213.pdf.

US CERT (US-Computer Emergency Readiness Team). (2009, November 4). *Security tip (ST04-15): Understanding Denial of Service Attacks*. Retrieved from https://www.us-cert.gov/ncas/tips/ST04-015.

US DOJ Attorney's Office. (2015, December 15). *Three men arrested in hacking and spamming scheme; Targeted personal information of 60 million people*. Retrieved from https://www.justice.gov/usao-nj/pr/three-men-arrested-hacking-and-spamming-scheme-targeted-personal-information-60-million.

US DOJ Computer Crime and Intellectual Property Section. (2016, June). *Reporting intellectual property crime: A guide for victims of copy right infringement, trademark counterfeiting, and trade secret theft*. Retrieved from https://www.justice.gov/criminal-ccips/file/891011/download.

US Government Publishing Office. (n.d.). *Economic Espionage Act of 1996*. Retrieved from https://www.justice.gov/usao/file/813026/download.

US Immigration and Customs Enforcement. (2016, July 22). ICE charges owner of illegal file-sharing website with copyright infringement. Retrieved from https://www.ice.gov/news/releases/ice-charges-owner-illegal-file-sharing-website-copyright-infringement.

Voltz, D. (2017.7.20). U.S. Justice Department shuts down dark web bazaar AlphaBay.

Reuters. Retrieved from http://www.reuters.com/article/us-usa-cyber-idUSKBN1A51UZ?il= 0.

Wang, J., Nansel, T. R., & Iannotti, R. J. (2011). Cyber bullying and traditional bullying: Differential association with depression. *Journal of Adolescent Health, 48*(4), 415–417. Retrieved from https://www.ncbi.nlm.nih.gov/pmc/articles/PMC3058261/.

Wolff, J. (2016, June 7). The new economics of cybercrime. *The Atlantic*. Retrieved form https://www.theatlantic.com/business/archive/2016/06/ransomware–new–economics–cybercrime/485888/

Wearden, G. (2003, February 20). Nigerian diplomat killed over e–mail scam. *Zdnet*. Retrieved from http://www.zdnet.com/article/nigerian–diplomat–killed–over–e–mail–scam/.

Weiser, B. (2015, May 29). Ross Ulbricht, creator of Silk Road website, is sentenced to life in prison. *The New York Times*. Retrieved from https://www.nytimes.com/2015/05/30/nyregion/ross–ulbricht–creator–of–silk–road–website–is–sentenced–to–life–in–prison.html?mtrref.

Wilson, M. & Yelowitz, A. (2015). Characteristics of bitcoin users: An analysis of Google search data. *Applied Economics Letters, 22*(13), 1030–1036.

Ybarra, M. L., & Mitchell, J. K. (2004). Online aggressor/targets, aggressors, and targets: A comparison of associated youth characteristics. *Journal of Child Psychology and Psychiatry, 45*(7), 1308–1316.

제4장

사이버 안보, 사이버 테러와 사이버 정보전

4-1. 국가 중요기반시설 보호의 중요성
4-2. 미국의 사이버 안보 정책
- 초기의 사이버 안보 정책
- 9/11 사건과 Bush 행정부의 사이버 안보 정책
- Obama 행정부의 사이버 안보 정책
- Trump 행정부의 사이버 안보 정책

4-3. 미국 연방 정부기관 IT 침해사고
- 미국 연방 FISMA 규정
- 미국 연방 정부기관 IT 침해사고 현황

4-4. 사이버테러리즘
4-5. 사이버 정보전
4-6. 외국의 사이버 정보전 대응 조직
- 미국 사이버사령부
- 미국 국가안보국
- 중국의 사이버정보전 조직
- 이스라엘의 사이버정보전 조직
- 북한의 사이버 정보전 조직

4-7. 사이버 공격, 사이버 테러 및 정보전 주요 사례
참고 문헌

제 4 장 사이버 안보, 사이버 테러와 사이버 정보전

4-1. 국가 중요기반시설(Critical Infrastructure) 보호의 중요성

'국가 중요기반시설(Critical Infrastructure)'은 해당 국가의 산업 및 기술정보 사회를 유지하는 데 기본적으로 필요한 시스템과 서비스라고 할 수 있다. 이 중요기반시설에 대한 파괴 시도는 국가안보, 경제, 사회와 국민의 심리에 심각한 영향을 끼친다. 2013년 2월에 발표된 미국 Obama 대통령의 '정책명령 21호(Presidential Policy Directive 21: Critical Infrastructure Security and Resilience)'에 의거한 '중요기반시설' 분야에는, 화학, 상업시설, 통신, 주요제조업, 댐, 국방산업, 에너지 서비스, 금융시비스, 식량 및 농업, 정부시설, 의료와 공공보건, 정보기술, 핵발전, 물질과 처리, 운송 시스템, 그리고 상수도와 하수처리 분야 등 16개 분야가 있다.

유로폴(Europol)은 유럽 지역 내의 보호되어야 할 중요기반시설을 에너지 공급, 교통운송, 은행, 금융시장 기반시설, 의료 부문, 식수 공급 시설, 디지털 기반시설 등 7개 분야로 구분하고 있다(Europol, 2017, p. 25).

이 중요기반시설 중 '통신'과 '정보기술' 분야는 인체에 비유하면 산소를 공급하는 혈액이라고 할 수 있다. 이 분야를 세부적으로 '중요

정보통신기반시설(Critical Information and Telecommunication Infrastructure)'이라고 하는 데, 전기 공급 기간망, 인터넷 및 온라인 서비스, 공공전화 시스템, 공공 안전, 국방과 국가 중요 데이터 네트워크, 모바일통신, 상업위성, 라디오, TV, 케이블 방송망과 위성 TV 방송망, 교육, 금융, 보건, 출판, 그리고 예능 정보 서비스 등을 의미한다. '중요정보통신기반시설'의 요소에는 데이터 입력, 하드웨어 및 소프트웨어 프로세스, 전자기기, 데이터 저장 매체, 구리나 광통신 케이블, 전선이나 마이크로웨이브 네트워크와 이러한 시설을 다루는 인력 등을 포함한다.

특히, 미국의 입장에서 보면 은행과 금융기관, 전기에너지와 급수시설, 그리고 민간 항공운항 관제시설 등은 다른 국가와 비교하여, 산업기반의 차이 때문에 더욱 중요한 역할을 한다.

4-2. 미국의 사이버 안보 정책

4-2-1. 초기의 사이버 안보 정책

세계 각지의 해커는 미국의 연방 정부기관, 비즈니스 기업, 의료기관과 교육 기관에 대한 사이버 공격을 끊임없이 시도한다. 이들 기관에 대한 사이버 공격의 성공은 해커 커뮤니티에서 상징적 또는 실질적으로 의미가 크다. 이들로부터의 끊임없는 사이버 공격에 대응하고자, 미국 연방 법집행기관은 사이버 범죄 예방과 수사에 많은 인력과 자원을 투자해 오고 있다. 주, 카운티와 자치단체 지역의 법집행기관도 사이버범죄 예방 캠페인이나 수사 등 대응 능력을 꾸준히 강화하고 있고, 대다수 미국 시민은 인터넷 사기나 개인정보 침해 등 사이버범죄를 적극적으로 법집행기관에 신고하고 있다. 하지만, 주

정부 이하 자치단체 지역의 법집행기관은 날로 진화하는 사이버범죄에 대한 수사 능력이 제한적일 수밖에 없다. 이들 지역의 법집행기관은 강력 범죄 예방 및 수사가 더 정책 우선순위가 높고, 사이버범죄 수사 관련 디지털 감식 장비와 전문 인력 확보 등에 제한적인 예산을 가지고 있기 때문이다.

Reagan 미국 대통령은 1984년, '국가안보결정명령(National Security Decision Directive) 145호'를 통해 '국가안보국(National Security Agency, NSA)'으로 하여금 미국 연방 정부기관의 컴퓨터 시스템에 대한 보안을 책임지도록 하였다(EPIC, 2016). 추후에 비정부기관의 컴퓨터 시스템 보안도 관장하도록 권한을 확대하였다. 1987년, 미국 의회는 '컴퓨터보안법(Computer Security Act of 1987)'을 통과시켜 '국가표준기술연구소(National Institute for Standards and Technology, NIST)'로 하여금 민간 기관에 대한 컴퓨터 시스템 보안에 대한 가이드라인을 만들도록 조정하였다. 1996년, Clinton 대통령은 '행정명령(Executive Order) 13010호(기반시설 보호)'과 '대통령 결정 명령 63호(PDD-63)'을 통해 국가 안보에 위협이 되는 사이버 공격에 대처하도록 하고, 민간 부문과 정부기관의 협력을 강조하였다.

4-2-2. 9/11 사건과 Bush 행정부의 사이버안보 정책

2000년에 취임한 Bush 대통령은 9.11 테러 사건 이후, '애국법(Patriot Act)'을 제정하여 국가 안보, 정보 및 법집행기관을 '국토안보부(Department of Homeland Security)' 산하로 통합 조정하였다.

그림 4-1: Bush 행정부 사이버안보 정책 가이드라인

2003년 1월, Bush 행정부는 '사이버공간 안보확보를 위한 국가전략(The National Strategy to Secure Cyberspace)'을 발표하여, 사이버 안보를 위한 기본적인 실행 계획을 마련할 근거를 만들었다(그림 4-1). 핵심 항목을 보면, 첫째, 미국의 중요기반시설에 대한 사이버 공격 예방, 둘째, 사이버 공격에 대한 국가 취약요소 감소, 셋째, 사이버 공격으로부터 피해 최소화 및 복구 시간 최소화 등의 가이드라인을 제시하였다.

세부적으로는, 첫째, '국가사이버안보대응시스템(National Cyberspace Security Response System)' 창설, '국가사이버안보위협 및 취약점감소 프로그램(National Cyberspace Security Threat and Vulnerability Reduction Program)', '국가사이버안보예방 및 훈련 프로그램(National Cyberspace Security Awareness and Training Program)', '정부의 사이버안보확보(Securing Governments' Cyberspace)', 및 '국가안보 및 국제사이버안보협력(National Security and International Cyberspace Security Cooperation)' 등을 제시하였다.

2006년, '국가기반시설보호 계획'을 발표하여 17개 분야에 달하는 국가 기반시설을 보호할 근거를 마련했다. 이어서 2008년에는 '종합국가사이버안보지침(Compre hensive National Cybersecurity Initiative)'을 제정하였다. 이 계획을 통해 미국 연방 정부가, 현존하는 사이버 위협을 탐지하고, 통신 및 사이버 취약점을 보완하고, 연방 정부의 IT 시스템에 대한 사이버 공격에 적극적으로 대응하도록 하였다(Gerwirtz, 2012). 이 보안 지침은 다음과 같이, 12개의 세부항목으로 구성되어 있다(Rollins & Henning, 2009, p. 6):

1) 외부로 연결되는 연방 정부 네트워크를 '연방 엔터프라이즈 네트워크(Federal Enterprise Network)'망으로 통합하여 사용하도록 한다.
2) 이 외부연결 통합망에 침입탐지 시스템을 설치하고, 이 시스템은 'EINSTEIN-2'의 일부이며, US-CERT로 통보된다.
3) 연방 네트워크 시스템에 Zero-day 공격 및 실시간적으로 대응할 수 있는 침입 방지 시스템을 설치한다.
4) 연구 개발 노력을 재조정하고 협력하도록 한다.
5) '국가사이버안보센터(National Cybersecurity Center)' 등 기존의 사이버 대응 조직을 상호 연계시켜 상황 인식을 높이도록 한다.
6) 범정부적인 '사이버 방첩' 계획을 개발하고 실행한다.

7) 보안이 적용되는 네트워크의 보안성을 증가시킨다.
8) 사이버보안 교육을 제고한다.
9) 항구적인 최신 기술, 전략 및 프로그램 등을 확인하고 개발한다.
10) 항구적인 억제 전략과 프로그램을 확인하고 개발한다.
11) 해외 컴퓨터 공급체인에 대한 위기관리를 위해 다각적인 대책을 개발한다.
12) 민간부문에 의존하는 사이버 보안에 연방 정부의 역할을 확인하다.

4-2-3. Obama 행정부의 사이버 안보 정책

Obama 행정부는 2009년 2월, '국가안보위원회(National Security Council)'와 '국토안보위원회(Homeland Security Council)'로 하여금 60일간 미국 연방 정부기관의 통신 및 정보 기반시설에 대한 종합 검토를 지시하여, '사이버공간 정책 검토(Cyber Space Policy Review: Assuring a Trusted and Resilient Information and Communications Infrastructure)' 보고서를 발표하였다(FAS, 2009; Harvey, 2016).

보고서 내용을 요약 소개하면, 아래와 같다.

1) 대통령 직속 사이버안보 정책 보좌관을 임명하고, 사이버 안보 관련법과 정책을 재검토하고, 각급 정부기관에 사이버보안에 관한 책임 소재를 강화.
2) 사이버 보안 관련 위협과 위험 관련 공공 인식 캠페인을 확대하고, 사이버 보안 관련 전문 인력을 양성.
3) 연방 정부기관, 민간부문과 주요 우방국과의 협력 관계 심화 및 확대.
4) 정부기관, 민간부문과 우방국과 사이버 사건에 대한 협력적

인 대응을 원활하게 하기 위한 종합적인 기본 체제를 수립.
5) 사이버 보안 관련 정부와 기업, 학계 등 민간 부문과의 연구와 협력 등 혁신을 촉진.

미국은 외교적 노력을 통해 외국으로부터의 사이버 공격을 감소시키려는 노력도 병행하였다. 미국의 정부기관 및 산업체에 대한 중국의 사이버 첩보 수집 및 사이버공격이 증가하여, 미국 언론의 관심이 증대하였다. 2015년 9월, 오바마 대통령은 시진핑 중국 주석의 국빈 방문 시, 양국 간에 발생하는 '사이버 문제 관련 공동 합의(US-China Cyber Agreement)'를 아래의 내용으로 하였다.

1. 악의적인 사이버 공격 관련하여 양국은 이를 해결을 위한 정보와 지원 요청을 적절한 시간 내에 제공한다.
2. 지식재산권관련 범죄를 행하거나 이를 지원하지 않는다.
3. 국제사회의 사이버 공간에서의 국가 간 행위에 대한 적절한 규범을 발굴하고 증진하는 노력을 추구한다.
4. 사이버범죄 타결을 위한 고위 레벨의 대화 창구를 개설한다(Rollins, 2015).

2016년 7월 Obama 대통령은 '대통령정책명령(Presidential Policy Directives-41) 제41호를 통해서, '국가사이버사건대응계획(National Cyber Incident Response Plan, NCIRP)'을 발표하였다. 이 NCIRP에 따르면, 관련 연방정부 기관의 사이버 위협에 대한 업무 분장을 규정하고, 연방정부, 군 및 민간 네트워크 등에 대한 사이버 위험 요소를 분석 개발하도록 하였다. 이 명령에 의하면, 법무부는 사이버침해사건에 대해 FBI와 NCIJTF를 지휘하여 수사를 책임지도록 하고, 국토안보부는 사이버위협 요소 분석, 중요 사이버침해 사건 분석 및 향후 대응 방안을 마련하도록 하고, 국가정보국(The Office of the Director of National Intelligence)은 사이버침해 및 위협관련 정보 수집 및 지원 업무를 하도록 하였다.

이어서, 2016년 12월, Obama 대통령은 퇴임 직전, 점증하는 사이버 공격에 대비하고자, '국가사이버안보강화위원회(Commission on Enhancing National Cybersecurity)' 보고서를 발표하였다. 이 보고서는 차기 Trump 대통령 정부에게, 1) 사이버안보 보좌관을 신설, 2) 국제적 협력을 주도할 사이버 대사의 임명, 3) 2021년까지 전통적인 방식의 패스워드를 폐지하고, 개인정보 절취 위협을 종식, 4) 2020년까지 10만 명에 달하는 신규 사이버보안 인력을 양성해야 한다는 등 몇 가지 사항을 권고하였다(President's Commission, 2016). Trump 행정부가 이 권고안을 얼마나 수용할지는 지켜보아야 하지만, 미국이 직면한 사이버 안보에 관한 종합적 대응정책으로서 의미는 있다.

4-2-4. Trump 행정부의 사이버 안보 정책

Trump 대통령은 취임 초기 Obama 행정부의 권고안과는 별도로 모든 미국 정부 공무원에게 사이버 보안인식 강화를 위해 의무적으로 보안교육을 하고, 외국의 해커공격을 봉쇄할 미국의 공세적, 방어적 사이버 능력을 강화할 것이라고 밝혔다. 이어서, 2017년 5월 11일, '연방 네트워크와 주요기반시설의 사이버보안 강화를 위한 대통령 행정명령(Presidential Executive Order on Strengthening the Cybersecurity of Federal Networks and Critical Infrastructure)'을 발표하였다.

이 행정명령은, 1) 연방 네트워크 사이버보안, 2) 주요기반시설 사이버보안, 3) 국가 사이버보안, 4) 집행명령 목적 관련 정의, 그리고 5) 일반규정 등 총 5개 부문으로 구성되어 있다.

그 내용 전체 중 1-3항을 요약하면,

1) 연방 네트워크 사이버보안

(a) 각 연방정부 기관장은 사이버위협 관련 위기관리조치 실행에 관한 책임을 진다.

(b) 각 정부기관은 사이버보안 위기관리를 위해 '국립표준기술연구소(NIST)'가 개발한 중요기반시설개선 기본구조 가이드라인 또는 전임자의 관련 문서를 사용한다.

(c) 각 기관장은 90일 이내에 '국토안보부장관'과 '관리예산처장'에 위기관리 보고서를 제출하여야 한다.

(d) '국토안보부장관'과 '관리예산처장'은 합동으로 각 부처의 위기관리보고서의 적정성 여부를 검토한다.

(e) '관리예산처장'은 각 부처의 위기관리대응보고서를 검토 후, 그 결과 보고서를 60일 이내에 '국토안보테러담당 보좌관'을 통해서 대통령에게 보고하여야 한다.

(f) 행정부의 IT 아키텍처를 보다 현대적이고, 안정하고, 회복탄력적으로 구축 유지해야 하는 것이 행정부의 정책이다.

2) 주요기반시설 사이버보안

(a) 정책: 행정부는 국가 중요기반시설의 소유자나 운영자의 사이버보안관리 노력에 지원한다.

(b) 위험에 처한 중요기반시설에 대한 지원: '국토안보부장관'은 '국방부장관', '법무부장관', '국가정보국장', 'FBI 국장' 및 기타 해당 관련 부서장들과 협조로 위협에 처한 국가주요기반시설에 대한 사이버보안 노력을 지원할 수 있는 행정력과 대응능력을 확인해야 한다.

(c) 사이버보안 시장의 투명성 지원: '국토안보부장관'은 '상무부장관'과 협조하여 사이버보안 위기관리실행의 적절한 시장 투명성을 촉진하도록 연방정부 정책과 실행 실태를 조사하여 90일 이내로 '국토안보테러담당 보좌관'을 통해 대통령에게 보고한다.

(d) Botnet과 기타 자동화 분산 위협으로부터의 복원력: '상무부장관'과 '국토안보부장관'은 합동으로 공개적이고 투명한 절차로 인터넷과 통신생태 시스템의 복원력을 개선하도록 적절한 관계기관이 확인과 촉진하도록 한다. 이를 위해 '상무부장관'과 '국토안보부장관'은 '국방부장관', '법무부장관', 'FBI 국장', 기타 관련 부서 수장, '연방통신위원회의장', 및 '연방거래위원회의장' 등과 협의하도록 한다.

(e) 정전사고 대응능력평가: '에너지부장관', '국토안보부장관'은 '국가정보국장', 주 및 지방정부 등과 합동으로 정전 관련사고 등에 관한 제반 사항을 평가하여야 한다.

(f). 국방부 전쟁 수행능력과 국방산업: '국방부장관', '국토안보부장관', 'FBI 국장'은 '국가정보국장'과 협조로 국방산업시설이 당면한 사이버보안 위험, 공급체제, 미군 플랫폼, 시스템, 네트워크, 수행능력과 이러한 위험 요소들을

경감할 권고사항 등을 보고서로 작성하여 90일 이내로 '국토안보테러담당 대통령보좌관'을 통해 대통령에게 보고하도록 한다.

3) 국가 사이버보안

(a) 정책: 인터넷은 미래세대의 가치 있는 존재로 확실히 하기 위해, 행정부는 인터넷 사용에 대한 방해, 인터넷 사기, 개인정보 절취로부터 시민을 보호하고, 개인 프라이버시 존중을 위해 능률, 혁신, 통신 및 경제적 번영을 배양하는 공개적이고, 상호작용적이고, 신뢰할 만하고, 안전한 인터넷을 촉진하도록 한다.

(b) 억제와 보호: 사이버위협으로부터 미국민을 보호하고, 적성국의 위협을 억제하는 국가전략 옵션에 대한 보고서를 90일 이내에 작성 보고한다.

(c) 국제협력: 우방국과 안전하고 복원력 있는 인터넷 유지를 위해 국제협력 노력을 한다. 이를 위해 국제사이버보안에 대한 우선순위, 수사, 책임소재규명, 사이버 위협정보공유, 대응, 대응력 배양 및 협력 등에 관한 보고서를 45일 이내에 대통령에게 보고 한다.

(d) 인력개발: 장기적인 사이버보안 이점을 확보할 목적으로, 미래의 사이버보안 인력을 양성을 위해, 모든 교육기관의 교육과정, 훈련, 실습과정 등을 평가하도록 한다.

등을 주요 내용으로 한다.

4-3. 미국 연방 정부기관 IT 침해사고

미국 연방 정부기관에 대한 해킹은 상징적인 의미가 커서 외국의 해커, 사이버 범죄조직, 특정 국가가 지원하는 조직이나 특정 국가의 주요한 목표물이 되고 있다. 이들은 해킹을 통해, 미국 연방 정부기관이 생산하고 보유하는 안보 관련 데이터나 정보를 절취하거나, 연방정부가 보유한 미국 시민에 대한 개인정보를 절취 또는 해킹 성공으로 그들의 해킹 실력을 과시하려는 의도도 있다. 연방 정부의 IT 침해사고가 반드시 외부세력에 의해 발생하는 것은 아니다. 연방 정부 공무원이나 계약직 직원에 의한 고의나 과실 등으로 IT 침해사고가 발생하여 정부기관의 기밀로 분류된 국방, 외교 및 공무원의 신상 관련 데이터나 정보 등이 유출되기도 한다.

4-3-1. 미국 연방 FISMA 규정

미국 '연방정보보안관리법(Federal Information Security Management Act of 2002, FISMA, 44 U.S.C. § 3541)'은 2002년에 제정되어 시행된 'E-Government Act'의 Chapter III로, 미국의 국가안보 및 경제적 이익에 관한 정보보안의 중요성을 강조한 법이다(NIST, 2017). 이 법은 미국 연방기관으로 하여금 각 기관이 자체 구성원, 외부 계약자와 기타 자원에 의해 운영되는 정보시스템을 보호하도록 정보보안(Information security) 프로그램을 개발, 법제화 및 시행하도록 하고 있다. 여기서 정보보안의 의미는 정보의 무결성, 기밀성 및 가용성 확보를 위해 정보 및 정보시스템에 대한 불법적인 접속, 사용, 공개, 방해, 변경 또는 파괴 등을 보호한다는 의미이다. 이 법은 2014년에 '연방정보보안현대화법(Federal Information Security

Modernization Act of 2014, FISMA)'으로 개정되어, 매년 연방 정부기관은 자체 정보보안 상태를 점검한 검토보고서를 작성하여 '관리예산국(Office of Management and Budget, OMB)'에 제출하도록 의무화하고 있다. 더불어 '국립표준기술연구소(National Institute of Standards and Technology, NIST)'는 국가 안보시스템을 제외한 모든 연방기관의 운영이나 자산에 대한 적절한 정보보호를 제공하도록 표준, 지침, 관련 시행 방법을 개발하는 책임을 부과하였다.

이러한 연방정부의 정보보호 관련하여, 미국 FISMA 및 US-CERT가 집계하는 미국의 연방기관에 대한 IT 보안침해사고 관련 분류기준을 알아보자(표 4-1 참조). 미국 연방정부가 분류한 IT 침해사고의 종류를 보면, 불법접속, IT 기기 사고, 서비스거부 공격, 악성코드, 부적절한 사용, 정책 위반, 사회 공학적 침해시도, 불법 의심 네트워크 활동, 비사이버 침해사고, 기타 등으로 분류될 수 있다. 이 분류에서 해킹 등 외부로부터의 침해사고는 불법접속, 서비스거부 공격, 악성코드, 사회 공학적 침해시도, 불법의심 네트워크 활동 등이라 할 수 있다. 내부직원 등에 의한 자체 IT 침해사고는 IT 기기 분실사고, 부적절한 사용, 정책위반, 비사이버 침해사고 등이라 할 수 있다.

표 4-1: 미국 연방 FISMA와 US-CERT 규정에 의한 사이버 침해사건 정의

IT 침해 사고 분류	정 의
불법접속 Unauthorized Access	비인가 된 자가 IT시스템이나 물적 자원에 접속, 사용하는 모든 행위
IT 기기 사고 Equipment	모바일 기기, 랩톱, 백업 디스크, USB 메모리 칩 등의 분실 또는 도난
서비스거부 공격 Denial of Service	IT 시스템에 대한 합법적 접속을 불가능하게 하는 서비스거부 공격

IT 침해 사고 분류	정 의
악성코드 Malicious Code	바이러스방지 프로그램 때문에 검색과 예방을 하지 않은 악성 프로그램의 설치 및 실행 행위
부적절한 사용 Improper Usage	IT 시스템 사용자의 정책 위반이나 불법적인 행위. 비밀로 분류된 정보의 이전 행위 등
정책 위반 Policy Violation	저장되거나 전송 시에 데이터의 잘못된 관리. 사례는 디지털화된 개인정보와 보호 정보의 보안조치 없는 처리나 암호화 없이 이메일 송신
사회 공학적 침해시도 Social Engineering	사용자를 기만하여 정보를 제공하게 하거나 악성 코드를 다운로드하게 하거나 사기 웹사이트로 유도
불법의심 네트워크 활동 Suspicious Network Activity	US-CERT에 의해 분석된 Einstein이나 Einstein 2 데이터로부터 작성된 침해 사고
비사이버 침해사고 Non-Cyber	비사이버 침해사고는 디지털 기록 아닌 문서로 기록이나 출력된 개인정보의 유출과 잘못된 관리
기타 Other	제3자에 의한 미확인 정보 유출 사고, 실패한 비밀번호 탐색, 포트 스캔 및 원인이 불분명한 사고 등 사례가 많지 않은 침해 사고

출처: US-CERT (https://www.us-cert.gov/government-users/reporting-requirements).

4-3-2. 미국 연방 정부기관 IT 침해사고 현황

표 4-2는 2012년~2013년간 미국 24개 연방 정부기관에서 발생한 IT 보안침해사고의 평균치 통계이다. '보훈부(Department of Veterans Affairs)'가 가장 많은 IT 보안 침해사고(9,995건)를 기록했다. '보훈부'는 미국 여러 지역에서 퇴역군인을 위한 보훈병원을 운영하여 다른 연방기관에 비해 많은 수의 의료지부를 운영하여 IT 보안사고가 자주 발생할 여지가 있다. 특히 2006년, '보훈부'에서 역대 최대 규모로 약 2천 6백만 명에 해당하는 현역과 퇴역군인의 개인정보가 노출되는 사고가 발생하였다(US DVA, 2006.7.1). 이를 계기로 미국 의회는 '보훈부'로 하여금 매월 IT 보안침해사고 동향을 의회에

보고하도록 법제화시켰다. 두 번째로는 '보건의료부(Department of Human and Health Services)'에서 발생한 IT 침해 사고였다(6,201건). 여기서 주목해야 할 것은 보건과 의료 관련 부처의 IT 관련 침해사고가 자주 발생한다는 것이다. 표 4-2에서 보는 듯이 '연방 우주항공국(NASA)'은 규모가 다른 부처에 비해 작음에도 불구하고 IT 보안사고 건수가 많았다. 최첨단 우주 과학 관련 기술정보가 집결된 곳임을 고려하면, 외부세력에 의한 IT 침해사고가 빈번한 것으로 해석할 수 있다. 그다음 순위로는 '사회보장국(4,770건)', '법무부(4,338건)', '국방부(3,712건)', '재무부(3,396건)' 및 '국토안보부(2,632건)' 등의 순으로 IT 침해사고가 발생하였다.

표 4-2: 미국 연방정부 IT 침해사고 현황(2013년~2014년 평균)

부처	침해 건수	부처	침해 건수
보훈부(VA)	9,995	에너지부(Energy)	1,092
보건의료부(HHS)	6,201	내무부(Interior)	1,034
항공우주국(NASA)	5,247	총무부(GSA)	445
사회보장국(SSA)	4,770	공공주택부(HUD)	434
법무부(Justice)	4,358	교육부(ED)	324
국방부(DOD)	3,712	인사국(OPM)	238
재무부(Treasury)	3,396	환경국(EPA)	190
국토안보부(DHS)	2,632	해외원조국(USAID)	188
교통부(DOT)	2,578	노동부(Labor)	178
상무부(Commerce)	1,879	핵에너지관리부(NRC)	136
외교부(State)	1,469	중소기업국(SBA)	98
농무부(USDA)	1,453	국가과학재단(NSF)	48

출처: Office of Management and Budget(2016).

IT 보안침해사고가 외부에 의한 사고인지 또는 내부에서 발생한 사고인지를 먼저 파악하는 것이 IT 시스템 보안 정책수립 및 시행에 중요한 자료가 된다. 따라서 미국 24개 연방 정부기관에서 발생한 IT 보안침해사고를 외부에 의한 '사이버범죄형' 사고와 '비사이버범죄형' 사고로 분류해 보기로 한다(Kim, 2015).

가. '사이버범죄형' IT 보안침해사고

외부의 해커 등에 의한 IT 보안침해사고로 간주할 수 있는 '사이버범죄형' IT 보안침해사고의 종류에는 '불법접속', '서비스거부 공격', '악성코드', '사회 공학적 침해시도' 및 '불법의심 네트워크 활동' 등이 있다고 할 수 있다(표 4-1 참조). 이런 기준으로, 외부의 해커에 의한 '사이버범죄형' IT 보안침해사고는 '보건의료부(2,723건)', 'NASA(2,656건)', '교통부(1,748건)', '보훈부(1,061건)', '법무부(1,011건)' 등의 순으로 외부로부터의 '사이버범죄형' IT 보안 침해사고를 기록했다. 이들 기관은 다른 기관과 비교하여 'NASA'를 제외하고, 규모가 비교적 큰 기관이며, 다량의 개인정보나 과학기술 정보, 교통 관련 국가기반시설정보과 사법 정보 등을 보유하고 있어서, 외부 해커의 우선순위 목표가 된 것으로 보인다. 이들 상위 5개 기관에서 발생한 '사이버범죄형' IT 보안 침해사고는 24개 기관에서 발생한 전체 '사이버범죄형' IT 침해사고의 62.5%를 차지하였다.

나. '비사이버범죄형' IT 보안침해사고

'비사이버범죄형' IT 보안침해사고의 종류에는 'IT 기기 사고', '부적절한 사용', '정책위반', 및 '비사이버침해사고'의 유형 등이 있다(표 4-1 참조). 이들 사고는 주로 내부 직원의 실수나 고의 등에 의한 사고라고 할 수 있다. 이들 IT 보안침해사고의 기관별 분포를 보면, '보훈부(8,758건)', '사회보장국(4,659건)', '국방부(3,511건)', '법무부(3,255건)'와 '보건의료부(3,206건)' 등의 순으로 '비사이버범죄형' IT 침해사고가 발생했다. 이들 5개 기관의 '비사이버범죄형' IT 침해사고 건수는 전체 24개 기관의 '비사이버범죄형' IT 침해사고의 70%를 차지한다. 이들 기관 역시 타 기관들 보다 비해 규모가 큰 기관들로써, 신원미상의 외부인에 의한 IT 침해 사고보다는 내부직원에 의한 정보유출 사고가 다수 발생하였다. 각 부처 IT 정보보호에 관한 교육이나 보호 정책을 현실적으로 강화해야 한다고 할 수 있다.

4-4. 사이버테러리즘

'사이버 테러(Cyber Terror)'란 단어는 1980년대에 Barry Collin이 최초로 사용하였고(Collin, 1997), 1990년대 중반에 IT 기술이 발전하면서 자연스럽게 '사이버 테러' 단어가 사용되기 시작했다(Foltz, 2004). 사이버테러리즘에 대한 정의는 학자들 간에 대체로 유사하다. Denning(2000)은 "사이버 테러는 정치적, 사회적인 목적을 위해 정부나 그 국민을 위협하거나 강제하기 위해 컴퓨터, 네트워크와 저장된 정보 등에 대한 불법적인 공격이나 공격위협을 의미한다"라는 정의를 제시했다. '전략국제문제연구센터(Center for Strategic and International Studies)'에 따르면, "사이버 테러는 정부나 그 국민을 협박하거나 강요하기 위해서 에너지, 운송, 정부 등 중요국가기반시설을 기능불능 상태로 만들기 위해 컴퓨터 네트워크 도구를 사용하는 행위"라고 정의했다(Lewis, 2002).

또한, 사이버 공간에서는 일부 개인이나 단체 등이 특정 단체, 기관, 그들이 속한 국가, 또는 특정 외국의 정치, 사회, 문화, 경제 등 특정한 정책에 반대하여 그들의 의견이나 목표 촉진 또는 달성을 위해 의사 표현의 방법으로 웹페이지 변조 등 해킹 등의 방법을 사용하기도 한다. 이런 행위를 '핵티비즘(Hactivism)'이라고 한다(Denning, 2010; Jordan & Taylor, 2004; Taylor, 1999).

사이버공격 기법에 대한 일반적인 정의는 컴퓨터 등 디지털 수단을 사용하여, 컴퓨터 시스템이나 네트워크를 변경, 방해, 기만, 기능 저하, 또는 파괴하는 의도적인 행위 등을 의미한다(Owens, Dam., & Lin, 2009, p. 2). 극단주의자나 테러목적을 위한 가장 보편적인 사이버공격 형태는 서비스거부(DoS) 공격이 있다(Denning, 2010; Kilger, 2010). 또한, 정치적 해커는 웹페이지 변조를 그들의 정치적 이데올로기를 표현하는 데 유용하다고 판단하여 사용한다(Denning, 2010).

사이버 공격의 특성을 보면, 공격의 속도는 매우 순간적이고, 지정학적 경계에 제한을 받지 않는다. 또한, 단 한 번의 사이버 공격으로 네트워크상 다수의 목표를 동시에 공격을 감행할 수 있다. 사이버 테러의 파급효과는 일반적인 사이버범죄보다 피해 규모를 산정하기 어려울 정도로 대규모이다. 따라서 금융기관이나 전력설비 등을 지원하는 정보통신기반시설에 대한 사이버 공격은 경제적 피해나 필수적인 서비스에 대한 단절을 가져오기 때문에 재난적인 피해를 가져온다(Brenner, 2008; Britz, 2010; Brodscky & Radvanovsky, 2010; Denning, 2010). 일부 국제테러 그룹이나 과격단체는 자체 연락수단, 조직원 모집, 전 세계에 메시지 발표나 자금모집 등 선전, 선동 등의 목적으로 인터넷을 활용하기도 한다(Britz, 2010; Foltz, 2004). 중동 지역의 한 테러단체는 2017년 매주 약 100여 건의 선전물을 신문 및 소셜 미디어 매체를 통해 게재하여, 잠재적 또는 자생적 테러리스트들이 읽고 있다고 한다(Miranda, 2017).

표 4-3은 사이버범죄, 사이버 테러 및 사이버 정보전의 주체, 목표물, 사이버공격 수단, 사이버공격 수단의 입수 및 개발, 공격 목적과 동기, 공격 시기 및 파급 여파 등을 비교한 것이다. 이 세 가지 형태의 사이버 공격은 정보기반시설을 이용하거나 대상으로 하는 점에서 기본적인 공통점을 가지고 있다.

표 4-3: 사이버범죄, 사이버 테러 및 사이버 정보전 비교

	사이버범죄	사이버 테러	사이버 정보전
주체	개인/범죄자/범죄조직	개인/범죄자/범죄조직/테러조직/국가지원조직	- 국가 - 국가지원조직 - 민간 해커조직의 자발적 참여
목표물	사이버상 개인, 단체, 기관의 데이터나 IT 시스템	사이버상 개인, 단체, 기관의 데이터나 IT 시스템, 중요기반시설 시스템	상대국 중요정보통신 시스템 및 군 시설
사이버 공격 수단	저강도 사이버 기술	저강도 및 고강도 사이버 기술 복합사용	- 심리전 기술 - 저강도 및 고강도 사이버 기술 복합사용 - 전술 무기화
사이버 공격 수단의 입수 및 개발	- 개인이 자체 개발 - 사이버범죄 지하시장에서 입수	- 개인, 범죄 단체 자체 개발 - 사이버범죄 지하시장에서 입수 - 국가지원단체의 체계적 연구 개발 - 사이버 요원 체계적 교육 및 양성	- 국가 기관 지원으로 체계적 연구 및 개발 - 사이버 요원 체계적 교육 및 양성 - 민간 전문계약직 채용 - 민간 해커 단체의 자발적 협조

	사이버범죄	사이버 테러	사이버 정보전
공격 목적/동기	- 주로 금전적 목적 - 개인적 사유	정치, 종교, 이념적 목적	상대국 군사 정보수집 및 국지전/전면전 수행
공격 시기	- 시기를 따지지 않음 - 반복적 발생 - 사전 예고 없음	- 주요 정치, 경제, 사회적 이슈 발생 시 - 때때로 사이버 공격 사전 예고	국가 간 무력 분쟁시
파급 여파	- 개인 및 목표물에 한정적 - 금전적 손실 야기	- 경제적 파급 효과가 큼 - 국민의 심리적인 불안감	- 상대국 주요 정보통신 시스템 및 군 시설 와해 - 상대국 국민 상대 심리적 불안감 조성

4-5. 사이버 정보전 (Information Warfare)

4-5-1. 사이버 정보전 정의

Clinton 미 대통령 재임 당시 전 국방부 차관이었던 John Hamre는 1997년 11월, 미 의회 상원 청문회에서 '사이버 진주만 공격(Electronic Pearl Harbor)'이라는 단어를 사용하여 적성국으로부터 미국에 충격과 피해를 끼칠 사이버 공격의 심각성과 현실을 묘사했다(Hamre, 2015). 사이버 공간은 육지, 해상, 하늘, 및 우주에 이어 제5의 전장이라 불리며, 새로운 전쟁 무대로 떠올랐다(Andress & Winterfeld, 2011). Brenner(2008)에 따르면 사이버 정보전은 "재래식 군사력의 사용과 동일한 목적을 필수적으로 달성하기 위해 사이버수단에 의한 국가의 군사작전 사용(p. 65)"이라고 정의하였다.

미 국립국방대학의 John Alger(n.d.)는 보다 구체적으로, "적에 대한 중대한 우월, 목표 및 승리를 달성하기 위해 정보나 정보자산에 대한 보호, 취약점 이용, 오염, 거부나 파괴를 위한 행위"라고 정의하였다. Buchan (1996)은 정보전의 정의를 두 가지 형태로 나누어 정의했다. 첫째, 컴퓨터나 관련 정보 시스템에 대한 전자적 공격을 감행하거나 방어, 둘째, 전쟁 시 효율적으로 정보를 사용하거나 동일한 적의 능력을 부정하는 모든 가능성을 의미한다. Rid (2013)는 사이버 정보전에 사용되는 무기에 대해서 사이버 정보전 수행자들이 악성코드 및 해킹 테크닉을 사용하는데 이는 대상국 정보나 중요기반시설에 접근하거나, ICT 시스템 기능에 부정적 영향을 끼치기 위한 것이라고 정의한다. 따라서 사이버 정보전은 아국의 정보에 대해 상대국의 접속을 거부하거나 상대국에 대한 정확한 정보의 입수를 목표로 하며, 물리적 정보전은 ICT 시스템에 대한 물리적 파괴 공격을 의미한다.

사이버 정보전은 Information War, Cyber War 나 Net War 등으로 불린다. 하지만, 이들 다양한 용어들에도 불구하고, 기본적인 의미는 크게 차이가 없다. 하지만, 사이버 정보전 수행 장비나 전쟁 목표에 따라서 용어의 선택이 달라질 수 있다.

사이버 전쟁의 대표적인 사례 중의 하나가 2007년에 발생하였던 러시아와 에스토니아 간의 사이버 전쟁이다. 발단은 에스토니아 정부가 독립국가임을 천명하면서, 국립묘지의 추모공간에 있던 러시아의 제2차 세계대전에 참전을 기념하는 "탈린의 군사 동상"이라 불리는 상징적인 기념비를 철거하면서 발생했다. 에스토니아에 거주하던 러시아 시민들이 이에 격분하면서 시위와 폭력사태로 이어지게 되었다. 약 1,300여 명에 달하는 러시아 시민들이 체포되면서 이 분쟁은 사이버 공간으로 번졌다. 러시아와 에스토니아 해커들은 서로 간에 해킹과 서비스거부 공격을 하게 되었다. 러시아 해커들은 에스토니아에 대한 해킹 등 사이버 공격과 Botnet을 이용한 DDoS 공격을 감행하였다. 이런 러시아의 사이버 공격 결과로 에스토니아 의회, 정부, 언론사와 은행 등 금융기관 등이 영향을 받아. 경제적, 산업적 피해를 보았다(Brenner, 2008; Jaffe 2006; Landler & Markoff, 2007; Guadagno, Cialdini, & Evron, 2010).

또 다른 사례는, 2008년 8월 초, 조지아군은 러시아와 조지아 국경의 '남부 Ossetia' 지역에서 활동하던, 조지아로부터 분리를 주장하던 민병대를 기습 공격하였다. 이 공격을 비난한 러시아군은 8월 8일, 조지아를 침공하였다. 침공 전날, 러시아의 해커는 조지아의 방송, 신문 및 정부기관에 대한 서비스 거부(DoS) 사이버공격을 감행하였다. 이 사이버공격으로 인해, 조지아의 통신망은 외부와 단절되었고, 조지아 국민도 인터넷 등 통신망을 사용할 수 없었다. 이 사이버 공격에 사용되었던, Botnet은 러시아의 조직범죄 그룹이었던 Russian Business Network가 사이버범죄에 사용하던 것이었다. 2차적으로, 금융, 비즈니스, 교육기관 등에도 홈페이지 변조와 서비스 거부 공격을 병행하였다(Tikk, Kaska, & Vihul, 2010)

이 사이버 전쟁을 계기로 북대서양조약기구(NATO)는 에스토니아 탈린에 '나토 합동사이버방위센터(CCDCOE)'를 설립하여, 사이버 공격에 대한 연구와 교육훈련을 해오고 있다. 2013년 3월, NATO는 동 센터에서 주관하여 '국가 간 사이버 전쟁 수행 시 적용될 만한 국제법 규정들을 제시하는 가이드라인으로 탈린 매뉴얼(Tallinn Manual on the International Law Applicable to Cyberwarfare)'을 공개하였다. 이 매뉴얼은 총 2분야, 7장 95개 항으로 구성되어 있다. 제1장은 국가와 사이버 공간(주권, 사법관할권 및 통제, 국가의 책임성 등을 규정), 제2장은 무력의 사용(무력 사용의 금지 규정, 자위권 행사, 국제 정부기관의 행동), 제3장은 일반적 무력분쟁 관련 법, 제4

장은 적대성 실행(무력분쟁 참여, 공격, 대인 공격, 대물 공격, 전쟁 방법과 수단, 공격 실행, 예방, 배신행위, 부적절한 표식사용, 간첩 행위, 이동 통제 및 구역설정), 제5장은 전쟁대상 인원, 자산, 구호 등, 제6장은 점령, 그리고 제7장은 중립성 등을 규정하고 있다. 이 규정은 미국과 영국 등 서방국가의 시각으로 만들어졌다는 평가가 있어서, 2017년에 개정을 하였다. 개정된 주요 내용은, 지금까지 '사이버 전쟁(Cyber War)'이라는 단어를 사용했으나, 개정판은 '사이버 작전(Cyber Operations)'이라는 용어를 채택하여, 국제법이 적용될 만한 영역을 확장하였다. 이는 과거 사이버 전쟁이 각국의 정규군만이 주도하는 개념에서 벗어나 민간, 특정 집단, 및 비정규군 등이 국가의 안보를 위협할 수 있다는 최근의 현실을 반영한 것이다.

4-5-2. 사이버 정보전 종류

미 공군이 정의한 '사이버 정보전'의 개념을 보면, '사이버 정보전'은 적에 대한 중대한 우월, 목표 및 승리를 달성하기 위해 정보나 정보자산에 대한 보호, 취약점 이용, 오염, 거부나 파괴를 위한 행위(protect, exploit, corrupt, deny, or destroy) 등의 행위를 의미한다(US Airforce, 1995). 또한, '사이버 정보전' 종류에는 상대국에 대한 심리전, 전자전, 군사적인 기만, 물리적 파괴, 보안정책, 정보 공격 등이 있다(US Airforce, 1995).

가. 심리전

상대국 전쟁지휘부, 구성원과 상대국 국민의 인간적인 감정, 판단에 부정적인 영향(사기저하 및 정세 오판 등)을 미치는 정보를 개발 사용한다. 최근에는, 인터넷을 통한 심리전이 효율적으로 평가받는다.

나. 전자전

상대국이 정보통신 네트워크를 사용하지 못하도록 공격적인 전자장비를 사용한다.

다. 군사적 기만

상대국이 아국의 전투능력이나 작전계획에 대한 정확한 판단을 방해하도록 기만한다. 전통적인 언론 매체를 통해 가능하다.

라. 물리적 파괴

상대국의 중요정보기반시설이나 산업기반시설 및 군사적인 시설물들을 재래식 폭탄이나 전자기적 펄스(Pulse) 무기를 사용하여 사용 제한하게 하거나 파괴한다.

마. 보안 정책

상대국이 아국의 공격 및 대응능력과 작전계획에 대한 정보를 수집하지 못하도록 한다.

바. 정보 공격

상대국이 아국에 대한 상황판단 오판과 공격실패를 유도하도록 물리적 실체를 변경하지 않은 상태로 아국의 중요 정보를 허위로 오염시킨다.

4-5-3. 단계별 사용 무기 체계

가. 평시 단계

전면전이나 제한적 국지전 이전에는, 민간 및 정부기관에 대한 사이버 공격 피해방지를 위한 백신 프로그램 개발과 이를 배포하고, 이들 기관의 IT 시스템에 대한 항시적 시스템 모니터링을 하고, IT 시스템 담당자에 대한 보안 관련 기술 재교육과 시스템 사용자들에 대한 보안교육, 사이버 공격에 대한 대응시나리오 개발, 사이버전 시뮬레이션 등 가상훈련 시행을 한다. 아울러, 사이버 공격용 무기개발과 실험 등을 한다.

나. 전쟁 전 사전정찰

전면전이 일어날 징후가 탐지되는 시기에는 대상국 중요정보통신 기반시설과 사이버 공격 목표가 되는 기관에 대한 사이버 보안상 취약점 탐색을 하거나, 공격 목표시스템에 대한 네트워크 모니터링과 목표시스템 침투 테스트, 인적자원(Humint)을 통한 정보수집, 첩보위성을 이용한 영상정보, 대상 지역의 군사지휘부에 대한 통신감청, 상대국 정세와 민심파악을 위한 웹 서핑 등 필요한 공개정보를 수집한다.

다. 공격 단계

이 단계는 상대국과의 사이버와 재래식 전면전을 수행하는 단계이다. 민간과 군용 IT 시스템과 군 장비 그리고 시설에 대한 사이버, 물리적, 그리고 전자적 공격을 한다. 컴퓨터 네트워크용 악성 프로그램(컴퓨터 바이러스, 웜, Trojan Horse 등)을 상대국 컴퓨터 네트워크에 유포 및 DoS/DDoS 공격시행, 전자기 방해(Electro-magnetic Interference) 공격, 전자통신 기기의 무선주파수 방해(Radio Frequency Interference), Tempest 기법,[10) GPS 작동 방해,

---

10) Transient Electro Magnetic Pulse Emanation Surveillance Technology: 목표 대상 컴퓨터의 모니터가 발산하는 전자파를 탐지하여 증폭한 뒤 이를 다른 모니터에서 그대로 감청하는 기법 또는 이에 대한 방어 개념으로 컴퓨터나 통신기기를 사용할 때 누설되는 전자파를 제3자가 감청하는 것을 막기 위한 대책.

Jamming,[11] HERF (High Energy Radio Frequency) 공격,[12] EMP (Electro Magnetic Pulse Bomb) 폭탄,[13] 자동 모바일 사이버 무기 (Autonomous Mobile Cyber Weapon),[14] 그리고 상대국 군사시설과 표적에 대한 공격용 또는 정찰용 Drone을 운용한다.

라. 방어 및 복구 단계

이 단계에서는 전면전이나 국지전이 종료되어, 아국의 군용 정보통신시스템 방어시설 구축 및 보안 프로그램 운용, 기업, 언론 매체 등 민간용 IT 시스템 피해 긴급복구, 민간용 백신 프로그램 긴급배포, 민심 혼란방지를 위한 홍보전 전개 등을 수행한다.

4-5-4. 주요국 사이버 정보전 수행능력 평가

Richard Clarke (2010)은 미국 Bush 대통령 시절 사이버안보 특별자문관을 역임한 테러 및 사이버안보 전문가이다. 그는 국가의 '사이버 공격 능력', '사이버에 대한 의존성', '사이버 방어 능력' 등 3가지 지표를 기준으로 하여, 미국, 러시아, 중국, 이란, 북한의 사이버 정보전 대응 및 수행 능력을 평가 비교하였다.

'사이버 의존성 (Cyber Dependence)'의 경우, 점수가 높을수록 해당 국가는 외부 인터넷 시스템에 대한 의존도가 낮은 것을 의미한다 (p. 148). 북한의 경우, 해외로 통하는 인터넷이 철저히 통제되어,

---

11) 목표 대상 전자 기기의 정상적인 작동을 방해하는 교란 신호를 보내 해당 기기의 기능을 마비시킴.

12) 목표 대상 전자기기들과 동일한 무선 주파수대의 초고출력 전파를 발생시켜서 해당 기기들의 기능을 마비시킴.

13) 엄청난 양의 전자기파를 폭발시켜 그 전자기파에 노출된 전자 통신 시스템의 전자회로 등을 파괴시킴.

14) 스스로 네트워크를 따라 파괴 대상 기기를 탐지하여 사전 제작된 바이러스 등으로 목표 기기를 파괴하거나 조작하는 사이버 무기.

인터넷 의존성이 매우 낮은 것으로 평가를 받아(9점), 따라서 사이버 방어 능력(7점)이 높다는 평가를 받았다. 중국 역시 인터넷망을 국가가 통제하기 때문에 북한 다음으로 사이버 방어 능력(6점)이 높다는 평가를 받았다. 미국은 반대로 인터넷 네트워크가 민간 기업에 의해 운영되므로, 사이버 방어 능력(1점)이 효율적이지 못하여 낮은 평가를 받았다.

이 평가 기준에 따라 '사이버 공격 능력', '사이버에 대한 의존성', '사이버 방어 능력' 각 분야의 점수를 합산한 결과, 북한(18점), 러시아(16점), 중국(15점), 이란(12점) 및 미국(11점) 등의 순으로 사이버 정보전 수행 능력이 평가되었다. 미국의 경우는 외부의 사이버 정보전 수행능력이 우수하지만(8점), 인터넷 환경이 공개적이어서, 외부의 사이버 공격에 취약하여, 종합적으로 사이버 정보전 수행능력이 낮은 것으로 평가되었다. 이 평가는 과거의 데이터를 기준으로 한 것으로 최근의 데이터로 다시 평가한다면, 국가별 사이버 정보전 수행능력 순위가 변경될 수 있다.

4-6. 외국의 사이버 정보전 대응 조직

4-6-1. 미국 사이버사령부(US Cyber Command, USCYBERCOM)

미국 '국방부(DoD)'는 국가안보를 위협하거나 파괴하는 사이버 전쟁에 대비하여 지속적으로 대응조직을 개편 또는 확대하였다. 국방부 산하에 있는 '미국 전략사령부(US Strategic Command)'는 우주, 정보작전, 첩보수집, 핵무기와 다량 살상 무기대처 등의 임무를 수행한다. 이 사령부 산하에 '미국 사이버사령부(US Cyber Command,

USCYBERCOM)'를 2009년 6월에 창설하여, 국방 관련, 사이버공간과 중요기반시설에 대한 사이버 공격을 방어하는 임무를 수행하도록 하였다(Andress & Winterfeld, 2011). 민간 관련 사이버공간과 기반시설 보호는 '국토안보부(DHS)'가 담당하고 있다.

'사이버사령부'는 Maryland 주 Fort Meade에 위치하고 있으며, 사령관은 현재는 미 해군 제독(대장)이 맡고 있다. '사이버사령부' 위치를 통신 및 정보수집과 미국 정보시스템보호를 집중적으로 하는 '국가안보국(NSA)'을 같은 지역에 배치하여, 이들 두 기관이 수학, 컴퓨터 과학, 공학 전문 인력자원을 쉽게 공유할 수 있는 협력체계를 수립하였다. 또한, 사령부시설 내에, '육군사이버사령부(예하에 육군네트워크운용기술사령부, 제9 통신지휘부와 육군정보보안사령부 등으로 구성되었으며, 육군정보보안사령부는 제1 정보전 부대와 제780 사이버 군사정보 부대로 편성)', '해군사이버사령부(제10 함대, 예하에 해군 네트워크전 부대, 해군 사이버방어작전 부대, 해군 정보전 부대 및 통합 태스크 포스 등으로 구성)', '공군사이버사령부(제24 사이버부대, 예하에 제67 네트워크전 부대, 제 688 정보전 부대 및 제689 전투통신 부대 등으로 구성)', 그리고 '해병대 사이버사령부' 등 사이버 정보전 관련 모든 미군 인력과 시설 등 자원들이 집결되어 있다.

또한, '사이버 사령부'는 3개의 '사이버 임무팀'으로 구성되어 있는 데, 1) '사이버보호팀(68개 팀, 약 2,720명으로 구성)'은 미군의 정보시스템 보호, 2) '국가 임무팀(13개 팀, 약 780여 명으로 구성)'은 의료부문 포함, 주요 산업시설에 대한 외부공격으로부터 방어, 그리고 3) '전투 임무팀(27개 팀, 약 1,620여 명)'은 해외의 전투 임무를 지원한다. 이들 팀 외에 업무지원팀(25개 팀으로 구성)은 기획 및 분석 업무를 하고 있다고 한다(Sternstein, 2015).

미국 '사이버사령부'의 창설 및 운용에 즈음하여 사이버 전쟁의 심각성을 인식한 영국, 호주, 캐나다, 일본 등은 자국 내 사이버안보 관련 기구들을 발족시켰다. 러시아 역시 총참모부, 러시아 '연방 국경 수비대'와 '연방 안보국'에 사이버 전쟁 수행 능력을 갖추도록 하였다 (Andress & Winterfeld, 2011).

4-6-2. 미국 국가안보국(National Security Agency, NSA)

'국가안보국(이하 NSA)'은 미국 내에서 선도적인 역할을 하는 '암호학 연구 조직'이며, 미국 내 각 분야의 IT 시스템의 무결성(Integrity)을 보호하기 위해 컴퓨터화된 코딩 시스템을 보호할 임무를 수행한다고 표방하고 있다. 본부는 '사이버사령부'와 동일한 장소인 Maryland 주 Fort Meade에 있으며, 직원 수는 37,000명 이상으로 알려져 있다.

NSA는 모든 사이버 테러리즘의 행위로부터 미 연방 정부의 컴퓨터 네트워크를 모니터링하고 보호하며, 사이버 공격 등 각종 위협 요소들을 파악하고 분석하고, 연방 정부기관의 정보시스템 보안과 정보 인증(Information Assurance) 임무를 수행한다. 또한, 국가안보 위협에 대한 각종 신호 정보를 수집 분석하며, 적성 국가의 컴퓨터화된 비밀 코딩 시스템의 취약점 등을 탐색한다. '국가 컴퓨터보안센터 (National Computer Security Center)'를 통해 연방 법집행기관과 정보기관 간의 업무 협력을 증진하고 있다. 정부기관과 민간기업의 IT 보안 전문가 등을 상대로 위험 요소 분석, 보안 디자인과 정보보호 평가의 교육 세미나도 개최하고 있다. NSA는 보안 도구, 보안 제품, 위협 경고, 공격 분석, 보안 게시판 등을 통해 정보 보안 서비스를 외부에 제공하고 있다.

NSA는 군 관련 네트워크에 대한 사이버 공격으로부터의 보호와 수사를 하는 데 중요 역할을 한다. 또한, 연방 정부 산하 IT 시스템 네트워크의 보호 및 데이터 암호화에 이바지하고 있다. 해외의 적성 조직에 의한 사이버 공격에 대한 수사도 진행한다. 사이버상 취약점을 파악하거나, 공세적인 사이버 전략을 개발하기 위해 외국의 사이버 기반 시설에 대한 정보도 수집한다(NSA, 2016).

언론에 잘 알려진 바와 같이, Edward Snowden은 미국 NSA 외부 계약직 직원이었는데, 미국 정부가 2007년부터 비공개로 운영하던 "PRISM" 프로그램을 통해 전 세계를 대상으로 이메일 통신 등 민감한 전자적 데이터를 수집하고 있다고 폭로했다(Gidda, 2013). 이런 전자적 데이터 수집은 미국의 IT 기업과 소셜 네트워크 서비스 업체의 협조로 이루어졌다고 한다(Gidda, 2013).

4-6-3. 중국의 사이버 정보전 조직

중국 중앙군사위원회는 1993년 '군사전략지침'을 개정하여, 중국 인민해방군은 '하이테크 상황'아래 지역 전쟁에 대비하여야 한다는 문구를 추가하였다. 2002년에 이 지침을 재차 개정하여, '정보화'된 조건 아래, 지역 전쟁에서 싸워 이길 능력을 개발해야 한다고 강조하였다(North Grumman, 2012, p. 14).

중국의 해커 조직은 정치 및 외교상의 분쟁이 발생할 때, 외국의 주요 정부기관에 대해 해킹 공격을 한다는 이미지로 세계 여론의 비판을 받아왔다. 하지만, 중국 정부는 중국의 해킹 공격으로 의심되는 사례가 외국 언론에 보도될 때마다 이를 부인하여 왔다. 중국은 외국에 대한 사이버 공격은 해당국의 중요기반시설을 파괴하려는 의도보다는 대체적으로 중요 정치 및 경제 '정보'수집에 더 집중하여 왔다는 평가를 받고 있다(Lindsay, 2014, p. 33).

중국의 사이버 정보전 조직을 살펴보면(Stokes, 2015, p. 163-187),

중국 인민해방군의 '총참모부' 소속의 '기술정찰국(제3국 또는 신호 정보국)'이 사이버 정보전(또는 전자적 정보전 및 전자적 방첩전)의 핵심 역할을 수행한다. 이 부서가 전반적인 기술 정찰, 신호 수집, 이용, 분석 및 인민해방군의 통신 보안을 책임진다. 아울러, 해외 기술정보 수집 및 작전을 위해, 외국어 전문 인력을 다수 확보하고 있다. 기본적으로, 미국의 NSA와 비슷한 임무를 수행한다.

제3국은 3개의 연구소, 4개의 작전 센터, 12개의 작전과 등을 운용한다. 주로 아시아 태평양 지역의 신호 및 사이버 정보를 수집하며, 16개의 기술정찰부대를 운용하고 있다.

세부적으로 12개의 작전과 임무를 살펴보면,

제3국 산하 제1과는 암호화, 암호해독 및 정보보안 업무를 수행한다. 제2과(또는 61398 부대)는 미국, 캐나다 지역의 정보를 수집한다. 2013년 2월, 미국의 IT 보안 업체인 Mandiant는 61398 부대의 미국에 대한 사이버공격 활동을 공개하였다. 이 부대는 2006년부터 활동을 시작하였고, 15개국 141개의 기관을 해킹하였다. 해킹 대상의 81%는 미국의 정부기관 등 이었다고 한다.

제3과는 무선 송수신 통신 정보를 수집한다. 제4과는 칭다오에

주둔하며, 일본과 한국을 담당하고 있다. 제5과는 러시아 관련 임무를 수행한다. 제6과는 대만 및 동남아시아 지역을 담당하고 있다. 제7과는 컴퓨터 네트워크 방어, 공격 전문가 및 영어 능통자를 다수 보유하고 있다. 제8과는 유럽 및 기타 지역을 담당하고 있다. 제9과는 전략 정보 분석, 데이터베이스 관리, 오디오 및 비디오 분석 관리를 담당하고 있다. 제10과는 중앙아시아 및 러시아 관련 미사일 추적, 핵실험 추적 등의 임무를 수행한다. 제11과는 제5과와 별도로 러시아 관련 임무를 수행한다. 그리고 제12과는 위성 통신 감청 및 우주 기반 신호 수집 등의 임무를 수행한다고 한다.

'총참모부'의 제4국(또는 전자적 정보전 및 전자적 대응국)은 공세적 전자적 정보전과 대응전을 수행한다. 제4국은 4개의 부를 운용하며, '레이더부'는 스텔스 탐지 현대화 임무, 'ECM부'는 ECM시스템의 전반적 운용, '기술장비부'는 장비취득 임무를 수행한다. '제4부'는 전자적 정찰위성 기지국 운용과 전장에서의 레이더 및 통신 방해 재밍 임무를 수행한다.

4-6-4. 이스라엘의 사이버 정보전 조직

이스라엘의 Magshimim 학교는 3년제로 매년 500여 명 정도의 16-18세 청소년들이 컴퓨터 코딩과 해킹 스킬을 배우는 방과 후 학교 프로그램이다. 이들 졸업생들은 대다수가 이스라엘의 사이버전 부대인 '8200 부대'로 입대하여 3년간 의무복무한다. 이 부대는 미국의 NSA와 유사한 임무를 수행하는 것으로 알려져 있다(Reed, 2015).

'8200 부대(또는 Central Intelligence Unit of Intelligence

Corps)'는 이스라엘 국방부 소속으로 신호정보를 수집하고 암호 해독을 기본 임무로 한다. 이 부대에 근무하는 인원은 약 5,000여 명으로 추산되며, 특히, 이 부대 산하 '81 부대'(약 1,000여 명 근무)는 전장에서 일선 전투원들이 사용할 수 있는 하드웨어 및 소프트웨어 통합 장비를 연구 개발하는 임무를 수행 중인 것으로 알려져 있다 (Behar, 2015). 이스라엘의 Negev 사막에 위치한 '8200 부대'가 운용하는 'Urim' 신호정보 기지에서 중동, 유럽, 아시아 및 아프리카 지역의 각종 통신 신호정보를 수집하고 있다. 또 다른 산하 부대인 Unit Hatzav 는 언론 매체 및 인터넷으로부터 군사관련 공개 정보 (OSINT)를 수집 분석한다(Reed, 2015). '8200 부대' 출신은 전역하면 이스라엘의 IT 기업체로 진출한다고 한다(Behar, 2016).

4-6-5. 북한의 사이버 정보전 조직

북한의 사이버 정보전 조직은 체제의 폐쇄성으로 인해, 정확한 직제나 인원, 활동 내용 등을 정확히 파악하기는 어렵다. 그러나 계속되는 북한 추정 해커의 공격으로 인해 점차 세계 언론 매체는 그 조직과 사이버 공격 기법 등을 보도하기 시작했다. 북한이 사이버 공격에 높은 비중을 두는 것은 사이버 공격에 드는 비용이 저렴하고, 한국의 전반적인 사이버 보안 시스템보다 우위에 있는 비대칭 공격을 할 수 있는 효과적 공격이며, 또한 북한의 사이버 시스템을 방어하는데, 외부 세계와 연결되는 인터넷을 철저히 통제할 수 있어 방어에 유리한 위치에 있기 때문이다.

북한은 2015년 현재 약 6,800여 명에 달하는 해커가 활동하는 것으로 알려져 있다(Oh, 2015). 2009년~2010년에 걸쳐 노동당과 인민무력부 등에 산재되어 운용하던 사이버 부대를 개편하여 '정찰총국' 산하로 일원화시켰다(Jun, LaFoy, & Sohn, 2015, p.35). '정찰총국'은 '국방위원회' 직속 대남 공작의 총사령탑으로, 간첩 선발 양성 및 남파, 요인 암살, 테러, 사이버 공격 등을 수행한다.

'정찰총국'의 직제는[15] 제1국은 작전, 제2국은 정찰, 제3국은 해외정보 수집, 제5국은 대남 대화, 제6국은 기술, 제7국은 후방 지원 임무를 수행했으나, 추가로 제121국이 신설되어 사이버전을 담당한다고 알려져 있다(Jun, LaFoy, & Sohn, 2015, p. 38). 제121국은[16] '사이버전지도국'으로도 불리며, 사이버 공격 및 방어 작전, 사이버 첩보 수집, 네트워크 교란 및 사이버범죄 등의 임무를 수행한다고 알려져 있다(p. 41).

북한인민군 직제내의 사이버 정보전 조직을 살펴보면, '총참모부'가 사이버 정보전을 수행한다고 한다(Jun, LaFoy, & Sohn, 2015, p. 45). '총참모부' 산하 '지휘자동화국'은 컴퓨터 네트워크 작전 임무를 수행한다. 또한, 악성 코드를 제작하고, 목표 대상의 네트워크 취약점을 탐색한다고 알려져 있다. '적군와해공작국'의 제204부대는 인터넷을 통해 한국정부 비방선전 등 심리전 임무를 수행한다. '통신국'은 북한인민군의 통신관련 행정 및 작전 임무를 수행한다. 국내외 통신을 모니터링하고, 통신 보안 임무를 수행한다. '전자전국'은 북한인민군의 전자전 수행 및 전자적 정보 자산에 관한 임무관장과 훈련을 담당한다. 재밍이나 스푸핑을 통한 전자기적 공격으로 한국군의 군사 지휘 통제 시스템을 파괴하는 임무 수행을 목적으로 한다(p. 50).

---

15) 2010년 및 2013년의 미 국방부 등 공개 자료를 인용했다고 기술(Jun, LaFoy, & Sohn, 2015).

16) 저자 주: 공식 자료의 부재 및 조직의 비공개성으로 추정에 의함.

4-7. 사이버 공격, 사이버 테러 및 정보전 주요 사례

2007년부터 2017년 중반까지 언론 매체, 연구 보고서 등을 통해 발표된 주요국 정부기관이나 주요산업기반시설에 대한 사이버 공격, 테러 및 정보전 사례를 알아보기로 한다. 각국에서 발생한 모든 사이버 정보전 사례를 수록한 것은 아니며, 금융기관 등 민간기업 등에 대한 금융정보나 개인정보에 대한 해킹 공격 사례는 여기서 제외하였다.

사이버 공격, 사이버 테러 및 정보전 주요 사례(2007년~2017년)

〈2017년〉

시기	공격자	피해국	피해 기관	피해 내용
2017. 10.	러시아 추정 해커	미국	NSA	러시아 해커가 2015년, NSA 계약직원의 컴퓨터를 '카스퍼스키'사 바이러스 백신프로그램을 이용해 기밀정보 절취했다고 언론 보도
2017. 9.	러시아 추정 해커	NATO군	NATO군	폴란드 및 발틱 국가에 파견된 나토군 개인 스마트폰을 해킹
2017. 7	북한 해커	한국	가상화폐 거래소	7.5-8.8 간 한국가상화폐 거래소 4개소 직원 25명에게 피싱 사기로 비트코인 절취 시도.
2017. 6	러시아 추정 해커	우크라이나	정부기관, 은행, 국영 기업 등	Petya 멀웨어를 사용하여 피해기관 웹페이지 사이버 공격
2017. 4.	중국 추정 해커	한국	정부 및 정보기관	중국 선양 등에 근거를 둔 2개의 해커 그룹이 피싱 및 웹페이지 사이버 공격
2017. 3.	러시아 추정 해커	미국	국방부 직원	국방부 직원 1,000여명의 Twitter 계정에 멀웨어 담긴 메시지를 스피어 피싱 기법으로 발송
2017. 2.	파키스탄 추정 해커	인도	중앙수사국 및 군장교	피싱 메일 사이버 공격 시도

〈2016년〉

시기	공격자	피해국	피해 기관	피해 내용
2016. 8.	미상	프랑스	DCNS (조선업체)	인도가 발주하여 건조 중인 잠수함의 디자인 및 데이터가 해킹으로 유출.
2016. 8.	북한 해커	한국	국방부 국방통합 데이터센터	군사 작전계획 등 235GB 분량의 국방 기밀문서 유출
2016. 7.	러시아 정보기관 추정	미국	민주당 전국위원회	이메일 시스템 해킹.
2016. 7.	중국 해커 그룹	러시아, 벨라 루스, 몽골	방위산업체	APT로 네트워크 해킹 피해.
2016. 6.	북한 해커	한국	외교부, 통일부	피싱 기법으로 일부 외교 및 안보 공무원 이메일 해킹.
2016. 5.	러시아 해커	터키	총리실	네트워크 해킹 피해.
2016. 5.	러시아 해커	독일	기독 민주 연합당	네트워크 해킹 피해.
2016. 5.	이란 해커	사우디 아라비아	통신 및 방위업체	네트워크 해킹 피해.
2016. 2.	북한 해커	방글라데시	중앙은행	국제결제시스템 망인 국제은행간통신협회(SWIFT) 네트워크를 해킹, 1억 1백만 달러를 인출. 별도로 에콰도르, 필리핀과 베트남 은행을 해킹했다고 언론이 보도.
2016. 1.	아제르바이잔 해커	아르메니아	40개 외교 공관	공관 웹사이트 해킹 피해.

〈2015년〉

시기	공격자	피해국	피해 기관	피해 내용
2015. 11.	이란 혁명 수비대 해커	미국	연방 행정부	행정부 공무원의 이메일 및 소셜 네트워크 서비스 계정 해킹.
2015. 11.	미상 해커	독일, 프랑스, 일본	잠수함 건조 업체	호주의 잠수함 건조 발주 사업 관련하여 입찰회사 해킹.
2015. 10.	북한 해커	한국	국회, 통일부, 청와대	네트워크 해킹
2015. 9.	미상	파키스탄	정부기관	웹사이트 해킹 피해.
2015. 9.	러시아 해킹 그룹 The Dukes	미국, 유럽, 중앙아시아	정부기관 및 싱크 탱크	네트워크 해킹.
2015. 7.	중국 추정 해커	네덜란드 헤이그	상설중재 법원	해킹 피해.
2015. 7.	러시아 추정 해커	미국	합동참모부	메일서버 해킹.
2015. 7.	미상	이탈리아	이탈리아 소재 Hacking Team 그룹	이 그룹이 수단, 에티오피아, 모로코와 아랍 에미리트 정부 등을 지원한 사실이 이 그룹에 대한 해킹으로 알려짐.
2015. 7.	중국 추정 해커	미국	인사처	웹사이트 해킹, 2,150만 명의 연방 정부 공무원과 시민의 개인정보를 질취.
2015. 6.	Anonymous 해커 그룹	캐나다	보안정보부의 정부 포탈	DDoS 공격했다고 주장.
2015. 6.	러시아 추정 해커들	독일	하원	네트워크 해킹 피해.
2015. 5.	러시아 추정 해커들	미국	국세청	네트워크 해킹 피해.
2015. 4.	ISIS 연계 해커들	프랑스	공영방송국	네트워크 해킹 피해.
2015. 4.	미상 해커	미국	국무부	국무부 네트워크를 통해 백악관 네트워크에 침입하여 대외비 정보에 접속.

〈2014년〉

시기	공격자	피해국	피해 기관	피해 내용
2014. 11.	북한추정 해커그룹	미국	SONY Pictures사	영화 'The Interview' 제작사 해킹. 북한 해커부대 121국 존재가 알려짐.
2014. 10.	미상	미국	우정국(Postal Service)	해킹으로 직원의 개인정보 유출.
2014. 10.	미상	미국	상무부	'국립해양대기청'이 해킹 피해로 '국립기상청'의 일기예보의 정확성에 문제가 발생.
2014. 10.	미상	미국	국무부	해킹으로 이메일 시스템 일시 운영 중지.
2014. 10.	러시아 해커	EU, NATO와 우크라이나	정부기관	네트워크 운영 윈도 시스템을 해킹 지난 5년간 정보 절취.
2014. 10.	미상 해커	호주	광산과 천연 자원 기업	네트워크 해킹 피해.
2014. 7.	동유럽 해커	미국, 스페인, 프랑스, 이탈리아, 독일, 터키와 폴란드	일부 에너지 기업	네트워크 해킹.
2014. 7.	미상	미국	인사처	네트워크 해킹으로 직원 개인 정보 유출.
2014. 7.	중국 해커	캐나다	국립연구 위원회	네트워크 해킹 피해.
2014. 3.	미상	인도	육군과 국방 연구소	네트워크가 악성 코드에 감염.

〈2013년〉

시기	공격자	피해국	피해 기관	피해 내용
2013. 11.	미상 해커	핀란드	외교부	외교 통신망을 해킹.
2013. 9.	이란 해커	미국	해군	네트워크 해킹.
2013. 6.	북한 해커	한국	청와대, 국무조정실, 언론기관, 정당	네트워크 해킹.
2013. 5.	중국 추정 해커	호주	보안정보국	신축 청사 도면을 해킹.

시기	공격자	피해국	피해 기관	피해 내용
2013. 5.	중국 추정 해커	미국	노동부, 국제 개발처 등 9개 연방기관	네트워크 해킹.
2013. 3.	북한 해커	한국	언론기관과 금융기관	KBS·MBC·YTN 등 언론기관, 신한은행, 농협 등 금융기관에 네트워크 해킹.

〈2012년〉

시기	공격자	피해국	피해 기관	피해 내용
2012. 9.	이란 해커 그룹	미국	뉴욕 증권 거래소와 은행기관	Operation Ababil 사이버 공격 캠페인을 벌여 이들 기관에 서비스거부 공격 실시.
2012. 8.	이란 해커 그룹	사우디 아라비	국영석유회사 Aramco	Shamoon 바이러스를 이용해 30,000여 대의 컴퓨터를 감염시켜 데이터의 75%를 삭제.
2012. 7.	미상	인도	정부기관	네트워크 해킹으로 약 1만여 명의 인도 공무원 이메일이 유출.
2012. 7.	중국 추정	인도	동부 해군 사령부	네트워크가 USB에 감염되어 데이터를 중국 IP 주소로 전송.
2012. 6.	중국	미국	23개 가스 파이프 업체	2011.12~2012.6간 가스 파이프업체 네트워크 해킹 시도.
2012. 5.	미상	이란	석유부	네트워크에서 Flame 해킹 툴이 발견.
2012. 4.	미상	일본	농림수산부	해킹으로 3,000여건의 문서 유출.
2012. 4.	미상	이란	석유부 및 국립석유회사	네트워크 해킹 피해.
2012. 2.	파키스탄 추정	인도	112개 정부기관	2011.12~2012.2간 112개 정부 웹사이트가 해킹 피해.
2012. 3.	미상	미국	NASA	2011년도에 13차례의 APT 공격을 받음.
2012. 2.	중국 추정 해커	미국	국방부	F-35 전투기 기술 정보 해킹 피해.

〈2011년〉

일자	공격자	피해국	피해 기관	피해 내용
2011. 12.	중국 추정 해커	미국	상공회의소	네트워크 해킹.
2011. 11.	미상	노르웨이	방위와 에너지 기업 10개소	네트워크 해킹.
2011. 10.	중국 추정 해커	미국	화학, 국방 관련 48개 기업	네트워크가 6개월간 해킹 피해.
2011. 9.	미상	호주	국방부	네트워크 해킹 증가했다고 발표.
2011. 8.	중국 추정 해커	일본	국회	480명의 국회의원 및 비서들의 이메일과 문서가 피싱으로 유출.
2011. 8.	미상	일본	미쓰비시 중공업 등 20여 개 방위산업체	방위산업체가 악성코드 첨부된 피싱 공격받음.
2011. 6.	미상	IMF	IMF	네트워크가 피싱 공격 피해.
2011. 4.	미상	미국	국립 Oak Ridge 연구소	피싱 공격으로 일부 데이터 유출.
2011. 4.	북한 해커	한국	농협 등 금융 기관	농협 전산시스템 악성코드 감염으로 서비스 중단.
2011. 3.	북한 해커	한국	청와대, 국가정보원, 국민은행 등	정부기관, 금융기관, 인터넷 포탈 등에 서비스거부 공격.
2011. 3.	미상	프랑스	정부기관	네트워크 해킹 피해.
2011. 3.	미상	유럽 위원회	유럽위원회	G20 정상회의를 앞두고 해킹 피해.
2011. 1.	중국 추정 해커	캐나다	국방부 국방연구개발연구소	해킹 공격.

〈2010년〉

시기	공격자	피해국	피해 기관	피해 내용
2010. 12.	파키스탄 해커	인도	중앙수사국	네트워크 해킹.
2010. 12.	미상	영국	외무부	미국 백악관이 발송한 이메일로 위장한 피싱 공격을 받음.

2010. 10.	미상	호주	국방부	국방네트워크에 2009년에 2,400여 건의 침해사고, 2010년 상반기에 5,551건의 침해사고 발생.
2010. 10.	미상	이란	Natanz 핵발전소	독일 Simens가 제작한 산업통제 시스템 내에서 작동하는 Stuxnet 바이러스가 이란의 핵발전소 우라늄 농축 프로그램을 무력화시킴.
2010. 4.	중국 추정 해커	인도	국방부와 재외 인도대사관	인도 국방부와 재외 인도 대사관 네트워크 침입, 인도 미사일과 무기 시스템 자료 접속.
2010. 3.	러시아 추정 해커	EU, NATO	EU, NATO 네트워크	지난 1년간 해킹 공격 증가.
2010. 3.	중국 추정 해커	EU, NATO	EU, NATO 네트워크	지난 1년간 해킹 공격 증가.
2010. 1.	이란 해커 그룹 이란 사이버군	중국	검색 엔진 바이두	정치적 메시지 게재.
2010. 1.	미상	독일	연방경찰 데이터베이스	주요 범죄자와 테러용의자 데이터 서버가 해킹 피해.

〈2009년〉

시기	공격자	피해국	피해 기관	피해 내용
2009. 12.	이라크 빈군	미국	육군	이라크 주둔 미군 무인기 촬영 데이터를 이라크 반군이 해킹.
2009. 7.	북한 추정 해커	미국	재무부와 국토안전부	DDoS 공격으로 네트워크 마비.
2009. 7.	북한 추정 해커	한국	청와대, 국회와 네이버 포탈	DDoS 공격으로 네트워크 마비.
2009. 6.	중국 추정 해커	독일	정부기관	네트워크 해킹 증가하고 있다고 주장.
2009. 6.	러시아 추정 해커	독일	정부기관	네트워크 해킹 증가하고 있다고 주장.
2009. 6.	미상	미국	존 홉킨스 대학	미 국방부와 NASA의 연구 용역 수행중인 '존 홉킨스' 대학 응용물리학 랩이 해킹 피해.

시기	공격자	피해국	피해 기관	피해 내용
2009. 5.	미상	미국	국토안보부	네트워크 해킹.
2009. 4.	대만 추정 해커	중국	국가위원회	네트워크 해킹.
2009. 2.	미상	인도	외무부	컴퓨터 600여 대가 해킹 피해.
2009. 2.	미상	미국	연방 항공 운항국	네트워크 해킹 피해.
2009. 1.	구 러시아 범죄조직	이스라엘	정부기관	네트워크 해킹 피해. 하마스나 헤즈볼라의 의뢰를 받았다고 추정.

〈2008년〉

시기	공격자	피해국	피해 기관	피해 내용
2008. 12.	중국 추정 해커	영국	정부기관	중국 추정 해커들이 유럽의회로 가장한 이메일에 악성코드를 첨부하여 주의를 필요로 한다고 발표.
2008. 11.	미상 해커	미국	국방부/CENTCOM	두 기관의 네트워크 해킹 피해.
2008. 8.	러시아 추정 해커	조지아	정부기관	네트워크 해킹.
2008. 7.	미상 해커	미국	민주당과 공화당 대통령 선거본부	민주당과 공화당 대통령 선거본부 데이터베이스를 해킹.
2008. 7.	중국 추정 해커	미국	NASA/지질조사국 인공위성	2008년 6월과 7월, 2007년 10월에 9~12분간 해킹 시도.
2008. 6.	미상 해커	미국	의회	네트워크 해킹 피해.
2008. 5.	중국	인도	정부기관	정부기관 네트워크 해킹 피해.
2008. 5.	중국 추정 해커	벨기에	정부기관	정부기관 네트워크 해킹 피해.
2008. 4.	독일	아프가니스탄	상무부	독일 연방 정보부가 아프가니스탄 상무부 네트워크를 해킹했다고 주장.
2008. 4-8.	중국 인민해방군 제3국(상하이)	미국	정부기관	중국 해커부대가 미국 정부기관을 해킹, 50 메가바이트의 직원 이메일과 패스워드를 절취했다고 WikiLeaks가 폭로.

〈2007년〉

시기	공격자	피해국	피해 기관	피해 내용
2007. 10.	대만	중국	정부기관	네트워크 해킹 (42%를 차지).
2007. 10.	미국	중국	정부기관	네트워크 해킹 (25%를 차지).
2007. 9.	중국 인민 해방군	영국	외무부	네트워크 해킹.
2007. 9.	중국 인민 해방군	프랑스	국방부	네트워크 해킹.
2007. 8.	중국 인민 해방군	독일	정부기관	네트워크 해킹.
2007. 5.	러시아 추정 해커	에스토니아	정부기관과 은행기관	서비스거부 공격.
2007. 5.	미상 해커	미국	국방대학교	이메일 시스템 해킹.
2007. 4.	미상 해커	미국	상무부	네트워크 시스템 해킹.

참 고 문 헌

US Air Force (1995). *Cornerstones of information warfare*. Department of Air Force. Retrieved from http://oai.dtic.mil/oai/oai?verb=getRecord&metadata Prefix=html&i dentifier=ADA3 23807.

Andress, J. & Winterfeld, S. (2011). *Cyber warfare: Technique, tactics and tools for security practitioners*. Waltham, MA: Syngress.

Bellinger, G., Castro, D., & Mills, A. (2004). *Data, information, knowledge, and wisdom*. Retrieved from http://www.systems-thinking.org/dikw/dikw.htm.

Krekel, B., Adams, P. & Bakos, G. (2012). *Occupying the Information High Ground: Chinese Capabilities for Computer Network Operations and Cyber Espionage*. McLean, VA: Northrop Grumman Corporation.

Buchan, G. (1996). *Information war and the Air Force: Wave of the future? Current fad?* Santa Monica, CA: RAND Corporation.

Checkland, M. & Holwell, S. (1998). *Information, systems and information systems: Making sense of the field*. Hoboken, NJ: Wiley.

Clarke, R. A. & Knake, R. K. (2011). *Cyber war: the next threat to national security and what to do about it*. New York, NY: HarperCollins.

Collin, B. (1997). The future of cyberterrorism: The physical and virtual world converge. *Crime & Justice International Journal*, 13(2), 15-18.

Denning, D. E. (2000, May 23). Cyberterrorism: Testimony before the special oversight panel on terrorism. *U.S. House of Representatives*. Retrieved from https://pdfs.seman ticscholar.org/7fdd/ae586b6d 2167919abba17eb90e5219b7835b.pdf.

Denning, D. E. (2010). Cyber-conflict as an emergent social problem. In T. J. Holt & B. Schell (Eds.), *Corporate hacking and technology-driven crime: Social dynamics and implication s* (pp. 170-186). Hershey, PA: IGI Global.

Drinkwater, D. (2015.2.2). British army unit to tackle web-enabled warfare. *SC Media UK*. Retrieved from https://www.scmagazineuk.com/british-army-unit-to-tackle-web-enabled-warfare/article/ 537570/.

Europol. (2017). *Internet organized crime threat assessment*. Retrieved from https://www.europol.europa.eu/activities-services/main-reports/internet-organised-crime-threat-assessment-iocta-2017.

Finkle, J. (2017, April, 4). Cyber security firm: more evidence North Korea linked to Bangladesh heist. *Reuters*. Retrieved from http://www.reuters.com/article/us-cyber-heist-bangladesh-northkorea-idUSKBN1752I4.

Foltz, C. B. (2004). Cyberterrorism, computer crime, and reality. *Information Management & Computer Security, 12*(2), 154-166.

Hamre, J. (2015, December 9). The electronic pearly harbor. *Politico*. Retrieved from http://www.politico.com/agenda/story/2015/12/pearl-harbor-cyber-security-war-000335.

Higgins, G. E. (2010). *Cybercrime: An introduction to an emerging phenomenon*. New York, NY: McGraw-Hill

James Lewis, J. (2002). Assessing the risks of cyber terrorism, cyber war and other cyber threats. *Center for Strategic and International Studies*. Retrieved from http://csis.org/files/media/csis/pubs/021101_risks_of_cyberterror.pdf.

Jordan, T. & Taylor, P.A. (2004). *Hacktivism and cyberwars: Rebels with a cause?* London, U.K.: Routledge.

Jun, J., LaFoy, S. & Sohn, E. (2015). North Korea's cyber operations: strategy and responses. Center for Strategic & International Studies. Rerieved from https://csis-prod.s3.amazonaws.com/s3fs-public/legacy_files/files/publication/151216_Cha_North Koreas Cyber Operations_Web.pdf

Kilger, M. (2010). Social dynamics and the future of technology-driven crime. In T. J. Holt & B. Schell (Eds.), *Corporate hacking and technology-driven crime: Social dynamics and implications* (pp. 205-227). Hershey, PA: IGI Global.

Kim, J. H. (2015). *Information theft within different organizational types: A Rational Choice analysis* (Unpublished doctoral dissertation). Rutgers University, Newark, NJ.

Laudon, K.C. & Laudon, J. P. (2006). *Management information systems: Managing the digital firm*. Upper Saddle River, NJ: Pearson Prentice Hall.

Lewis, B. C. (2003). *Information warfare*. Retrieved from https://fas.org/irp/eprint/snyderinfo warfare.htm.

Lyndsay, J. R. (2014). The impact of China on cybersecurity, *International Security*, 39(3), 7-47.

McCarthy, J. (2016, February 10). *Americans cite cyberterrorism among top three threats to U.S.* Retrieved from http://www.gallup.com/poll/189161/americans-cite-cyberterrorism-among-top-three-threats.aspx.

McGoogan, C. (2017, May 30). WannaCry cyber hackers linked to China not North Korea, experts say. *The Telegraph*. Retrieved from http://www.telegraph.co.uk/technology /2017 /05/30/wannacry-linked-chinese-hackers-not-north-korea-experts-say/.

McQuade, S. C. (2006). *Understanding and managing cybercrime*. Boston, M.A.: Pearson.

Miranda, C. (2017, September 19). Spy chiefs and law enforcers worry theres much more to do to combat online terror instruction. Herald Sun. Retreived from http://www.heraldsun.com.au/technology//23276bb686099b6c9e206f0bdf715b53.

National Institute of Standards and Technology (NIST). (2017). *FISMA background*. Retrieved from http://csrc.nist.gov/groups/SMA/fisma/overview.html.

Office of Management and Budget. (2016). *Annual report to Congress: Federal information security modernization act*. Retrieved from https://obamawhitehouse.archives.gov/sites/default/files/omb/assets/egov_docs/final_fy_2015_fisma_report_to_ con gress_03_18_2016.pdf

Oh, S. M. (2015, May 10). N. Korea boosts cyber operations capabilities. Yonhap News Agency. Retrieved from http://english.yonhapnews.co.kr/news/2015/05/08/97/0200000AEN20150508006900315F.html

Owens, W. A., Dam., K. W., & Lin, H. S. (2009). Technology, policy, law, and ethics regarding U.S. acquisition and use of cyberattack capabilities. *National Research Council*. Retrieved from http://sites. nationalacademies.org/cs/groups/cstbsite/documents/webpage/cstb_05 0541.pdf.

Pittaro, M. (2010). *Cybercrime*. Belmont, CA: Wardsworth.

Rollins, J. W. (2015). U.S.-China cyber agreement. *CRS Insight*. Retrieved from https: //fas.org /sgp/crs/row/IN10376.pdf.

Sanger, D. E. & Perlroth, N. (2014, December 17). U.S. said to fond North Korea ordered cyberattack on Sony. New York Times. Retrieved from https://www.nytimes.com/2014/12/18/world/asia/us-links-north-korea-to-sony-hack ing.html.

Singer, P.W. & Friedman, A. (2014). *Cyber security and cyberwar*. Oxford, U.K.: Oxford University Press.

Sternstein, A. (2015, February 8). US cyber command has just half the staff it needs. *Defense One*. Retrieved from http://www.defenseone.com/threats/2015/02/us-cyber-command-has-just-half-staff-it-needs/104847/

Stokes, M. A. (2015). The Chinese People's Liberation Army computer network opeation infrastructure. In J. R. Lindsay, T. M. Cheung, & D. S. Reveron (Eds.), *China and Cybersecurity: Espionage, Strategy, and Politics in the Digital Domain*. (pp. 163-187). Oxford, U.K.: Oxford University Press.

Taylor, P. A. (1999). *Hackers: Crime in the digital sublime*. London, U.K.: Routledge.

Taylor, R. E., Fritsch, E. J., & Liederbach, J. C. (2015). *Digital crime and digital terrorism*. Upper Saddle River, NJ: Pearson, Inc.

The British Army. (2017). *77th Brigate*. Retrieved from http://www.army.mod.uk /structure /42952.aspx#42952

Tikk, E., Kaska, K. & Vihul, L. (2010) *International cyber incidents: Legal considerations*. Tallinn, Estonia: Cooperative Cyber Defence Centre of Excellence

US Department of Veterans Affairs. (US DVA). (2016, July 1). *Review of issues related to the loss of VA information involving the identity of millions of veterans*. Retrieved from http://www.va.gov/oig/pubs/VAOIG-06-02238-163.pdf.

Wortzel, L. M. (2014). *The Chinese people's liberation army and Information warfare*. Carlisle Baracks, PA: U.S. Army War College & Strategic Studies Institute.

제5장

누가 해커인가

제 5 장

누가 해커인가

5-1. 해킹의 정의

'해킹(Hacking)'의 의미는 1950년대 미국 MIT 대학의 모형철도 클럽(Tech Model Railroad Club, TMRC) 학생들이 자체 제작한 모형철도로 놀이를 즐기는 과정에서 창조적인 방법으로 기술적인 목표를 달성했다는 뜻으로 최초 알려져 왔다(Levy, 2001). 해킹의 정의에 대해서는 범죄학자나 법집행기관 사이에 보편적으로 통일된 정의는 없다. 일부 학자의 공통된 정의를 소개하면, 해킹은 합법적, 비합법적인 목적을 위해 새로운 방법으로 기술을 실행하여 컴퓨터 하드웨어나 소프트웨어를 수정 또는 변조하는 행위를 의미한다고 한다(Holt, 2007; Levy, 2001; Schell & Dodge, 2002).

해커는 IT 시스템이나 네트워크의 소프트웨어나 하드웨어의 취약점을 파악하여, IT 시스템에 불법으로 접속하여 침투한다. 또는, 사회공학적인 방법을 사용하여 목표로 설정된 기관의 관리자를 기만하여 IT시스템에 불법 접속하여 필요한 정보를 얻기도 한다(Furnell, 2002; Taylor, 1999). 해킹은 컴퓨터 프로그램을 변조하고 보안절차를 무력화시켜 정보를 불법적으로 얻거나 컴퓨터 시스템에 접속하여 개인의 신용카드 등 보호되는 정보를 절취하거나 컴퓨터 시스템이 정상적인 작동을 할 수 없도록 방해하는 테러행위 등을 수행한다

(Brenner, 2008; Chu, Holt, & Ahn, 2010; Kilger, 2010). 따라서 해킹은 일반적인 의미로, 목표 기관의 컴퓨터 네트워크에 기술적 기법을 사용하여 네트워크 보안과 통제절차를 피해 침투하거나, 또는 사회공학적인 방법으로 목표 기관의 구성원이 악성 코드나 프로그램을 작동시키도록 하여, 컴퓨터 시스템에 침입하는 불법행위를 의미한다.

5-2. 해커의 정의

'해커(Hacker)'의 의미에 대해서도 해킹의 정의와 같이 사이버 범죄학계에서 공통적으로 합의한 정의는 없다. '해커' 단어는 초기에 단지 비정상적인 방법으로 문제를 해결하거나 프로그램의 능숙자를 의미했다(Levy, 1984; Duff & Gardiner, 1996). 그나마 가장 공통적인 의미로는 해커는 '나쁜 일을 하는 나쁜 사람들'이라는 뜻으로 통용되었다(Chandler, 1996). 기본적으로 해커는 컴퓨터 관련 기술에 흥미를 갖고, 어느 특정 IT 시스템에 접속 권한 없는 상황에서 접속할 수 있는 기술을 가지고 있다는 것으로 정의할 수 있다. 따라서 접속 권한의 문제가 범죄자 또는 비범죄자를 구분하는 법률적인 기준이 된다고 할 수 있다(Schell, Dodge, & Moutsatsos, 2002).

해커 집단은 해킹에 대한 다양한 동기, 기술 및 활동력을 갖추고 있는데, 일부 해커는 불법적으로 민간 기업, 특정 정부, 군의 IT 시스템에 침투하고 있다. 그러나 모든 해커가 항상 불법적인 활동에 참여하는 것은 아니다. 해커는 일반 전화선 해킹, 소프트웨어 Cracking, 컴퓨터 바이러스 제작, 사회 공학적 방법으로 컴퓨터 시스템 침투 등 다양하게 기법으로 사이버 및 네트워크상의 불법적인 활동을 하여 왔다. 따라서 언론 매체는 해커 집단은 접속 권한 없이 특정 컴퓨터 시스템에 접속하는 집단으로 부정적으로 묘사하기 시작했다(Sterling, 1992). 하지만 초기의 해커 집단은 그들 자신의 불법적인 행위를 축소하면서, 해킹의 해로운 본질을 학습이나, 창조적인 문제 해결, 시스템 취약점 발굴 등으로 친사회적인 행위라고 강조하는 경향이 있다고 하였다(Loper, 2000).

소위 1세대 해커들은 닉네임을 사용하는 익명성, 현실 도피적 인상, 일반인과의 차별성, 전문적인 기술보유 등의 이미지를 보여 주었다. 또한, 살인이나 폭력 범죄를 저지르는 '사이코' 범죄자 같은 비이성적인 성격을 가진 해커는 거의 없었다.

해커의 개인적인 특성은, 압도적으로 30세 이하의 남자가 많고, 대다수의 30세 이상 해커는 IT 보안 분야에서 일하고 있다고 알려져 있다(Bachmann, 2010; Gilboa, 1996; Jordan & Taylor, 1998; Schell & Dodge, 2002). 젊은 세대에게는 해킹 행위가 매력적으로 보일 수 있다. 이들은 어렸을 때부터 Technology에 노출되어, 인터넷에 더욱 많은 접속과 탐색에 많은 시간을 투자했기 때문이라고 볼 수 있다(Bachmann, 2010; Schell & Dodge, 2002).

일부 젊은 세대의 해커는 정규 직업이 있고, 일부는 무직이다. 이들은 주로 고등학생이거나 대학생이다. 젊은 해커는 정규교육을 통하거나, 스스로 독학 또는 경험적 학습을 통해 컴퓨터 관련 기술을 습득하였다(Bachmann, 2010; Holt, 2007). 인터넷상 컴퓨터 학습 프로그램이나, 해커 커뮤니티가 운영하는 사이버 포럼 참여로 독학에 의한 컴퓨터 기술 습득 기회는 더욱 확대되었다. 최근에는 사이버 범죄 지하시장에서 해킹에 필요한 프로그램을 쉽게 구할 수 있는 환경으로, 해킹 기술 전파나 습득이 더욱 용이하게 되었다. 해커 동료 간의 관계는 정기적 또는 비정기적으로 인터넷 포럼, 채팅, 기타 컴퓨터를 매개로 한 통신수단에 근거하여 맺어진다(Holt, 2009a; Jordan & Taylor, 1998; Skinner & Fream, 1997). 일부 해커는 실지 세계에서 맺어진 사회적 관계도 유지한다. 이러한 관계는 친구나 친척처럼 중요하고, 해킹 기술을 모방하는데 모델 역할을 하기도 한다(Morris & Blackburn, 2009). 또한, 이들 간에는 독특한 해킹 기법에 대해 긍정적인 격려나 칭찬, 해킹행위에 대한 정당화, 악의적인 해킹의 유용성에 대한 변명과 믿음이 발견되기도 한다(Bossler & Burruss, 2011; Skinner & Fream, 1997). 일부 해커는 그들의 해킹 행위로 인한 사이버범죄 피해를 부정하는 경향이 있으며(Gordon & Ma, 2003), 사이버범죄 피해를 예방할 컴퓨터 기술이나 IT 시스템 보안이 부적절했음을 이유로, 오히려 그 피해자들을 비난하기도 한다(Jordan & Taylor, 1998).

5-3. 해킹의 기원 및 사례

우리 사회에 처음으로 해커와 해킹기법이 등장하는 시대적 과정을 알아보기로 한다. 해커문화는 1960년대부터 우리 사회에 나타나기 시작했지만, 그 당시에는 컴퓨터 시스템을 이용할 수 있는 사람들이 많지 않았고, 그 피해에 대한 파장이 크지 않아, 크게 사회의 주목을 받지 못했다.

5-3-1. 초기의 해커와 해킹 사례

1960년대 말, 미국 사회에서 공중 전화선을 해킹하여 요금을 지불하지 않고 무료로 공중전화를 사용하는 일부 젊은 층이 있었다. 이들을 Phone Phreaker라 불렀는데, John Draper는 당시 미국 마트에서 시판 중이던 Cap'n Crunch 시리얼을 구입할 때, 판촉물로 제공하던 장난감 호루라기 음역대가, Bell 전화회사 서비스의 공중전화 신호음 음역대인 2,600Hz와 비슷하다는 것을 전해 들었다. Draper는 이 호루라기를 불어서, Bell 전화회사의 공중전화 신호음과 동일한 음역 대를 만들어 공중전화를 공짜로 썼다. 이로 인해 Draper는 FBI에 의해 체포되어 징역형을 선고 받았다(Storm, 2011).

5-3-2. 1980년대 해커와 해킹 사례

1981년, Ian Murphy는 미국 전화회사인 AT&T의 컴퓨터 시스템에 불법 침입하여, 전화 요금 적용 시간대를 변경하는 등의 해킹 혐의로 기소되었다(Santoso, 2006). 1980년대에 이르자, 언론 매체는 해커를 범죄자로 묘사하기 시작했는데, 1983년에 개봉된 'War Games'는 해커의 세계를 세상에 처음으로 소개한 영화가 되었다. 같은 해에, Wisconsin 주에 거주하는 16~22세의 청소년들로 조직된 '414' 해커 그룹이 Los Alamos 국립연구소가 사용 중이던 60여 대의 컴퓨터를 해킹한 혐의로 FBI에 의해 적발되었다(Elmer DeWitt, 1983). 1984년, 미국 University of Southern California 대학생이던 Frederick B. Cohen(1987)이 '컴퓨터 바이러스'란 단어를 처음으로 사용하여, 컴퓨터 바이러스를 "스스로 복제를 포함한 컴퓨터 프로그램을 변경하여, 오염시키는 악성 프로그램(p. 2)"이라고 정의했다.

같은 해에, 미국의 IT 관련 저술가인 Steven Levy(1984)는 그의 저서(Hackers: Heroes of the Computer Revolution)에서 해커의

문화를 요약한 '해커 윤리'를 다음과 같이 소개했다.

"1. 컴퓨터에 대한 접근은 제한 없고, 전체적으로 접근할 수 있어야 한다.
2. 모든 정보는 무료이어야 한다.
3. 권위를 부정하고, 분권화를 촉진한다.
4. 해커들은 학위, 나이, 인종이나 지위가 아닌, 해킹 능력으로 판단되어야 한다.
5. 컴퓨터로 예술과 미를 창조할 수 있어야 한다.
7. 컴퓨터는 삶을 더욱 좋게 변화시킬 수 있다(p. 28-34)."

이 해커 윤리는 일반인에게는 선뜻 이해가 되지 않는 조항도 있고, 지금의 사회 현실에 맞지 않겠지만, 당시 사회에 처음 등장한 컴퓨터 해커를 이해할 수 있는 묘사이다.

1986년, 미국 의회는 해킹 등 컴퓨터 범죄에 대한 사회적 우려를 고려하여 '컴퓨터 사기 및 오용법(Computer Fraud and Abuse Act)'을 통과시켰다. 1987년에는, 시카고에 거주하는 Herbert Zinn은 당시 17세로 고등학교 중퇴를 하였는데, 미 국방부, NATO 및 미국 전화 서비스 회사인 AT&T 의 컴퓨터 시스템 등에 불법 접속하여 체포되었다. 그는 1986년에 제정된 '컴퓨터 사기 및 오용법'에 의해 기소되어 9개월의 징역형을 선고받았다(Isikoff, 1987).

1988년, 미국 Cornell 대학의 대학원생이었던 Robert T. Morris가 미 국방부의 ARPANET 시스템에 Morris 웜을 퍼트려 6,000여 대의 컴퓨터를 감염시켰고(Ramirez, 2010), 이로 인해 미 국방부 '국방고등연구프로젝트국(DARPA)'이 최초로 '컴퓨터침해사고긴급대응팀(US-Computer Emergency Response Team, US-CERT)'를 창설하게 되는 계기가 되었다(Ramirez, 2010).

1986년 1월, 해커 'The Mentor'는 온라인 해커 매거진 'Phrack.org'에 '해커의 양심(The Conscience of a Hacker),' 또는 '해커의 강령(Hacker's Manifesto)'이라는 해커의 윤리적 행동기준을 발표하였다. 주요 내용은 해킹은 타인에게 해를 끼치거나 악용하는 이기적인 욕망을 대체하여야 하며, 기술은 우리의 지평선을 확장하고, 세계를 자유롭게 하는 데 쓰여야 한다고 주장했다(The Mentor, 1986).

5-3-3. 1990년대 해커와 해킹 사례

1991년, Dark Dante라는 닉네임으로 불린 Kevin Poulsen은 미국 California 주 Los Angeles의 한 라디오 방송국의 경품행사에 당첨될 수 있도록 방송국 전화선을 해킹하였다. 그는 FBI에 의해 체포되어 51개월의 징역형을 선고받았다(Littman, 1993). 1993년, 해커 커뮤니티의 정보 교류를 위한 회의라 할 수 있는 DefCon이 미국 Nevada 주 Las Vegas에서 최초로 개최되어, 해커의 활동이 사회에 공개되기 시작했다. 이어서, 1997년에는, Black Hat 회의가 조직되어, 매년 DefCon 직전에 개최된다. 이 회의에는 기업의 IT 전문가들이 주로 참석하여 컴퓨터 기술관련 정보 교류를 하고 있다. 1990년대 중반 들어서 인터넷 서비스가 일반에 공개되어, 해커의 이데올로기는 변화할 수밖에 없었다. 새로운 세대의 해커 세대는 과거보다 현실적인 모습을 보이기 시작했다.

1994년, 러시아 출신 Vladimir Levin 등이 주도한 러시아 해커들이 미국 Citi 은행에서 약 1천만 달러를 불법 인출해서 핀란드 및 이스라엘 등에 그들이 개설한 은행 계좌로 이체시켰다. Levin은 체포되어 3년형을 선고받았다(Harmon, 1995). 1995년, Kevin Mitnick은 Motorola, Fujitsu, Nokia, Sun, Novell 및 NEC 등의 IT 시스템을 해킹한 혐의로 체포되었다(Burkeman, 2002).

1999년에 해커 그룹 The Cult of Dead Crow의 구성원인 Sir Dystic이 원격조정 가능한 Back Orifice 프로그램을 DefCon 회의에서 공개하였다(Messmer, 1999). 1999년, Melisa 바이러스가 전 세계 300여 개 회사의 이메일 시스템에 피해를 끼쳤는데, 이 바이러스를 제작한 David Smith는 체포되어, 20개월의 징역형을 선고받았다(Ramirez, 2010).

5-3-4. 2000년대 해커와 해킹 사례

2000년, Mafiaboy라 불리는 캐나다 출신으로 당시 15세였던 Michael Calce는 Yahoo, Amazon, eBay 및 CNN 등의 웹사이트에 DoS 공격을 가해 약 10억 달러에 달하는 피해를 입혀 8개월의 징역형을 선고받았다(Hersher, 2015). 같은 해 5월, 필리핀에서 최초 전파되기 시작한 Love Letter/I LOVE YOU 바이러스는 Microsoft Window의 이메일 주소록을 통해 전 세계로 급속도로 전파되었고, 수백만 대에 달하는 컴퓨터가 감염되었다(Piller & Miller, 2000).

2000년대 들어 일부 해커는 정치적인 성향을 보이기 시작했고, 해킹 기술을 이용하여 불법적인 이득을 취하는 행위가 일반화되기 시작했다. 2001년에 'World of Hell' 해커 그룹 구성원인 Rafael Nunez이 미 '국방정보시스템국'을 해킹하여, 2005년 4월에 체포되었다(Roberts, 2005).

2001년 7월, Code Red 웜이 Microsoft 인터넷 정보 서버의 Buffer Overflow 취약점을 통해 급속도로 전파되었다(US-CERT, 2001). 2002년에는, 영국 출신 Gary McKinon이 UFO에 관한 자료를 찾는다는 이유로, 미국 국방부 시스템을 해킹하였다(Watson, 2006).

2003년, 해커 그룹 Anonymous가 조직화 되어 언론의 주목을 받기 시작했다. 2003년 1월, SQ Slammer Worm이 나타나 인터넷을 통해 전 세계로 유포되었는데, 이 웜은 DoS 공격을 일으키고, 인터넷 통신량 속도를 저하시켰다. 또한, Bank of America의 ATM 시스템, Washington 주의 911 긴급전화 시스템 및 Ohio 주의 핵발전소 시스템 등이 피해를 입었다(Moore, et al., 2003). 같은 해 5월에 나타난, Fizzer 웜은 포르노나 약품광고 등의 스팸메일을 발송하는 역할을 하였다(Roberts, 2003).

2004년 1월, MyDoom 악성 웜은 당시 이메일이나 파일 공유 프로그램인 Kazaa를 통해 매우 빠르게 전파되었고, 전 세계적으로 60~70만 대의 컴퓨터를 오염시켰고 인터넷 속도를 저하시켰다(Munro, 2004). 2005년 11월, Jeanson James Ancheta는 해커 그룹 'Botmaster Underground' 구성원으로 스팸메일을 발송하는 Botnet을 운영한 혐의와 미 '해군연구소'와 '국방정보시스템국'을 해킹한 혐의로 FBI에 의해 체포되었다(US DOJ, 2005). 2006년 1월, Microsoft 워드, 엑셀, 및 파워포인트 파일 등을 파괴하는 컴퓨터 웜인 Kama Sutra (또는 Blackworm)가 퍼졌다(Oiaga, 2006).

2008년, agent.btz 웜에 감염된 USB 드라이브가 중동의 한 미군 기지에서 미 국방부 중앙사령부 컴퓨터 시스템에 연결된 랩톱 컴퓨터에 삽입되면서 미 국방부 시스템이 이 바이러스에 감염되었다. 이 웜은 러시아 군부에서 최초 제작되어 유포된 것으로 추정되었다

(Shachtman, 2010).

2009년 11월, Conficker 웜은 Microsoft Window 취약점을 공격하여, 전 세계 거의 모든 국가의 수백만 대의 컴퓨터를 Botnet 일부로 이용할 수 있게 오염시켰다(Markoff, 2009).

5-3-5. 2010년대 해커와 해킹 사례

2010년 6월, 이란 핵발전소의 핵심 시설인 우라늄 증식시설 기능을 제어하는 독일 Siemens사의 '지휘통제데이터관리(Supervisory Control and Data Acquisition, SCADA)' 시스템을 통제 불능으로 만든 사이버 무기인 Stuxnet 웜의 존재가 세상에 공개되었다(Zetter, 2014).

2011년 5월, sl1nk 이라 불리는 해커가 미 국방부, NASA, NSA, 미 육군과 해군 등의 웹사이트들을 해킹하였다(Kumar, 2011). 2012년 2월, 해커 그룹 'Swagg Security'가 근로조건의 열악함에 항의하는 의미로 대만의 반도체 생산기업인 Foxconn 시스템 서버를 해킹하여 다량의 데이터를 유출하였다(Garside, 2012). 이 해킹 그룹은 같은 해 10월, Master 카드, Farmers Insurance와 미 정부기관 시스템을 해킹하여, 이 기관들이 보유한 데이터를 인터넷에 공개했다.

2013년 5월, 소셜 네트워크 서비스 웹사이트인 Tumblr가 Peace라 불리는 해커에 의해 해킹을 당해 약 6,500만 사용자의 이메일과 비밀번호가 유출되었다(Franceschi-Bicchierai, 2016). 2014년 7월, 일본에 소재한 Bitcoin 교환 거래 업체인 Mt.Gox 사가 신원미상의 해커들로부터 약 4억 6천만 달러 상당을 절취당하여 파산 신청을 하였다(McMillan, 2014). 2014년 11월, 영화 The Interview를 제작한 Sony Pictures의 시스템 서버가 'Guardian of Peace'라 자칭하는 북한 추정 해커 그룹에 의해 해킹되었다(Sanger & Perlroth, 2014).

2015년 7월, 해커 그룹 'The Impact Team'이 캐나다의 온라인 데이트 중개 업체인 Ashley Madison 웹사이트를 해킹하고 서비스 고객 정보를 인터넷에 공개하여 언론 매체의 큰 관심을 끌었다(Krebs, 2015).

2016년 9월경, 미국의 경영, 회계 및 IT 보안 컨설팅회사인 Deloitte 사의 고객 이메일 데이터베이스가 해킹되어 고객 기업의 자문 내용이 노출된 것으로 추정했다. 이 해킹 사실은 2017년 3월에 탐지되었다.

10월에는 인터넷 도메인 네임 전환 서비스사인 Dyn, Inc사가 대규모 DDoS 공격을 받아, Twitter, Airbnb, Amazon, PayPal, CNN 및 Netflix 등의 웹사이트가 일시적으로 접속이 불능하게 되었다. 이 공격에는 Mirai 악성 코드가 발견되었는데, 네트워크로 연결된 웹캠, CCTV 카메라, 라우터 등 보안성이 취약한 IoT 기기를 오염시켜 사이버 공격에 동원하였다.

2017년 5월, MS의 Window 운용체제의 취약점으로 이용한 WannaCry 랜섬웨어의 공격으로 150여 개국 23만여 대의 컴퓨터가 감염되었다. 이 랜섬웨어에 감염되면, 피해자 컴퓨터의 파일이 암호화되었다.

비슷한 시기에, 불상의 해커가 미국 신용평가기관 Equifax사의 데이터베이스에 불법 접속하여 약 1억 4,300만 명의 미국 시민의 성명, 생년월일, 사회보장번호, 운전면허정보와 약 20만 건의 신용카드 정보가 유출되었다.

5-4. 해커의 하위문화

해커의 하위문화를 이해할 수 있는 요소에는 가) 기술(Technology), 나) 지식(Knowledge), 다) 비밀성(Secrecy), 라) 헌신(Commitment), 마) 범주(Categorization), 바) 법(Law) 등 6개로 분류할 수 있다(Holt, 2007; Taylor, Fritsch, & Liederbach, 2015). 물론 이 요소들이 모든 해커의 하위문화를 대변하는 것은 아니며, 해커 커뮤니티도 이런 하위문화 분류에 모두 공감하는 것은 아니다. 따라서 이 분류는 시대의 흐름에 따라 변할 수 있다. 최근에는 범죄조직과 국가지원단체에 소속된 보다 전문적이고 이념 지향적인 해커들이 활동하기 때문에 이들 해커의 하위문화는 일반적으로 알려진 해커와 다를 수 밖에 없다.

가. 기술(Technology)

해커는 컴퓨터관련 기술이 해박하다. 해커는 컴퓨터 기술습득에 많은 시간을 소비한다. 해킹행위는 1950년대의 해킹이라는 단어의 출현 이후 직접적이고 긴밀하게 컴퓨터 기술과 관련이 있었다(Jordan & Taylor, 1998; Meyer, 1989; Thomas, 2002). 해킹은 곧 기술력의 척도라고 할 수 있다. 해커의 관심과 행동은 컴퓨터 소프트웨어와 하드웨어, 전자기기, 비디오나 온라인 게임 및 스마트폰 등과 같은 IT 기기들이다(Holt, 2007; Jordan & Taylor, 1998). 또한, 컴퓨터 기술에 대한 해커의 관심이 직접적으로 해킹능력을 향상한다고 한다(Holt, 2007; Thomas, 2002). 하지만, 여러 요인으로 인해 해커에 따라서 해킹 기술의 차이가 존재한다.

나. 지식(Knowledge)

해커는 컴퓨터기술을 이해하고 배운다는 열정이 남다르며, 대부분의 해커는 독학으로 컴퓨터기술을 습득한다. 오늘날 해커는 해킹기술 관련하여 다른 해커에게 멘토 역할을 하지 않는다(Taylor, Fritsch, & Liederbach, 2015, p. 87). 이는 추후에 법적인 책임을 불러일으킬 수 있기 때문이다. 또한, 기술관련 지식은 일시적일 수밖에 없다. 컴퓨터 기술은 빠른 속도로 진화하기 때문에 해커의 세계에서 영원한 멘토가 존재하기 어렵다.

그리고 대다수 해커는 다른 해커와 친분을 쌓지 않는 경향이 있다고 한다(Holt, 2008). 하지만, 해커는 정기적 또는 비정기 오프라인이나 온라인 모임에서 도전과 경쟁을 통해 그들의 지식을 과시한다. 해커 커뮤니티는 다른 해커에게 기법을 가르치는 것보다는 스스로 배워야 한다는 것을 강조한다고 한다. 해커는 다수의 인터넷 포럼, 메일링 리스트 구독을 통해 해킹기술 관련 정보와 자원에 접하고 있다(Holt & Kilger, 2008; Meyer, 1989; Taylor, 1999).

다. 비밀성(Secrecy)

해킹기법은 비합법적이기 때문에, 공개적으로 그들의 행위를 자랑하는 것은 그들 자신을 체포의 위험이나 법적 책임을 불러일으킬 수 있다(Kilger, 2010; Taylor, 1999). 해커는 그들의 정체성이나 신분이 노출될 가능성을 줄이려고 노력한다. 예를 들면, 현실 세계의 실질적 정체성과의 분리를 위해 온라인과 오프라인 환경에서 다른 닉네임을 사용한다(Furnell, 2002; Jordan & Taylor, 1998). 또한, 해커는 그들의 범법행위에 대한 법집행기관의 추적을 피하고자 새로운 추적 회피 기법을 항상 연구한다. 일부 사이버범죄 관련 활동은 추적이 비교적 힘들고 시간이 많이 소요되는 Tor network 등을 통해 이루어지기도 한다. 그러나 일부 해커들은 그들의 해킹 결과를 일반에 공개하여, 그들의 해킹 목적을 알리기도 한다.

라. 헌신(Commitment)

헌신 역시 매우 중요한 개념으로 해커는 늘 공부를 해야 하며 새로운 해킹기술을 습득해야 한다는 개념이다. 해커는 관심 두는 주제에 따라 컴퓨터관련 기술에 대한 이해와 학습이 달라진다(Taylor, Fritsch, & Liederbach, 2015, p. 88). IT 기술의 끊임없는 변화와 발전에 따라가려면, 해커는 그 변화하는 기술을 배우는 데 상당한 시간을 투자해야 한다. 이 헌신적 태도는 비단 해커뿐만 아니라 일반사회의 IT 관련 전문가 그룹에도 적용될 수 있다. IT 기술의 발전 속도는 매우 빠르므로, 신기술에 대한 학습을 소홀히 하면, 그들이 속한 커뮤니티에서 소외되는 속도 역시 빠르다.

마. 범주(Categorization)

범주(Categorization)는 해커의 정체성에 대한 의미를 어떻게 정의하고 만드는 방법을 뜻한다(Taylor, Fritsch, & Liederbach, 2015, p. 89). 언제부터 해커의 길로 들어서게 되었고, 최소 어떤 기술을 알고 활용할 줄 알아야 하는지에 대한 해커 간의 의견은 분분하다. 또한, 기술뿐만 아니고, 태도에 대한 정의도 포함된다. 이들은 새로운 분야를 알고자 하는 학습적 호기심과 그 목표 달성에 대한 욕구 역시 해커가 되는 기본적 요소라고 한다.

하지만 해커라는 의미가 긍정적인 뜻인지, 부정적인 뜻인지에 대해서는 해커 사이에서도 의견이 일치하지 않는다. 초기에는 해커가 컴퓨터 시스템의 취약점을 발견하고, 보안기술을 개발하는 긍정적인 의미의 그룹으로 쓰였지만, 최근에는 해커의 의미는 일반적으로 컴퓨터 시스템상의 취약점을 악용하는 부정적인 그룹으로 인식되어 있으므로, 단지 컴퓨터 시스템을 잘 알고 이를 활용하는 그룹을 의미한다는 의미로 해커라는 단어를 쓰기가 어렵게 되었다.

바. 법(Law)

해커는 정기적으로 사이버공간과 현실 세계에서 해킹에 대한 법적인 문제를 토론하거나 정보 공유를 한다(Taylor, Fritsch, & Liederbach, 2015, p. 91). 법은 해커가 법적 경계를 넘나드는 행위에 영향력을 미치기 때문에, 대부분 해커는 컴퓨터 네트워크상의 그들의 행위가 법적 제한을 받는지에 대해 알고 싶어 한다. 하지만 일부 해커는 네트워크상 그들의 행위가 사회적으로 용인될 만한 것이라고 주장하기도 한다. 이런 주장은 그들의 불법적인 행위를 합리화하려는 경향이 있기 때문이다. 따라서 법은 네트워크상 해커의 불법적인 행위에 대한 영향력은 미약하다고 한다(Taylor, Fritsch, & Liederbach, 2015, p. 92).

하지만, 해커 커뮤니티에서 그들의 해킹 관련 행위가 법에 저촉될 수 있음을 다른 해커들에게 공지하기도 한다(Jordan & Taylor, 1998, p. 129). 해커가 관련법을 위반하거나 법집행기관의 추적을 회피하는 행위 등은 다른 해커에게 주요 관심사항이 될 수 있다. 또한, 날로 새롭게 나타나는 사이버범죄 행위는 행위 당시에는 그 당시의 사이버 법으로는 처벌할 수 없기도 하기 때문에 해커가 그들의 행위에 대한 법적 해석에 혼란을 가져오기도 한다.

5-5. 해커의 활동상 유형

해커의 활동에 따른 유형은 기술의 진보에 따라 변화해 왔다. 일부 해커는 인터넷이 사회에 공개되어 서비스되기 전에는 공중전화선을 해킹하여 불법적으로 사용하였다. 또한, 정치적인 목적을 달성하기 위한 테러행위에 차츰 인터넷을 이용하기 시작했고, 컴퓨터 소프트웨어, 산업 및 군사기술, 영업기밀, 영화, 음악 등 지식재산권에 대한 온라인상 절취 행위나 불법복제에는 초기부터 해킹 기술이 사용되었다. 인터넷 기술의 발전에 따라서 해커의 활동 유형은 더 세분되거나 영역이 확대될 것이다. 해커의 유형상 분류는 사이버상 불법행위에 대응하는 법집행기관의 조직과 역할, 그리고 법 제정에도 영향을 미친다.

Lee (1991)의 해커의 활동별 유형으로는 해커, 비윤리적 해커, 전화 통신 시스템 해커 등으로 분류하였는데, 그 당시는 아직 인터넷이 일반에 공개되지 않았던 시기라서, 인터넷 네트워크를 사용할 수 있는 사람은 매우 제한적이어서, 당시 해커에 대한 유형은 기술적인 측면보다는 법적, 윤리적인 면을 기준으로 하였다. 이외에 표 5-1은 Young (1995), Parker (1998), Denning (1999), Wall (2001)과 McQuade (2004) 등 사이버범죄 연구학자의 여러 해커 유형을 소개하고 있다. 이들 학자의 해커 유형 분류는 사이버범죄관련 법규제정과 법집행기관의 대응에 영향을 끼쳤다고 할 수 있다. 또한, 전통적 조직범죄 그룹으로의 해커의 유입과 이념적, 정치적 단체, 또는 국가지원단체에 속하는 해커의 등장 등으로 해커의 유형은 지속해서 변한다고 할 수 있다.

표 5-1: 해커의 활동에 따른 유형

Lee (1991)	Young (1995)	Parker (1998)	Denning (1999)	Wall (2001)	McQuade (2004)
해커(Hackers)	유토피아인 (Utopians)	재미추구 해커 (Pranksters)	사이버행동가 (Cyber Activists)	사이버 침입 (Cyber Trespassing)	해커 (Hacker)s
비윤리적 해커 (Crackers)	사이버펑크 (Cyberpunks)	해커 (Hackers)	핵티비스트 (Hactivists)	사이버기만 및 절도 (Cyber Deception and Theft)	괴롭히는 자 (Harassers)
전화통신 시스템해커 (Phreakers)	사이버스파이 (Cyber Spies)	악의적 해커 (Malicious Hackers)	사이버 테러리스트 (Cyber Terrorists)	사이버 포르노그래피 및 음란(Cyber Pornography and Obscenity)	불법복제자 (Pirates)
불법복제자 (Pirates)	사이버 테러리스트 (Cyber Terrorists)	개인적 문제해결사 (Personal Problem Solvers)		사이버 폭력 (Cyber Violence)	학문적 성과 절취자 (Academic Cheats)
		직업범죄자 (Career Criminals			데이터 절취 (Data Snoops)
		극단주의자 (Extreme Advocates)/ 테러리스트 (Terrorists)			
		불평불만자 (Malcontents) /중독자 (Addicts)/ 비이성적 열등한 부류 (Irrational and Incompetent Persons)			

5-5-1. 문화와 윤리에 따른 해커의 유형

가. 화이트 햇 해커(White Hat Hacker)

화이트 햇과 블랙 햇의 어원은 미국 할리우드의 서부영화에서 비롯했다. 서부영화에 나오는 정의에 찬 카우보이가 주로 흰색 카우보이모자를 착용했고, 무법자 집단이 주로 검은색 카우보이모자를 착용했다는 데서 유래한다고 한다(Whilem & Andress, 2010, p. 27). 화이트 햇 해커는 윤리적인 해커(1995년에 최초 IBM사가 사용하기 시작했다) 라고 하며, 초기에는 미국 정부기관 및 군대에서 Tiger Team이라고 불리는 IT 시스템 점검 팀이 있었다. 공통적으로 하이트 햇 해커는 컴퓨터 및 IT 시스템 보안을 위해 컴퓨터 시스템과 프로그램상의 취약점과 에러를 파악한다. IT 프로그램 제작회사의 의뢰로 소프트웨어 테스트, 소프트웨어 기능과 보안 인증 테스트, 역사회공학적(Reverse Social Engineering) 기법 사용, 또는, 컴퓨터 교육훈련의 임무를 수행한다(Furnell, 2002; Holt, 2010). 화이트 해커는 기본적으로 대부분 IT 보안 부문에서 일하고 있다. 미국 연방정부나 민간 IT 시스템 보안기관은 '전직'이나 '전향' 해커를 고용하여, IT 시스템보안 프로그램 개발이나 교육 등에 활용하고 있다.

나. 블랙 햇 해커(Black Hat Hacker)

블랙 햇 해커는 크래커(Cracker)나 악의적인 해커로 불린다(Taylor, Fritsch, & Liederbach, 2015, p. 79). 이들은 개인이나 기관이 보유한 데이터나 정보에 불법접근을 하거나 IT 시스템에 피해를 끼치기 위해서 그들의 기술과 시스템 취약점을 이용한다(Furnell, 2002). 하지만 모든 사이버 범죄자가 블랙 햇 해커를 의미하는 것은 아니다. 블랙 햇 해커는 컴퓨터 기술력이 높고 특히 IT 시스템 침투의 전문가를 의미하는 것이다. 이들은 특정한 직업이 없거나, 직업과 상관없이 컴퓨터 기술을 습득한 경우도 있다.

다. 그레이 햇 해커(Gray Hat Hacker)

그레이 햇 해커는 윤리적인 태도를 견지하지만, 필요에 따라, 허용된 범위에서는 윤리를 위반하기도 한다(Furnell, 2002; Holt, 2010; Jordan & Taylor, 1998). 여기서 허용된 윤리는, 그들의 IT 시스템 침투로부터 사적인 이익을 취하지 않으며, 의도적으로 IT 시스템에 해를 끼치지 않고, 다만, 해킹 행위중 발견한 보안 취약점들을 해당 IT시스템 관리자에게 통보를 해야 한다. '해커'는 나쁜 사람이 아니고, '컴퓨터 범죄자'가 나쁘다는 이미지를 보여주는 사례이다(Taylor, Fritsch, & Liederbach, 2015, p. 78).

〈기업 및 정부기관의 컴퓨터 시스템 소프트웨어 버그 탐지〉

HackerOne은 미국 샌프란시스코와 네덜란드에 본부를 둔 IT 보안 회사로, 전직 해커 등 보안전문가들이 기업들을 상대로 IT 시스템 소프트웨어의 버그를 탐지해 주거나 보안 취약점을 탐지해 주는 서비스를 하고 있다.

미국 국방부는 시범적으로 2016년 4월 한 달간, 'Hacke the Pentagon'이라는 프로그램을 시행하여 IT 보안 전문가들로 하여금 일부 제한적인 범위에서 국방부 IT 시스템 접근을 허용하고, 그 시스템 취약점을 발견하고 수정 코드를 제시하면 상금을 지급한 적이 있다.(상금 규모는 총 15만 달러였고, 등급별로 100~15,000 달러의 상금을 지급하였다)(Bacon, 2017).

라. 핵티비스트(Hacktivists)

'Hacktivism' 단어는 1996년에, 해커 그룹 'The Cult of the Dead Cow(cDc)'의 멤버인 Omega가 같은 그룹 멤버 전체에게 보낸 이메

일에서 최초 사용한 것으로 알려져 있다. 이 그룹은 표현의 자유를 주장하며, 정치적인 목적을 위해서 해킹을 시도한다는 의미의 Hacking과 Activist의 합성어로 알려져 있다.

초기의 핵티비즘의 사례로는, 1996년의 미국 '통신음란법(Communications Decency Act)' 제정에 항의하는 뜻으로, 미국 법무부(Department of Justice) 홈페이지를 'Department of Injustice'로 바꾸고, 홈페이지를 음란성 이미지와 독일 나치의 상징으로 변조한 것을 들 수 있다(O'neal, 1996). 이어서, 1998년, 구 유고슬로비아와 코스보지역의 알바니아 분리주의자 간의 벌어진 Kosovo 사태를 항의하기 위해 양측 간의 해킹 공격(주로 DoS나 주요기관 홈페이지 변조 등)에 참여한 자발적 참여 해킹을 지칭하여 언론 매체에서, 'Hacktivism'이라는 단어를 쓰기 시작했다.

이처럼, '핵티비스트'는 정치적으로 조직화하여, 정치적인 메시지를 특정 정부, 기관, 또는 일반 대중들에게 전달하기 위해 해킹 기법과 행동을 보여준다(Taylor, Fritsch, & Liederbach, 2015, p. 79). 높은 수준의 컴퓨터 기술을 보유한 부류도 있고, 초보적인 기술을 보유한 부류도 있다. 이들은 일반범죄 조직처럼 계급적 구조로 되어 있지 않다. 이들의 등장은 인터넷과 컴퓨터의 보급 확대에 기인한다.

5-5-2. 기술 수준에 따른 해커의 유형

가. 스크립트 키디(Script Kiddie)

이 부류에 속하는 해커는 초급수준의 기술력을 보유하고 있다(Taylor, Fritsch, & Liederbach, 2015, p. 77). 이들은 단지 기본적인 컴퓨터 프로그램 사용에 익숙한 부류 일 수 있다. 이 부류는 해커의 인터넷 커뮤니티에서 해킹 도구나 악성 프로그램을 다운로드하여 사용하지만, 직접 컴퓨터 악성코드를 만들어 실행할 능력은 되지 못한다. 이들은 특정 목표를 선정하여 그 도구나 악성 프로그램을 설명문에 따라 실행해 보기도 한다. 인터넷 커뮤니티에서 그들의 실력을 과장하는 경향을 보여 주기도 한다(Taylor, Fritsch, & Liederbach, 2015, p. 78). 이들의 초기 사이버 공격 능력은 피해자에게 컴퓨터 피해 복구에 불편함을 주지만, 경험축적과 기술습득에 따라 추후엔 심각한 사이버 공격 능력을 갖추게 된다.

나. 전문적 해커

이 부류는 컴퓨터 네트워크 보안시스템이 잘 갖추어진 금융기관이나 정부기관 등의 데이터 서버를 사이버 공격하여 세계나 동료 해커에게 그들의 사이버 공격능력을 증명해 보이려는 부류이다. 이들은 독학이나 교육기관, 또는 직업을 통해 컴퓨터에 대한 전문기술을 습득한 부류이다. 이들이 전문적인 해커가 되는 이유는 금전적인 목적, 정치적인 목적, 개인적인 목적 등 다양하다. 이들은 해커 커뮤니티를 통해 기술을 습득하고 공유하며, 그들의 해킹 실적을 과시하기도 한다. 이들 부류는 여론의 관심을 받을 만한 대기업, 정부기관 등에 대한 해킹 공격을 시도하여 왔다. 이 부류는 단독으로 사이버 공격을 시도하기도 하고, 소수의 동료와 합동으로 선정한 목표에 대해 사이버 공격을 시도한다.

다. 내부자(Insider)

기관이나 단체에 근무하는 구성원은 개인의 컴퓨터 기술에 차이가 있다. 이들은 직장 내의 IT 시스템 내의 데이터베이스에 합법적으로 접속할 수 있는 권한을 갖고 있다. 하지만 보안등급이나 사용 권한별로 지정된 경우는 특정 데이터에 대한 접속이 제한적일 수 있다.

기관의 내부 구성원이 기관의 데이터를 외부로 유출하는 목적은 다양하다. 기관 내에서 불만이 있으면 화풀이로 IT 시스템 자체나 데이터에 손상을 입히기도 한다. 불만을 가진 조직 구성원은 일반적 해커보다는 컴퓨터 기술 수준이 높은 것은 아니다. 외부 해커는 컴퓨터 기술을 사용해서 불법적으로 시스템에 접근하지만, 이들 그룹은 합법적으로 시스템에 접속할 수 있어서 불순 의도를 가지면 더 위험하다(Taylor, Fritsch, & Liederbach, 2015, p. 75).

원인을 보면 감정적인 스트레스, 실망, 좌절, 잘못된 판단, 권위에 대한 분노, 특정한 의도, 복수심 등이 그 원인일 수 있다. 이들 그룹이 속하는 개인의 특성을 보면, 자기 자신에 대한 과장 경향, 타인에 대한 동정심 부족 및 낮은 수준의 윤리적 감각 등의 특성을 보인다. 이들이 더욱 좋은 조건으로 타 직장이나 기관으로 이직할 경우 자신이 관리하던 고객 데이터베이스나 업무자료를 복사하여 유출할 수 있다. 승진이나 보너스 지급대상에서 제외될 경우 직장에 대한 원망으로 데이터를 유출하거나 손상할 가능성도 있다. 외부 조직범죄나 경쟁사로부터 금전적 제의를 받고 일부 데이터를 유출할 수도 있다. 또는 친구나 이웃 등의 부탁을 거절하지 못하여 특정 데이터만 일회성으로 유출할 수도 있다. 데이터 관리업무에 열의가 없어 실수로 데이터를 유출하는 경우도 발생한다.

라. 조직화한 해커 그룹

IT 기술발전 속도가 빠르고, IT 보안 시스템 역시 고도화됨에 따라서 분야별 해킹 전문가의 협업이 필요하게 되었다. 조직화한 해커 그룹의 사례로 The Anonymous 해커 그룹을 소개하기로 한다.

그림 5-1: Anonymous 해커 그룹 상징 로고

Anonymous 해커 그룹은 핵티비즘 스타일과 유사한 느슨한 형태의 국제적 해커 네트워크이다. 이 네트워크의 리더는 존재하지 않고, 국제적 또는 사회적으로 관심을 끌만한 사건이 있을 때, 조직적으로 행동한다. 이들이 주로 사용하는 사이버공격 형태는 분산서비스거부(DDoS) 공격이다. Anonymous 그룹은 2003년도에 4chan(http://www.4chan.org/) 이라는 이미지 중심의 인터넷 게시판의 /b/ 보드에서 조직화되기 시작했다. 구성원들은 'Anons'라고 불리며, 영국의 그래픽 소설 'V for Vendetta'에 나오는 'Guy Gawkes' 마스크를 상징으로 사용한다(Waites, 2011).

이들은 2008년에 'Scientology 교회' 웹사이트를 DDoS 공격하였고, 미국 정부 기밀문서를 공개한 WikiLeaks 웹사이트를 지지하여, 이 사이트에 대한 기부 등 송금 서비스를 중단한 PayPal에 DDoS 공격을 감행하였다(BBC, 2010). 또한, 2011년 1월 '아랍의 봄' 시위를 지원하는 의미로 튀니지 정부에 대한 DDoS 공격을 시행하였다. 2011년 9월, Occupy Wall Street 시위에도 참여하였다(Kelly, 2012). 같은 해 10월 아동 포르노그래피에 항의하는 뜻에서 아동 포르노그

래피 사이트인 'Lolita City'에 대한 해킹 등 사회 쟁점이 될 만한 사건에 항의나 지원을 하는 활동을 하고 있다(Hernandez, 2012). 한편 이들의 해킹이나 DDoS 공격 등의 불법 행위로 그룹 구성원들이 미국, 영국, 네덜란드, 호주, 및 터키 등에서 체포되기도 하였다(Olson, 2012).

마. 국가지원 해킹 그룹

이 부류에 속하는 해킹 그룹은 특정 국가 또는 국가에 준하는 단체의 지원을 체계적으로 받는다. 특정 국가나 유명 기업체의 IT 시스템을 목표로 하여, 고도의 사이버 공격기술을 사용하여, 피해를 주거나 국방, 경제 등 고급 기밀정보를 빼내는 스파이 활동을 하는 그룹을 의미한다. 이들이 수행하는 해킹 공격기술과 개발한 프로그램은 정교하여, 언제, 어떤 방법으로 어디서 공격이 시작되었는지 파악하기 어렵다.

이 그룹에 속한 해커는, 해당 국가로부터 신분 보장(사이버전 부대 요원 또는 관련 부서의 계약직 직원)을 받고, 체계적인 컴퓨터 교육, 예산과 장비 등 충분한 지원으로 고도의 사이버 공격기술을 개발하고 사용한다. 이들의 사이버 공격행위에 대해 피해국은 해커 추적과 형사 기소가 어렵다. 이들 그룹이 실지 존재하는지 자체에 대한 조사도 어렵다.

이들 그룹의 사례는 주요국 국방부나 정보부서가 운용하는 사이버 부대나 외부 IT 계약회사, 국제 테러단체, 중국이나 러시아 등에서 볼 수 있는 자발적이고 애국적인 자국 내 해커 그룹들과 이란의 Natanz 발전소 제어시설에 피해를 준 Stuxnet 웜을 제조한 베일에 싸인 비공개 그룹 등이 있다.

참 고 문 헌

Bachmann, M. (2010). The risk propensity and rationality of computer hackers. *International Journal of Cyber Criminology*, *4*(1&2), 643-656.

Bacon, J. (2017, October 17). A security CEO and two hackers on building a safer internet, powered by a community of hackers. *Forbes.com*. Retrieved from https://www.forbes. com/sites/jonobacon/2017/10/17/

BBC News. (2010, December 9). Anonymous hacktivists say Wikileaks war to continue. Retrieved from http://www.bbc.com/news/technology-11935539.

Bossler, A.M., & Burruss, G.W. (2012). Cybercrime: concepts, methodologies, tools and applications. *Information Resources Management Association*. Hershey, PA: IGI Global. doi:10.4018/978-1-61350-323-2.

Brenner, S. W. (2008). *Cyberthreats: The emerging fault lines of the national state*. Oxford, U.K.: Oxford University Press.

Burkeman, O. (2002. December 13). Why did I do it? For fun. *The Guardian*. Retrieved from https://www.theguardian.com/technology/2002/dec/13/g2.usnews.

Chandler, A. (1996). The changing definition and image of hackers in popular discourse. *International Journal of the Sociology of Law*, *24*(2), 229-251.

Chu, B., Holt, T. J., & Ahn, G. J. (2010). *Examining the creation, distribution, and function of malware on-line*. Washington, DC: National Institute of Justice. Retrieved from https: //www.ncjrs.gov/pdffiles1/nij/grants/230111.pdf.

Cohen, F. (1987). Computer viruses theory and experiments. *Computers and Security*, *6*, 22-35. Retrieved form https://web.eecs.umich.edu/~aprakash/eecs588/handouts/cohen-viruses. html

Domonoske, C. (2016, August 17). Shadow brokers claim to have hacked the NSA's hackers. *NPR.org*. Retrieved from http://www.npr.org/sections/thetwo-way/2016/08/17/490329015/shadow-brokers-claim-to-have-hacked-the-nsas-hackers.

Duff, L & Gardiner, S. (1996). Computer crime in the global village: Strategies for control and regulation–In defense of the hacker. *International Journal of the Sociology of Law, 24*(2), 211–228.

Elmer–DeWitt, P. (1983, August 29). The 414 gang strikes again. *Time*. Retrieved from http://content.time.com/time/magazine/article/0,9171,949797,00.html

Franceschi–Bicchierai, L. (2016, May 30). Hackers stole 65 million passwords from Tumblr, new analysis reveals. *Motherboard*. Retrieved from https://motherboard.vice.com/en_us/article/hackers–stole–68–million–passwords–from–tumblr–new–analysis–reveals.

Furnell, S. (2002). *Cybercrime: Vandalizing the information society*. London, U.K.: Addison–Wesley.

Garside, J. (2012, February 9). Apple supplier Foxconn hacked in factory conditions protest. *The Guardian*. Retrieved from https://www.theguardian.com/technology/2012/feb/09/apple–foxconn–hackers–factory–conditions.

Gilboa, N. (1996). Elites, lamers, narcs and whores: exploring the computer underground. In E. Cherny & E. Weise. (eds.). *Wired women: Gender and new realities in* cyberspace (pp.98–113). Seattle, WA: Seal Press.

Gordon, S., & Ma, Q. (2003). *Convergence of virus writers and hackers: Fact or fantasy*. Cupertine, CA: Symantec Security.

Harmon, A. (1995, August 19). Hacking theft of $10 million from Citibank. *Los Angeles Times*. Retrieved from http://articles.latimes.com/1995–08–19/business/fi–36656_ citibank–system.

Hernandez, V. (2012, October 5). 93–year–old Australian faces pedophilia charges in Thailand. *International Business Times*. Retrieved from http://www.ibtimes.com.au/93–year–old–australian–faces–pedophilia–charges–thailand–1301210.

Hersher, R. (2015, February 7). Meet Mafiaboy, the 'Bratty Kid' who took down the internet. *NPR.org*. Retrieved from http://www.npr.org/sections/alltechconsidered/2015/02/07/ 3845 67322/ meet–mafiaboy–the–bratty–kid–who–took–down–the–internet.

Holt, T. J. (2007). Subcultural evolution? Examining the influence of on– and off–line expe riences on deviant subcultures. *Deviant Behavior*,

28, 171-198.

Holt, T. J. (2009a). Lone hacks or group cracks: Examining the social organization of computer hackers. In F. Schmalleger & M. Pittaro (Eds.), *Crimes of the Internet* (p. 336-355). Upper Saddle River, NJ: Pearson Prentice Hall.

Holt, T. J. & Kilger, M. (2008). Techcrafters and makecrafters: A comparison of two populations of hackers. *Proceedings of the Information Security Threats Data Collection and Sharing: WOMBAT Workshop* (WISTDCS 2008), Amsterdam, Netherlands.

Isikoff, M. (1987, September 18). Youth accesses ATT's computers. *The Washington Post*. Retrieved from https://www.washingtonpost.com/archive/business/1987/09/18/youth-accesses-atts-computers/d2d480e4-a0e2-453c-aec2-80e25c5c6bc8/?utm-term=.73a 061054db5.

Jordan, T. & Taylor, P. (1998). A sociology of hackers. *The Sociological Review, 46*(4), 757-780. doi:10.1111/1467-954X.00139

Kelly, B. (2012). Investing in a centralized cybersecurity infrastructure: Why 'Hacktivism' can and should influence cybersecurity reform. *Boston University Law Review, 92*(5), 1663-1710.

Kilger, M. (2010). Social dynamics and the future of technology-driven crime. In T. J. Holt & B. Schell (eds.). *Corporate Hacking and Technology-Driven Crime: Social Dynamics and Implications* (pp. 205-227). Hershey, PA: IGI-Global.

Krebs, B. (2015, July 15). Online cheating site AshleyMadison hacked. *krebsonsecurity.com*. Retrieved from http://krebsonsecurity.com/2015/07/online-cheating-site-ashleymadi son-hacked/.

Kumar, M. (2011, May 14). Is Department of Defense (DoD), Pentagon, NASA, NSA secure? *The Hacker News*. Retrieved from http://thehackernews.com/2011/05/excl usive-report-is-department-of.html.

Levy, S. (1984). *Hackers: Heroes of the computer revolution*. Harmondsworth, U.K.: Penguin.

Levy, S. (2001). *Hackers: heroes of the computer revolution*. Garden City, NY: Anchor Press/ Doubleday.

Littman, J. (1993, September 12). The last hacker: He called himself dark Dante. His compulsion led him to secret files and, eventually, the bar of justice. *Los Angeles Times*. Retrieved from https://articles.latimes.com/1993-09-12/magazine/tm-34163_1_kevin-poulsen.

Loper, D.K. (2000). *The criminology of computer hackers.: A qualitative and quantitative ana lysis* (Unpublished doctoral dissertation). East Lansing, MI: Michigan State University.

Markoff, J. (2009, August 26). Defying experts, rogue computer code still lurks. *The New York Times*. Retrieved from http://www.nytimes.com/2009/08/27/technology /27 compute.html.

McMillan, R. (2014, March 3). The inside story of Mt. Gox, Bitcoin's $460 million disaster. *Wired.com*. Retrieved from https://www.wired.com/2014/03/bitcoin-exchange/.

Messmer, E. (1999, July 21). Bad rap for back Orifice 2000? *Defcon.org*. Retrieved from https://defcon.org/html/links/dc_press/archives/7/cnn_badrap.htm.

Meyer, G. R. (1989). Hackers, phreakers, and pirates: The semantics of the computer Age. In P. Kane, *Virus Protection: Vital Information Resources under Siege* (pp. 74-82). New York, NY: Bantam.

Moore, D., Paxson, V., Savage, S., Shannon, C., Staniford, S., & Weaver, N. (2003). The spread of the Sapphire/Slammer worm. *Center for Applied Internet Data Analysis*. Retrieved from https://www.caida.org/publications/papers/2003/sapphire/ sapphire. html.

Morris, R. G. & Blackburn, A. G. (2009). Cracking the code: An empirical exploration of social learning theory and computer crime. *Journal of Crime and Justice*, *32*, 1-34.

Munro, J. (2004, February 3). MyDoom: A fastest spreading virus in history. *PCmag.com*. Retrieved from http://www.pcmag.com/article2/0,2817,1485719,00.asp.

Oiaga, M. (2006, July 7). Kamasutra, The sexiest worm of 2006. *Softmedia News*. Retrieved from http://news.softpedia.com/news/Kamasutra-The-Sexiest-Worm-of-2006-8954. shtml.

Olson, P. (2012). *We are Anonymous: Inside the hacker world of LulzSec, Anonymous, and the Global Cyber Insurgency*. New York, NY: Hachette Book Group.

O'neal, J. (1996, August 18). Hacker vandalizes web site of U.S. Justice

Department. *The New York Times*. Retrieved from http://besser.tsoa.nyu.edu/impact/f96/Projects/smistry/nytdoj.html

Piller, C. & Miller, G. (2000, May 5). Fast-moving virus hits computers worldwide. *Los Angeles Times*. http://articles.latimes.com/2000/may/05/news/mn-26739.

Ramirez, J. (2010, March 8). The history of computer hacking. *Newsweek*. Retrieved from http://www.newsweek.com/history-computer-hacking-69449.

Roberts, P. (2003, May 12). Fizzer worm spreading, could allow attackers access. *Compu terworld.com*. Retrieved from http://www.computerworld.com/article/2570312/malware-vulnerabilities/fizzer-worm-spreading--could-allow-attackers-access.html.

Roberts, P. (2005, April 12). Venezuelan arrested for '01 Air Force hacks. *IDG News Service*. Retrieved from http://www.computerworld.com/article/2555935/cybercrime-hacking/venezuelan-arrested-for--01-air-force-hacks.html.

Sanger, D. & Perlroth, N. (2014, December 17). U.S. said to find North Korea ordered cyberattack on Sony. *The New York Times*. Retrieved from https://www.nytimes.com/2014/12/18/world/asia/us-links-north-korea-to-sony-hacking.html?&r=1.

Santoso, A. (2006, August, 28). *A short history of hacking*. Retrieved from http://www.neatorama.com/2006/08/28/a-short-history-of-hacking/.

Schell, B.H., Dodge, J. L., & Moutsatsos, S. S. (2002). *The hacking of America: Who's doing it, why and how*. Westport, CT: Quorum Books.

Shachtman, N. (2010, August 25). Insiders doubt 2008 Pentagon hack was foreign spy attack. *Wired.com*. Retrieved from https://www.wired.com/2010/08/insiders-doubt-2008-pentagon-hack-was-foreign-spy-attack/.

Skinner, W. F & Fream, A. M. (1997). A social learning theory analysis of computer crime among college students. *Journal of Research in Crime and Delinquency*, *34*(4), 495-518.

Sterling, B. (1992). *The hacker crack-down: Law and disorder on the electronic frontier*. New York: Bantam Books.

Storm, D. (2011, January 4). Interview with iconic hacker Captain Crunch.

Computerworld. Retrieved from http://www.computerworld.com/article/2470109/endpoint-security/interview-with-iconic-hacker-captain-crunch.html.

Taylor, P. (1999). *Hackers: Crime in the digital sublime*. London, U.K.: Routledge.

Taylor, R. E., Fritsch, E. J., & Liederbach, J. C. (2015). *Digital crime and digital terrorism*. Upper Saddle River, NJ: Pearson, Inc.

The Mentor. (1986). The conscience of a hacker. *Phrack, Inc. 1*(7). Retrieved from http://phrack. org/issues/7/3.html.

Thomas, D. (2002). *Hacker culture*. Minneapolis, MN: University of Minnesota Press.

US CERT. (2001). *'Code Red' worm exploiting buffer overflow in IIS indexing service DLL*. Retrieved from http://www.cert.org/historical/advisories/CA-2001-19.cfm.

US DOJ. (2005, November 3). *Computer virus broker arrested for selling armies of infected computers to hackers and spammers*. Retrieved from https://www.justice.gov/archive/criminal/cybercrime/press-releases/2005/anchetaArrest.htm.

Waites, R. (2011, October 20). V for Vendetta masks: Who's behind them? *BBC News*. Retrieved from http://www.bbc.com/news/magazine-15359735.

Watson, N. (2006, June 21). 'UFO hacker' tells what he found. *Wired.com*. Retrieved from https://www.wired.com/2006/06/ufo-hacker-tells-what-he-found/.

Weisenthal, J. (2011, June 25). Notorious hacker group LulzSec just announced that it's finished. *Business Insider*. Retrieved from http://www.businessinsider.com/lulzsec-finished-2011-6.

Wilhelm, T. & Andress, J. (2010). *Ninja hacking: Unconventional penetration testing tactics and techniques*. Elsevier.

Zetter, K. (2014, November 3). Unprecedented look at Stuxnet, the world's first digital weapon. *Wired.com*. Retrieved from https://www.wired.com/2014/11/countdown-to-zero-day-stu xnet/.

제6장

사이버범죄 이론

제6장

사이버범죄 이론

이번 장에서는 전통적 범죄를 해석하는 범죄이론으로 어떻게 사이버범죄를 해석할 것 인가를 소개하고자 한다. 일반적 범죄의 원인을 설명하는 모든 범죄이론이 사이버범죄를 해석할 수 있는 것은 아니다. 사이버범죄 자체가 우리 사회에 발생하기 시작한 지 얼마 되지 않았기 때문에, 최근에야 기존의 전통적 범죄이론으로 사이버범죄를 해석하는 시도를 하고 있다.

사이버범죄가 전통적 범죄와 전혀 다른 형태의 범죄인 가, 또는 전통적 범죄의 한 부류인 지에 대한 구분이 명확하지 않기 때문에, 전통적 범죄이론을 적용할 수 있는지, 또는, 사이버범죄에 국한되는 새로운 범죄론이 필요한지에 대한 논쟁도 있었다. Grabosky (2001)는, 사이버범죄는 "새로운 병 (New Bottle)에 오래된 포도주 (Old Wine)를 담는 것과 같다"라고 주장한다. 이 주장으로는 전통적인 범죄이론들은 사이버범죄를 설명하는 데 크게 어려움이 없다는 것으로, 전통적인 범죄와 온라인상의 사이버 범죄는 기본적으로 같다는 추론에 기반을 두었다.

하지만 범죄의 익명성이나 범죄자와 피해자의 비접촉성 등 사이버범죄 자체가 지금까지 와는 다른 새로운 형태를 보여주는 경우가 있다. 영국의 범죄학자인 Wall (1999, 2002)은 사이버범죄는 "새로운 포도주이지만, 병 속에 담긴 것은 아니다 (New wine, but no bottles)"라는 의견을 제시하였다. 아울러, Yar (2005)는 온라인상 행위와 Off-line 상의 범죄행위는 차이가 있으므로 새로운 이론이 필요하다고 주장했다.

기존의 사이버범죄 연구는 사이버범죄에 대한 범죄기법과 피해여부에 대한 연구가 사이버범죄자를 대상으로 한 사이버범죄 원인에 관한 연구보다 많다고 할 수 있다. 이는 사이버범죄는 국경을 넘어 흔히 발생하여, 범죄자를 추적하기 쉽지 않는 등 사이버범죄의 특성으로 인해, 사이버범죄자에 접근하기 어려운 현실이 주요 원인이라고 할 수 있다.

본 장은 이런 제한적 조건을 고려하여, 기존의 일반적 범죄이론으로 사이버범죄를 해석한 일부의 범죄이론만 소개하기로 한다. 이런 기준에 의해, Cornish와 Clarke에 의한 '합리적 선택(Rational Choice Theory)이론', Cohen과 Felson의 '일상 활동(Routine Activity)이론', Hindelang, Gottfredson과 Garofalo의 '라이프스타일 노출(Lifestyle Exposure)이론', Agnew의 '일반긴장(General Strain)이론', Sutherland의 '차별적 관계(Differential Association)이론', Akers의 '사회학습(Social Learning)이론', Sykes와 Matza의 '중립화기술(Neutralization)이론', '하위문화(Subculture)이론', Gottfredson과 Hirsch는 '자기통제(Self-Control)이론', 및 Jaishankar의 '공간이전(Space Transition)이론'을 소개하기로 한다.

6-1. 합리적 선택 이론(Rational Choice Theory)

'선택이론(Choice Theory)'은 고전 이론의 대표적인 범죄이론으로, 기본 개념은 범죄자는 범죄를 행하기 전에 그의 범죄로 인해 발생하는 이익과 위험성 요소를 합리적으로 판단하여 범죄를 행할 것인지, 중지할 것인지를 결정한다는 것이 주요 취지이다. 이 이론은 범죄 자체에 중점을 두는 것이지 범죄자 개인의 특성에 중점을 두는 것은 아니다. 범죄를 통제하는 방법은 범죄자가 범죄로 인한 처벌을 두렵게 느끼도록 하여 범죄를 억제할 수 있도록 만드는 것이다.

'합리적 선택 이론(Rational Choice Theory)'은 1986년에 Derek B. Cornish와 Ronald V. Clarke이 최초로 제시했다. 범죄행위의 상황적이고 환경요소 측면에 강조를 두어, 범죄자는 범죄의 목표 선택과 범죄를 행하는 것을 합리적으로 판단하여 범죄행위를 행한다고 하였다. 이런 이론상 전제에 대해, 일부 범죄학자는 범죄자는 대부분 이성적이지 않고, 합리적인 판단이나 행동을 하지 않는다는 의견을 제시하였다. 그러나 사이버범죄의 경우, 일부 해커는 무차별적으로 또는 즉흥적으로 사이버범죄의 목표를 정하지 않는다. 해커는 상당한 시간을 소비하여 공격 목표 시스템의 취약점을 사전에 스캔하고, 그 취약점을 뚫을 수 있는 컴퓨터 악성코드를 제작한다. 그 후에 목표 시스템에 대한 사이버 공격을 감행한다. 또한, 법집행기관의 추적을 피하고자 고도의 기술을 필요로 하는 사이버상 추적 회피 기법을 제작하여 사용한다.

앞서서, Clarke(1983)은, 범죄자에 중점을 두는 정책보다는 범죄를 불러일으키는 주변 상황에 집중해야 범죄를 억제할 수 있다는 개념인 '상황적 범죄예방(Situational Crime Prevention) 이론'을 제시했다. 이 '상황적 범죄예방' 기법은 첫째, 범죄를 시도할 때의 위험 요소(Risk)를 증가시키고, 둘째, 범죄를 행하는 데 필요한 노력을 증가시켜야 하며, 셋째, 범죄로부터 얻는 보상을 감소시키고, 넷째, 범죄를 행하는 원인에 대한 변명(Excuse)의 제거와 범죄 유발 요소의 감소 등이 필요하다고 주장하였다. 사이버 범죄 예방에 적용될 수 있는 IT 보안 및 법적 시스템 등을 이 이론을 적용해 검토할 여지가 있다.

6-2. 일상 활동 이론 (Routine Activity Theory)

'일상 활동 이론'은 1979년에 Marcus Felson과 Lawrence E. Cohen에 의해 제시되었다. 이론이 제시되기 이전의 미국 사회는 편리하게 사용할 수 있는 전자제품 등이 대량 보급되고, 경제 인구의 증가 등 경제생활의 변화가 있던 때이고, 사람들의 가치관이 더욱 물질적으로 변하던 시기였다. 따라서 범죄의 패턴도 변하였다. 이 이론에 따르면, 일반적 범죄를 행할 동기와 범죄자들의 출현은 미국 사회에 꾸준하게 존재하여 왔다고 하며, 이런 조건에서 경제적 가치가 있는 재물을 보호할 감독자의 역할이 중요하게 되었다고 주장한다. 따라서 범죄 발생률의 변화는 범죄목표에 대한 가용성과 범죄 목표를 보호할 감독자의 부재에 따른다고 주장했다. 다시 말하면, '동기 부여된 범죄자 (Motivated offender)', '범죄 목표를 보호할 감독자의 부재 (Absence of guardian)', 그리고 '적절한 범죄목표 (Suitable target)' 등의 세 요소가 범죄를 유발하는 요소라고 주장한다.

그림 6-1: 일상 활동 이론 개념도

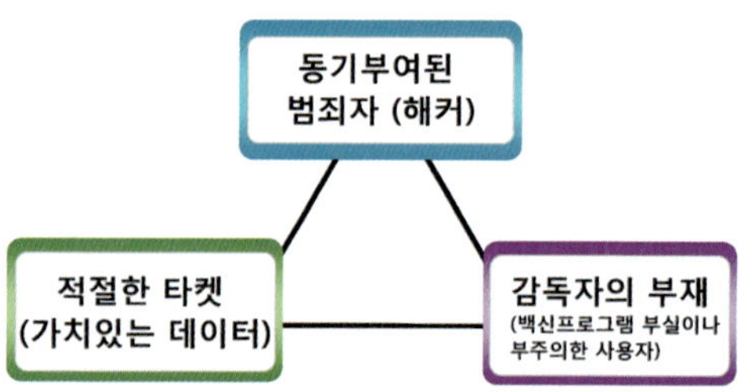

출처: Cohen, L. E., & Felson, M. (1979).

이 이론을 적용하여, 사이버범죄를 설명하는 연구는 다른 범죄 이론에 비해 비교적 다수 발표되었다. 해커를 동기가 부여된 범죄자로 해석할 수 있고, 보호책임이 있는 감독자는 적절한 컴퓨터 바이러스 방지용 프로그램의 설치나 사이버범죄에 대해 주의를 기울이는 컴퓨터 사용자, 그리고 적절한 범죄목표는 IT 시스템의 데이터가 절취할 가치가 있으면서 보안이 취약한 경우 등이라고 할 수 있다. 인터넷과 컴퓨터 사용의 급격한 확대는 범죄목표의 가용성 확대라고 할 수 있다. 하지만, 컴퓨터에 설치된 최신으로 업데이트된 바이러스 백신 프로그램 등이 최신의 컴퓨터 바이러스나 악성코드 등을 모두 탐지하고 삭제할 수 있는 것은 아니므로 이 이론에 대한 논쟁의 여지는 있다.

Alshalan (2006)은 2004년에 미국 법무부에 의해 조사된 '전국범죄피해조사(NCVS)' 데이터를 사용, 이 이론을 적용하여 사이버범죄 피해를 설명했는데, 온라인 컴퓨터 사용시간이 많을수록, 사이버범죄의 피해를 볼 기회가 많다는 사실을 발견했다. 다른 복수의 연구들은 파일 공유 웹사이트나, 무료 컴퓨터 프로그램 다운로드 웹사이트, 음악 및 게임 등 다운로드 웹사이트 등을 빈번히 방문하면, 사이버범죄의 피해에 노출될 위험이 있다고 한다(Choi, 2008; Moitra, 2005; Yar, 2005). 또한, Holt & Bossler (2009)는 Routine Activity 이론이 온라인상 괴롭힘(Online Harassment)을 설명하는 데 적절하다고 했다. 이들은 온라인 채팅 사용시간이 많을수록, 온라인 괴롭힘을 당할 기회가 더 많을 수 있다는 것을 발견했다. 또한, 디지털 복제를 자주 하거나 포르노그래피를 자주 보는 사람들은 컴퓨터 악성코드에 감염될 위험성이 더 높다는 것을 발견하였다.

6-3. 라이프스타일 노출 이론 (Lifestyle Exposure Theory)

다수의 사이버범죄 학자는 '일상 활동 이론'과 '라이프스타일 노출 이론'을 이용해 사이버범죄를 해석해 왔다(Grabosky, 2001; Grabosky & Smith, 2001; Pease, 2001; Yar, 2005). '라이프스타일 노출 이론'은 1978년에 Michael J. Hindelang, Michael R. Gottfredson & James Garofalo에 의해 미국 내 8개 도시에서 행한 연구를 통해 제시되었는데, 개인의 라이프스타일에 따라서 범죄피해의 위험 노출에 영향을 미칠 수 있다는 것이다. 다시 말하면, 개인별 일상행동, 일, 학교, 집안일 및 레저 활동 등의 생활방식이 범죄피해에 영향을 미친다는 것이다.

이 이론에 근거하여, 사이버범죄 피해의 위험성은 개인별로 차이가 있다고 주장한다. 즉, 개인은 그들의 생활방식이 비슷한 부류의 동료와 더 어울린다고 할 수 있으므로, 개인의 범죄피해 위험은 그들이 어울리는 동료의 범죄 피해와 직접으로 비례한다고 할 수 있다. 나아가, 범죄자는 범죄 경력이 없는 일반 시민에 비해 더 범죄 피해자가 될 수 있다고 주장한다. 해커는 해킹행위를 하는 동료 해커와 정보 교류 등을 통해 실지로 해킹행위를 실행할 수 있다. 보호되는 소프트웨어를 불법으로 다운로드하는 젊은 층은 동료와의 교류를 통해 이와 유사한 사이버 불법행위에 가담할 가능성이 있다.

6-4. 일반긴장 이론 (General Strain Theory)

'긴장(Strain) 이론' 학자들은 범죄는 사회 내에서 '경제적 기회(Opportunity)'의 부족에서 기인한다고 가정했다. Robert Merton이 대표적인 학자였다. 1938년, Merton에 따르면 미국 사회의 문화적 목표는 경제적 성공이라고 주장했다. 즉, 미국 사회는 시민들에게 경제적 성공, 다시 말하면, 물질적인 부를 위한 욕망을 주입시켰는데, 그러한 성공을 성취하기 위해 개인에게 동등한 기회가 부여된 것은 아니었다고 주장했다. 이런 목표를 달성하기 위한 제도적인 수단은 교육, 직업 등으로, 사회경제적으로 하위계층에 속하는 시민들은 교육이나 안정적인 직업 등을 중상위 계층 보다 갖지 못한다. 따라서 하위계층에 속하는 시민들은 그들의 삶이 왜곡되고 좌절감을 느껴서, 범죄를 행할 확률이 더 높다는 것이 이들 학자의 주장이다. 이런 좌절감을 해소하기 위해서는 시민들은 필요적 욕구를 만족하게 할 차선의 방법을 발견해야 한다고 주장했다.

1992년, Robert Agnew의 '일반긴장 이론(General Strain Theory)'은 이런 전제를 바탕으로, 왜 개인이 그들의 삶에서 화, 억압, 긴장과 스트레스 등 부정적인 감정을 가져오는 좌절이 범죄를 행할 가능성이 큰 지를 설명한다. Agnew는 미국 사회의 궁극적인 목표는 경제적인 성공에만 초점을 맞춘 것은 아니었다는 관점을 갖고 있었다. 따라서 사회경제적으로 하위층에 초점을 맞춘 것이 아니라 중상위 계층까지 폭을 넓혀 범죄를 설명했다. 즉, 범죄는 부정적인 영향을 주는 상황에서 기인한다고 하며, 그 요소에는 모든 계층에 속하는 시민들이 경험하는 화, 좌절, 실망, 우울, 두려움 등을 의미한다고 한다.

이 이론에 따르면, 사이버범죄는 사회경제적으로 모든 계층에서 발생한다고 한다. 일반긴장 이론으로 사이버범죄를 설명한 분야는 사이버 괴롭힘(Cyber Bullying)과 스토킹(Stalking) 등이다. 이런 전제를 기반으로 Hinduja & Patchin(2009) 등은 사이버 괴롭힘 피해는 일탈 행위를 가져오는 긴장으로 간주할 수 있다고 주장했다. Wright와 Li (2013) 등은 동료 집단으로부터의 외면이나 사이버상 괴롭힘 피해는 향후 온라인상 공격성을 가져올 수 있다는 것을 발견했다. 중학생과 고등학생들을 상대로 한 조사에서, 전통적인 괴롭힘과 사이버 괴롭힘의 피해는 나중에 자해나 자살을 생각하게 되는 일탈을 가져올 수 있다는 결과도 제시되었다(Hay, Meldrum & Mann, 2010).

6-5. 차별적 관계 이론 (Differential Association Theory)

'차별적 관계 이론'은 1947년, 미국의 사회학자였던 Edwin Sutherland가 주장했는데, 범죄행위는 친밀한 동료 관계를 맺고 있는 그룹과의 상호교류와 소통을 통해서 습득하게 되는 학습화의 기능에서 기인한 것이지, 경제적인 성공을 성취하지 못한 이유에서 비롯된 것은 아니라고 한다. Sutherland는 이 이론을 설명하는 다음과 같은 몇 가지 전제를 제시하였다.

1) 범죄행위는 학습화로 이루어진다. 2) 범죄행위는 의사소통 과정으로 통하는 타인과의 상호관계에서 학습화된다. 3) 범죄행위의 학습 중요 부분은 친밀한 인간관계를 맺은 그룹에서 발생한다. 4) 범죄행위가 학습화되었을 때, 그 학습은 (i) 범죄를 행하는 기술, 때로는 복잡하고, 가끔은 매우 단순함과 (ii) 동기, 추진, 합리화 및 태도의 특정적인 방향을 포함한다. 5) 동기와 추진의 특정한 방향은 우호적이거나 비우호적인 법규의

개념으로부터 학습화된다. 6) 개인이 범죄자가 되는 것은 법규위반에 대한 비우호적인 개념보다는 법규위반의 우호적인 개념이 과다함에서 비롯한다(이것이 차별적 관계의 원리이다). 즉, 개인이 타인과의 관계에서 법규위반에 대해 우호적인 개념을 습득했을 때, 범죄를 저지르기 쉽다. 7) 차별적 관계는 횟수, 기간, 우선성과 강도에 따라 다르다. 차별적 관계는 사회적인 상호작용의 질과 양에 따라 다양하다. 8) 범죄와 비범죄의 패턴과의 관계 때문에 범죄행위의 습득 과정은 다른 습득에 포함된 구조의 모든 요소를 포함한다(범죄행위 습득은 다른 행위의 습득과는 다르다). 9) 범죄행위는 일반적인 필요와 가치의 표현이지만, 비범죄적 행위 역시 이와 동일한 필요와 가치의 표현이기 때문에, 범죄 행위는 그러한 필요와 가치에 의해 설명되지 못한다(Sutherland, 1947).

이런 전제를 바탕으로, 이 이론을 사이버범죄 행위에 적용하면, 저작권으로 보호되는 상품에 대한 다운로드 등 불법복제 행위를 예측할 수 있는 요소는 이미 불법복제 행위를 한 경험이 있는 동료와의 친교 관계에서 상관관계가 발견된다는 복수의 연구가 있다(Higgins & Marcum, 2011; Hinduja & Ingram, 2008; Holt, Bossler, & May, 2012). Morris & Blackburn(2009)은 일탈 행위를 하는 비슷한 나이의 동료 그룹과 교류하는 대학생은 해킹행위, 악성코드 제작유포 등 사이버범죄에 영향을 받는다고 주장한다. 따라서 일탈 그룹과의 관계를 유지하는 행위는 사이버범죄 행위를 직접 유발할 수 있는 요소가 될 수 있다고 할 수 있다. 하지만, 온라인상의 동료 그룹이나 실지 세계의 동료 그룹 중 어느 그룹이 위법행위에 더 큰 영향을 미치는지에 대해서는 아직 충분한 입증은 되지 않았다고 한다(Higgins, 2007; Holt, Burruss, & Bossler, 2010).

6-6. 사회적 학습 이론(Social Learning Theory)

1998년 Ron Akers는 Sutherland의 '차별적 관계 이론'을 확장하여, 범죄행위가 습득되는 과정을 설명하는 '사회적 학습 이론(Social Learning Theory)'을 주장하였다. 이 이론에 따르면, 범죄행위는 보상이나 강화를 통해 계속될 수 있지만, 그 행위에 대한 처벌이 따르는 일탈 행위는 자제될 수 있다고 주장했다.

'사회적 학습 이론'을 기반으로 사이버 범죄를 설명하자면, 하룻밤 사이에 컴퓨터 바이러스를 제작하는 방법을 배울 수 없다는 것을 전제로 한다. 컴퓨터 바이러스 제작에는 특별한 학습 과정과 지식공유가 필요하다. 특정한 컴퓨터 프로그램을 제작하는 일은 긴 시간이 필요하고, 제작하는 프로그램의 수많은 오류시정 등 지루한 노동력이 필요하다는 것을 해커는 잘 안다. 따라서 이런 불필요한 시간과 노력을 최소화하기 위해, 이들은 동료들의 경험과 충고가 필요하다. 이들의 학습 장소는 온라인 채팅방, 인터넷 포럼 및 원격학습 프로그램 등을 의미한다. 해커의 커뮤니티에서 성공적이고 더욱 혁신적인 해킹기술이 격려와 칭송을 받는 것은 사회학습이론으로 설명될 수 있다(Bossler & Burruss, 2011; Skinner & Fream, 1997).

6-7. 중립화 이론(Neutralization/Drift Theory)

Gresham Sykes와 David Matza는 1957년에 범죄행위에 대한

'중립화 이론'을 제시하였다. 이들은 범죄자는 범죄행위에 대한 변명이나 합리화를 하는 경향이 있다고 하며, '책임의 부정', '피해의 부정', '피해자의 부정', '비난자에 대한 비난' 및 '높은 충성도에 대한 호소' 등 5개의 중립화의 요소를 설정하여 범죄행위를 설명했다. 이 이론을 적용한 사이버범죄 연구에서 불법복제를 한 사이버 범죄자는 책임, 피해 및 피해자에 대한 부정에 중점을 두고 중립화에 대한 믿음을 보다 크게 수용했다는 것을 발견하였다. 사례를 들면, 컴퓨터 바이러스 제작 및 유포하는 해커도 그들의 행위는 중립화 이론에 의해 변명과 정당화를 주장하게 된다고 한다. 컴퓨터 바이러스를 제작한 해커는 컴퓨터 시스템의 보안상 결점 때문에 바이러스에 감염되는 것이지, 바이러스 제작자의 잘못은 아니라고 주장한다(피해자에 대한 비난). 앞의 '차별적 관계 이론' 부분에서 소개한 연구처럼 불법복제 그룹은 지식재산권 위반행위에 대한 책임감을 누그러뜨리는 합리화를 보여주며, 이들은 단지 몇 개의 노래를 다운로드하는 것은 노래 소유권자에게 커다란 해를 끼치는 것은 아니라고 주장한다(Higgins & Marcum, 2011; Hinduja & Ingram, 2008; Holt, Bossler, & May, 2012).

6-8. 하위문화 이론(Subcultural Theory)

하위문화(Subculture)란 기성의 주류 문화와 차별화되는 특정 문화의 구성원만이 공유하는 어떤 가치, 규범, 전통, 및 의식 등을 의미한다(Kornblum, 1997). '하위문화 이론'은 특정 하위문화에 속하는 구성원은 다른 구성원의 행위에 영향을 미친다는 것을 전제로 한다. 범죄자가 특정 하위문화에 속하게 될 경우, 하위 문화적 지식이 전달로 인해 다른 구성원이 범죄행위에 연루될 가능성을 증가시켜 준다. 따라서 '하위문화 이론'은 어느 특정범죄의 하위문화에 속하는 구성원에 의해 노출된 가치와 생각은 다른 구성원에게 어떻게 영향을 미치는지를 설명해 주고 있다. 하지만, Miller (1958)는 주류문화로부터의 거절에 대한 반응으로도 하위문화가 형성될 수 있다고 주장한다. 이는 하위문화는 주류 문화와는 다른 규범과 가치 때문에 범죄가 발생한다고 주장하였다. 그 요소로 '터프함', '스마트함', 그리고 '흥분'을 꼽았다. Akers (1998)는 하위문화의 틀은 '사회적 학습 이론'과 공통되는 요소들이 있는 데, 이는 하위문화에 속한다는 것은 그 구성원들에게 범죄를 포함한 그들만의 특별한 형태의 행동 등을 용인하는 믿음, 목표, 가치 등을 주기 때문이라고 한다.

사이버범죄 관련해서는, 인터넷과 컴퓨터기술은 일탈적인 하위문화를 형성하는 데 특정한 영향을 미치기도 한다고 일부 학자는 주장한다 (DiMarco & DiMarco, 2003; Quinn & Forsyth, 2005). 이들은 이메일이나 특정한 인터넷 포럼 등을 통해서 하위 문화적인 지식 등을 교류하기도 한다고 한다 (Holt & Copes, 2010). 또 다른 사례는 사이버 범죄조직 또는 해커 그룹은 전통적 의미의 폭력범죄 그룹과는 조직구성이나, 조직원들의 역할이나 기술력, 지역적 활동을 벗어나는 특성 등에서 또 다른 하위문화를 보여 주기도 한다.

6-9. 자기 통제 이론 (Self-Control Theory)

Michael Gottfredson과 Travis Hirsch는, 1990년의 저서 '일반범죄이론(General Theory of Crime)'을 통해서, 첫째, 개인은 자기통제의 수준에 따라서 범죄를 행할지 여부를 결정하며, 둘째, 자기통제가 낮으면 범죄를 저지를 가능성이 있고, 셋째, 자기통제가 낮으면, 충동적이거나, 무감각 또는 즉흥적인 만족감에 중점을 두게 된다고 주장하였다. 이들은 부모의 부적절한 자녀교육으로부터 비행이 발생하여, 자기통제에 대한 능력은 8세 이전에 결정된다고 하며, 그 후부터는 평생을 거쳐 그 자기통제 능력은 거의 굳어진다고 한다. 따라서 부모의 자녀에 대한 적절한 모니터링이 매우 중요하다고 주장한다. 또한, 자기통제 능력이 낮더라도 범죄에 대한 기회가 없으면, 범죄는 발생하지 않는다고 주장하였다.

'자기통제 이론' 범죄학자들은 사이버범죄 행위는 일반범죄를 행하는 이유와 비슷하다고 주장한다. 최근의 연구에 따르면, 자기통제 능력이 낮으면, 음란 동영상을 볼 가능성이 더 크고, 대학생을 대상으로 한 연구에서는, 낮은 자기통제와 디지털 불법복제 행위와의 상관관계가 있다고 한다. 하지만, 해커는 높은 수준의 자기 통제 능력이 발견된다는 상충적인 연구도 있다. 이는 일부 해커는 어느 정도 수준의 자기 통제력을 보여 주고 있으며, 또한, 기술 습득에 강한 의지를 보여 준다(Holt, 2007; Schell & Dodge, 2002). 고도의 컴퓨터 기술을 습득하려면, 어느 정도 이상의 학교 교육을 이수해야 하거나, 컴퓨터 기술습득을 위해서는 상당한 수준의 인내심과 끈기, 새로운 것을 배우고자 하는 의욕 등 자기통제에 대한 능력이 높이 요구되기 때문이다.

낮은 수준의 자기통제는 온라인상 괴롭힘(Online Harassment), 포르노그래피 다운로드 및 디지털 복제 등의 사이버범죄를 행하는 이유를 설명하는 지표가 될 수 있다(Buzzell, Foss, & Middleton, 2006; Higgins & Marcum, 2011). 청소년을 대상으로 한 연구에서는 낮은 자기통제 수준과 컴퓨터 해킹 간의 상관관계를 보여주기도

하였다(Holt, Bossler, & May, 2012). 충동적이고 즉흥적인 만족을 취하기를 원하는 개인은 온라인으로 포르노그래피를 보거나 다운로드할 가능성이 더 크다고 주장한다(Buzzell, Foss & Middleton, 2006). 또한, 낮은 수준의 자기통제능력을 보이는 개인은 온라인으로 피해자를 괴롭힐 가능성이 더 크다고 한다(Holt, Bossler, & May, 2012).

6-10. 공간 이전 이론(Space Transition Theory)

'공간 이전 이론'은 Jaishankar(2008, 2011)에 의해 제시되었는데, 기본 개념은 인간의 행위는 물질적 공간과 가상공간에 따라서 다르게 행동한다는 주장이다. 그는 사이버범죄를 설명하기 위해서는 On-line상 행위와 Off-line상 행위 간에 서로 이전하는 상호연계성이 있다고 해석한다.

가상공간에서 인간은 사적인 감정을 표현할 수 있고, 또 타인에 대한 분노를 표출할 수도 있다고 한다. 따라서 인간은 공간에 따라서 생각과 행위가 달라질 수 있다고 주장한다. Jaishankar은 사례로 사이버 스토킹과 사이버 명예훼손을 제시했다. 이 두 범죄 행위는 익명으로 그리고 사이버 공간의 확장성 때문에 선호된다고 한다. 사람들은 특정인에게 직접으로 대면적 접촉을 하기 어려워, 익명으로 자신을 숨긴 채, 특정인을 대상으로 사생활을 염탐하는 쾌감을 맛볼 수 있다고 주장한다. 또한, 특정인에 대한 모욕적 언사나 허위사실을 사이버공간을 통해 유포할 수 있다. 하지만, 이 이론은 사기 및 해킹 등 물질적인 목표가 되는 사이버범죄를 해석하는 데는 제한적이라고 할 수 있다.

참 고 문 헌

Agnew, R. (2001). Building on the foundation of general strain theory: Specifying the types of strain most likely to lead to crime and delinquency. Journal of Research in Crime and Delinquency, *38*(4), 319-361.

Akers, R. (1998). *Social learning and social structure: A general theory of crime and deviance*. Boston, MA: Northeastern University Press.

Alshalan, A. (2006). *Cyber-crime fear and victimization: An analysis of a national survey* (Doctoral dissertation). Mississippi State University, MS.

Bossler, A. M., & Burruss, G. W. (2011). The general theory of crime and computer hacking: Low self-control hackers? In T. J. Holt & B. H. Schell (eds.), *Corporate Hacking and Technology-Driven Crime: Social Dynamics and Implications* (pp. 38-67). New York, NY: Information Science Reference.

Buzzell, T., Foss, D., & Middleton, Z. (2006). Explaining use of online pornography: A test of self-control theory and opportunities for deviance. *Journal of Criminal Justice and Popular Culture*, *13*(2), 96-116.

Choi, K. (2008). Computer crime victimization and integrated theory: An empirical assessment. *International Journal of Cyber Criminology*, *2*(1), 308-333

Clarke, R. V. (1983). Situational Crime Prevention: Its Theoretical Basis and Practical Scope. Crime and Justice: An Annual Review of Research, 4, 225-256.

Clarke, R.V. (2008). Situational Crime Prevention. In R. Wortley and L. Mazerolle (Eds.), E*nvironmental Criminology and Crime Analysis* (pp. 178-194). Oregon: Willan Publishing.

Cohen, L. E., & Felson, M. (1979). Social change and crime rate trends: A routine activity approach. *American Sociological Review*, *44*(4), 588-608.

Cornish, D.B. and Clarke, R.V. (1986). *Reasoning criminal: Rational choice perspectives on offending*. New York, NY: Springer-Verlag.

DiMarco, A.D. & DiMarco, H. (2003). Investigating Cybersociety: A Consideration of the Ethical and Practical Issues Surrounding Online Research in Chat Rooms. In Y. Jewkes (ed.), *Dot.cons: Crime, Deviance, and Identity on the Internet* (pp. 164-179). Portland, OR: Willan Publishing.

Furnell, S. (2002). *Cyber crime: Vandalizing the information society*. London: Addison Wesley.

Gottfredson, M. & Hirsch, T. (1990). *General Theory of Crime*. Stanford, CA: Stanford University Press.

Grabosky, P. N. (2001). Virtual criminality: Old wine in new bottles? *Social and Legal Studies, 10*, 243-249.

Grabosky, P., & Smith, R. (2001). Telecommunication fraud in the digital age: The convergence of technologies. In D. Wall (Ed.), *Crime and the Internet* (pp. 23-45). London, U.K.: Routledge.

Hay, C., Meldrum, R., & Mann, K. (2010). Traditional bullying, cyber bullying, and deviance: A general strain theory approach. *Journal of Contemporary Criminal Justice*, 26, 130-147.

Hidelang, M. J., Gottfredson, M. R., & Gaffalo, J. (1978). *Victims of personal crime: An empiric cal foundation for a theory of personal victimization*. Cambridge, MA: Ballinger.

Higgins, G. E. (2007). Digital piracy, self-control theory, and Rational Choice: An examination of the role of value. *International Journal of Cyber Criminology, 1*(1), 33-55.

Higgins, G. E. & Marcum, C. D. (2011). *Digital Piracy: Theoretical Approach*. Durham, NC: Carolina Academic Press.

Hinduja, S. & Ingram, J. R. (2008). Self-control and ethical beliefs on the social learning of intellectual property theft. *Western Criminology Review, 9*(2), 52-72.

Hinduja, S., & Patchin, J. W. (2009). Cyberbullying: cyberbullying and suicide. *Cyberbullying Research Center*. Retrieved from http://cyberbullying.org/cyberbullying_and_suicide_re search_fact_sheet.pdf

Holt, T. J. & Bossler, A. M. (2009). Examining the applicability of lifestyle-routine activities theory for cybercrime victimization. *Deviant Behavior, 30*(1), 1–25.

Holt, T. J., Bossler, A. M., & May, D. C. (2012). Low self-control, deviant peer associations, and juvenile cyberdeviance. *American Journal of Criminal Justice, 37*(19), 378–395.

Holt, T. J., Burruss, G. W., & Bossler, A. M. (2010). Social learning and cyber deviance: Examining the importance of a full social learning model in the virtual world. *Journal of Crime and Justice, 33*(2), 31–61.

Holt, T. J. & Copes, H. (2010). Transferring subcultural knowledge on-line: Practices and beliefs of persistent digital pirates. *Deviant Behavior, 31*(7), 625–654.

Jaishankar, K. (2008). Space transition theory of cyber crimes. In F. Schmalleger & M. Pittaro (eds.), *Crimes of the Internet* (pp. 283–301). Upper Saddle river, NJ: Prentice Hall.

Kornblum, W. (1997). *Sociology in a Changing World*. Wadsworh.

Merton, R. K. (1938). Social Structure and Anomie. *American Sociological Review, 3*(5), 672–682.

Miller, W. B. (1958). Lower class culture as a generating milieu of gang delinquency. *Journal of Social Issue, 14*(3), 5–19.

Moitra, S. D. (2005). Developing policies for cyber crime. *European Journal of Crime, Criminal Law and Criminal Justice, 13*(3), 435–464.

Morris, R. G. & Blackburn, A. G. (2009). Cracking the code: An empirical exploration of social learning theory and computer crime. *Journal of Crime and Justice, 32*(1), 1–34.

Newman, G.R. and Clarke, R.V. (2003). *Superhighway robbery: Preventing e-commerce crime*. Cullompton, U.K.: Willan Press.

Pease, K. (2001). Crime futures and foresight: Challenging criminal behavior in the information age. In D. Wall (Ed.), *Crime and the Internet* (pp. 23–45). London, U.K.: Routledge.

Quinn, J. F. & Forsyth, C. J. (2005). Describing sexual behavior in the era of the internet: A typology for empirical research. *Deviant Behavior, 26*(3), 191–207.

Skinner, W. F. & Fream, A. M. (1997). A social learning theory analysis of computer crime among college students. *Journal of Research in Crime and Delinquency, 34*(4), 495–518.

Sutherland, E. H. (1937). *The Profession Thief.* Chicago, IL: University of Chicago Press.

Sutherland, E. H. (1947). *Principles of Criminology (4thed).* Philadelphia, PA: Lippincott.

Sykes, G. M. & Matza, D. (1957). Techniques of neutralization: A theory of delinquency. *American Sociological Review, 22*(6), 664–670.

Wall, D.S. (1999). Cybercrimes: New wine, no bottles? In D.S.Wall, (ed.) (2003), *Cyberspace Crime* (pp. 3–38). Aldershot, NH: Dartmouth/Ashgate.

Wall, D. S. (2002). Insecurity and the policing of cyberspace. In A. Crawford (Ed.), *Crime and insecurity* (pp. 186–209). Cullompton, U.K.: Willan.

Wright, M. F., & Li, Y. (2013). The association between cyber victimization and subsequent cyber aggression: The moderating effect of peer rejection. *Journal of Youth and Adolescence, 42*(5), 662–674.

Yar, M. (2005). The novelty of 'cybercrime': An assessment of light of routine activity theory. *European Journal of Criminology, 2*(4), 407–427.

제7장

외국의 사이버범죄 대응

7-1. 국제형사경찰기구/인터폴
7-2. 유럽연합경찰기구/유로폴
7-3. 미국의 사이버범죄 대응기관
- 법무부
- 연방수사국 (FBI)
- 재무부 비밀경호국
- 에너지부
- 국토안보부
- 컴퓨터침해사고긴급대응팀
- 이민세관단속국
- 인프라가드
- 국립화이트칼라범죄센터
- 하이테크범죄수사관협회

7-4. 영국
7-5. 독일
7-6. 일본
7-7. 러시아
7-8. 브라질
7-9. 중국
참고문헌

제 7 장

외국의 사이버범죄 대응

이번 장에서는 우리 사회에 경제적, 사회적, 심리적 피해를 일으키는 사이버 범죄에 대해 법집행 관련 국제기구와 주요국 법집행기관에서 어떻게 대처를 하는지 살펴보기로 한다. 국가별로 발생하는 사이버범죄의 패턴은 다르면서도 비슷하다. 원인으로는 정치, 경제, 사회, 문화의 차이, ICT 기반시설의 차이, IT 시스템 보안 수준의 차이, 해커의 모국어, 사이버범죄를 정의하는 법규와 처벌조항의 차이 등 여러 가지 원인이 있다. 또한, 이들 국가 간에는 사이버범죄 건수 및 피해액 집계방식이 서로 다르고, 세계의 법집행기관 간 사이버범죄로 인한 피해 규모를 산정하는 방법에 대해 공통적으로 합의된 방법은 없다. 이번 장에서 다룰 주요국 사이버범죄 현황은 해당국 법집행기관이 사이버범죄 공식통계와 민간 IT 보안업체의 연구보고서 등으로 토대로, 인터폴, 유로폴, 미국, 영국, 독일, 일본, 러시아, 중국, 브라질의 사이버범죄 현황과 대응 기구를 소개하기로 한다.

7-1. 국제형사경찰기구/인터폴(International Criminal Police Organization, ICPO, Interpol)

7-1-1. 인터폴(Interpol) 창설과 비전

'국제형사경찰기구(이하 Interpol)'는 그 이념이 1914년 제1차 국제형사경찰총회에서 제기되어 1923년에 국제형사경찰위원회로 공식

조직되었고, 현재의 Interpol이란 명칭은 1956년부터 쓰기 시작했다. 1971년에 UN에 의해 정부 간 국제기구로 인정받게 되었으며, 본부는 프랑스 Lyon에 있고, 전 세계 192개 회원국의 중앙경찰기관이 가입하고 있다. Interpol은 범죄에 대한 회원국 간의 협력을 도모하기 때문에, 자체적인 수사권은 없으며, 정치, 군사, 종교 및 인종 문제 관련해서는 개입하지 않는다.

그림 7-1: 인터폴 홈페이지(https://www.interpol.int/en)

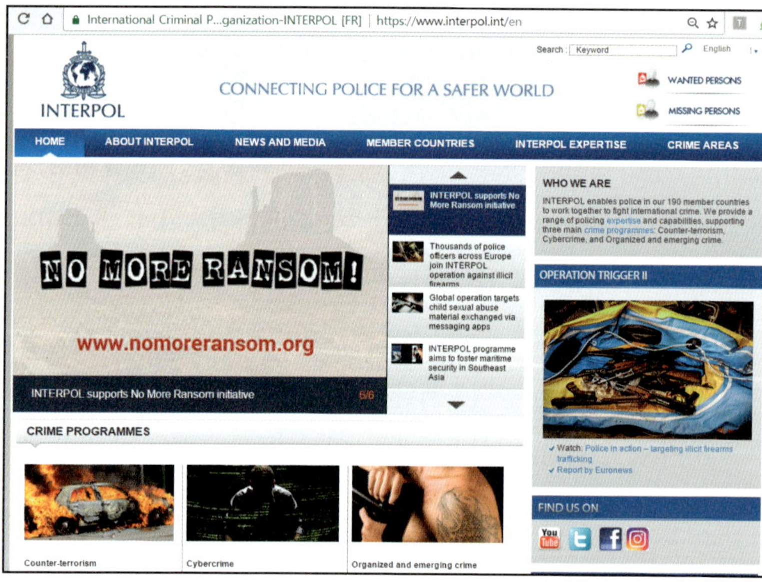

Interpol이 제시한 조직의 비전은 “보다 안전한 세상을 위해 경찰을 연결한다(Connecting police for a safer world)”이며, 임무는 “경찰 및 안전 문제에 관해 강화된 협력과 혁신을 통해 범죄를 예방하고 척결한다(Preventing and fighting crime through enhanced cooperation and innovation on police and security matters)”고

표방한다. Interpol의 전략적 우선순위는 전 세계 경찰을 연결하는 범죄정보시스템 운영, 24/7간 경찰 및 법집행 기관에 대한 지원서비스, 혁신, 경찰력확보와 연구, 범죄와 범죄자식별 지원 등이다. 운영예산은 회원국의 분담금으로 운영된다. 2016년 인터폴 전체 운영예산은 1억 1,300만 유로였다.

7-1-2. 인터폴의 사이버범죄 수사 지원 활동

Interpol은 사이버범죄에 대한 정의에 대해 법집행기관 및 학계에 공통적인 의견이 없다는 것을 인정한다. 제3장에서 이미 소개한 바와 같이, 인터폴은 사이버범죄를 크게 두 가지 유형으로 분류한다. 첫째, '고급 사이버범죄 또는 하이테크형 범죄(Advanced cyber-crime or High-tech crime)'는 컴퓨터 하드웨어 및 소프트웨어 대한 정교한 사이버공격을 의미한다, 둘째, '사이버공간을 이용한 범죄(Cyber-enabled crime)'는 기본적으로 전통적인 범죄이나 그 목적달성을 위해 인터넷을 이용한다. 예를 들면, 아동에 대한 범죄, 금융범죄 및 테러 등이다.

사이버범죄는 주로 국경을 초월하기 때문에 회원국 간 협력을 중요시한다. Interpol의 사이버범죄에 대한 중요정책은 크게, 1) 검거작전과 수사 지원, 2) 혁신과 연구 활동, 3) 디지털 포렌식, 4) 수사능력 배양 활동, 4) 사이버범죄 정보수집과 분석, 그리고 5) 국가 사이버정책과 기반시설 점검 등으로 분류할 수 있다. 국제사이버범죄 수사와 검거를 현장과 온라인으로 지원하기 위해 2014년에 Singapore에 '인터폴국제혁신센터(Interpol Global Complex for Innovation)'을 설립 운영하고 있다. 이 센터는 사이버범죄 수사를 위한 지침과 최적의 실무 사례를 회원국 사이버범죄 법집행기관에 제공한다. 또한, 동 센터 내에 '사이버융합센터 (Cyber Fusion Center)'를 운영하여 법집행기관과 산업계 전문가들이 사이버범죄활동에 관한 정보를 분석하고 국가별로 유용한 정보를 제공한다. 사이버범죄자는 새로운 기술과 방법을 시도하기 때문에 '인터폴국제혁신센터'를 통해 IT 보안업체의 협조로 수사기술 개발, 이에 따른 새로운 수사와 감식 기술 테스트 등을 하고 있다. 표 7-1은 인터폴주관으로 회원국 법집행기관들의 수사협력으로 주요 사이버범죄를 검거한 사례이다.

표 7-1: 인터폴의 주요 사이버범죄 검거사례

검거 캠페인	기간	참여국	결과
Aces	2015. 6.15~6.30	캄보디아, 필리핀, 태국, 베트남, 한국	48명 검거, 100점의 디지털 증거물(컴퓨터, USB 및 이동 전화 등) 압수, 온라인 사기를 하던 2곳의 콜센터 폐쇄, 피해자들로부터 탈취한 미화 20만 달러 압수.
Strikeback	2014. 4.30~5.1	홍콩, 필리핀, 싱가포르	58명 검거, 250여 점의 디지털 증거물 압수. 인도네시아, 필리핀, 싱가포르, 영국 및 미국에서 성적착취 피해자 확인.
Simda Botnet	2015. 4월	룩셈부르크, 네덜란드, 폴란드, 러시아, 미국	Simda Botnet은 전 세계적으로 770,000여 대의 컴퓨터를 감염시켰고, 동 작전을 통해 10개의 명령통제 서버들을 네덜란드, 미국, 러시아, 룩셈부르크, 폴란드 등에서 압수.
Unmask	2012. 2월~3월	아르헨티나, 칠레, 스페인, 도미니카	국제 해킹 그룹이 콜롬비아 국방부와 대통령 집무실, 칠레의 Endesa 전력회사, 국립도서관등을 사이버 공격. 결과: 5개국 19개 도시의 47 개소 대상 수색. 34명 검거.

출처: 인터폴 홈페이지 (https://www.interpol.int/en)

7-2. 유럽연합경찰기구/유로폴 (Europol)

그림 7-2: Europol 본부 전경

출처: Europol 홈페이지 (https://www.europol.europa.eu)

7-2-1. 유로폴 (Europol) 직제 및 활동

'유로폴 (이하 Europol)'은 1991년, EU 정상회담에서 당시 독일 대통령 Helmut Kohl이 유럽경찰기구 창설을 주장하였다. 1992년, Masstricht 조약에 근거하여 테러, 마약 거래와 국제성 범죄 타결을 위한 EU 회원국 간 경찰협력을 위한 '유럽연합 경찰기구' 창설에 대한 근거가 마련되었다. 1993년 10월, Europol 본부를 네덜란드 헤이그에 설치하고, 28개 EU 회원국의 법집행기관과 호주, 캐나다, 미국, 노르웨이 등 비원회원국 법집행기관이 공동 협력으로 국제성 범죄 해결에 노력하고 있다. 2010년 1월, 공식으로 EU 산하기관이 되었다.

Europol 본부에는 약 900여 명의 직원이 근무하고 있으며, 이 중 185명은 각 회원국에서 파견된 법집행기관원이다. Europol 직원은 직접적인 범인체포 권한은 없지만, 범죄 관련 정보교류 등을 통해 범죄 해결을 위한 임무를 수행한다. 연간 약 18,000건의 형사사건을 모니터링하고 있다. 유럽의 연간 사이버범죄 피해는 2,650억 유로에 달한다 (Europol EC3, n.d.).

Europol은 이런 막대한 피해를 가져오는 사이버범죄 해결을 위해 Europol 내에 '유럽사이버범죄센터(European Cybercrime Centre, EC3)'를 2013년 1월에 설립하여 운영하고 있다. 이 센터의 주요 세 가지 목적은 1) 조직범죄 그룹에 의해 행해지는 사이버범죄, 특히 온라인 사기 등 척결, 2) 온라인 아동 성 착취, 그리고 3) EU 내 중요산업기반시설과 정보시스템 보호 등의 임무를 수행한다. 이 센터는 약 40명의 IT 전문가와 수사 인력이 근무하고 있다.

이 센터의 직제를 보면, '사이버범죄작전과'와 '사이버전략과' 등 2개과가 있다. '사이버범죄작전과'는 세부적으로 '사이버정보팀', '하이테크범죄팀(일명 Cyborg)', '지불카드사기팀(일명 Terminal)', '아동 성 착취(일명 Twins)팀'과 '합동사이버범죄액션팀' 등으로 구성되어 있다. '사이버전략과'는 외부협력과 지원, 전략수립과 개발, 디지털 포렌식 등의 임무를 수행하며, '외부협력팀', '공공캠페인예방팀', '전략분석팀', '교육개발팀', '디지털 포렌식팀'과 '문서분석팀' 등으로 구성된다(Europol, n.d.). 또한, Interpol과 공동으로 매년 Interpol-Europol Cybercrime Conference를 개최하여, EU 회원국의 법집행기관, 민간부문, 학계와 국제기구 등에서 참여하고 있다.

7-2-2. Europol의 주요 사이버범죄 검거사례

2012년부터 2015년 2월까지 Europol이 EU 회원국과 기타 국가들과 합동으로 검거한 사이버범죄 사건 등은 표 7-2와 같다. 이들 사건의 개요를 보면, 사이버범죄는 국가 간의 국경을 넘어 발생하며, 법집행기관 간 국제적인 공조를 해야 한다는 것을 보여주고 있다.

표 7-2: Europol의 주요 사이버범죄 검거사례

시기	캠페인명	주요 내용
2016년 12월	Empact 캠페인	Europol과 12개 회원국은 합동으로 DDoS 공격 도구를 사용하던 20세 이하의 청소년들을 적발, 이 중 34명을 체포하고, 101명에게 경고.
2016년 11월	Avalanche 캠페인	Europol, 독일, FBI 등은 Avalanche network를 사용하여 악성코드를 전파하여 사이버 공격을 한 국제사이버범죄조직을 적발. 5명을 체포하고, 39개 서버를 압수. 이들이 전파한 악성코드로 인해, 전 세계의 약 50여만 대의 컴퓨터가 감염됨.
2015년 10월	Dridex 악성코드	Europol, 영국 및 FBI는 합동으로, Dridex 악성코드 제거 캠페인을 벌임. 동유럽 해커가 이 코드를 제작하여 온라인 뱅킹 데이터를 수집하는 데 사용. 이 코드는 사회 공학적 이메일에 첨부되어 전파됨. 영국은 약 2천만 파운드의 피해를 입음.
2015년 2월	Rubly 캠페인	Ramnit Botnet은 전 세계 230만 여대의 컴퓨터를 오염시킴. 이 Botnet 제거를 위한 Europol은 회원국과 수사를 하여, Botnet 컨트롤 서버 폐쇄와 Botnet 통제 아래 있던 300개의 인터넷 도메인을 회복시킴.
2014년 11월	Mouthtrap 캠페인	프랑스 경찰 주도로 EU 회원국 법집행기관은 원격조정 Trojan (RATs) 프로그램을 사용하는 15명으로 구성된 해커 그룹을 검거.
2014년 11월	Onymous 캠페인	EU 법집행기관과 미국 FBI는 연합하여 Tor 네트워크를 이용한 사이버범죄 지하시장을 단속. 410개의 거래 서비스를 폐쇄하고, 17명의 판매자와 네트워크 운영자를 검거. 1백만 달러 상당의 비트코인, 18만 유로의 현금, 마약, 금, 은 등을 압수.
2014년 6월	Gameover Zeus 와 Cryptolocker 제거 캠페인	Europol은 악성코드인 CryptoLocker와 Gameover Zeus (일명 Peer to Peer Zeus) 제거를 위해 미국 FBI와 캠페인을 시행.
2014년 3월	Carrot 캠페인	폴란드 경찰은 Europol과 eBay의 협조로 유럽에서 발생한 온라인 경매 사기조직원 2명을 검거. 이 사기로 15개국에 걸쳐 수백 명의 피해자가 발생.
2014년 2월	Anade 합동 수사	불가리아, 스페인 경찰과 Europol은 합동으로 카드 지불 사기, 절도, 마약 거래 등을 한 혐의로 불가리아 범죄조직을 검거. 21개소를 압수 수색 하고, 25명의 조직원을 체포.

시기	캠페인명	주요 내용
2014년 1월	Butterfly 캠페인	루마니아와 프랑스 경찰은 Europol과 합동으로, 국제 카드 지불 시스템을 skimming한 루마니아 사기조직을 검거. 11명의 용의자 체포 및 26개소를 압수 수색.
2014년 1월	Transfer 캠페인	폴란드 경찰은 Europol 및 불가리아 경찰과 합동으로 카드지불 사기조직을 검거. 5명의 불가리아 국적 범죄조직원을 체포.
2013년 12월	Fatboy 캠페인	Europol, 라트비아, 에스토니아, 폴란드, 불가리아, 스페인, 리투아니아, 노르웨이, 스웨덴과 영국 경찰은 합동으로 라트비아의 카드지불사기 조직원 8명을 검거.
2013년 11월	Spyglass 캠페인	Europol, 캐나다, 프랑스와 독일의 합동작전으로, 북미와 유럽지역에 걸쳐 쇼핑센터의 구매단말기를 조작한 범죄조직원 29명을 검거. 이들은 약 30,000여 개의 직불카드 정보를 위조.
2013년 6월	First Airline Action Day 캠페인	유럽 16개국 38개 공항에서 항공 티켓 사기에 대해, Europol은 유럽 항공사, 유럽 Visa사와 합동으로 일제 단속을 실시. 11개국에서 43명을 검거되고, 200여 건의 불법 온라인 거래가 적발.
2013년 3월	Pandora Storm 캠페인	유럽, 미국 및 호주 등 20개국이 루마니아 경찰과 합동으로 국제신용카드 사기 사건을 수사. 유럽 16개국 36,000여 명의 신용카드 정보가 절취됨.
2012년 9월	Atelier 캠페인	Europol은 아동 포르노를 찍고 배포한 전문촬영조직을 적발. 10명의 피의자를 체포하고, 70여 명의 피해 아동을 구호.
2012년 2월	Atlantic 캠페인	Europol은 미국 FBI와 합동으로 아동 성범죄네트워크를 수사하여, 37명 아동 성범죄자를 적발하고, 이 중 17명을 아동 성범죄와 포르노제작 혐의로 체포. 8명의 피해 아동을 구호.

출처: Europol 홈페이지 (https://www.europol.europa.eu/)에서 요약

7-3. 미국의 사이버범죄 대응기관

7-3-1. 법무부 (Department of Justice, DOJ)

미국 '법무부 (DOJ)'는 미국 내 최상위 법집행기관으로 연방정부

의 법집행을 대표하며 관련 업무를 관장한다. 미 법무부는 컴퓨터 범죄 관련하여, '컴퓨터 범죄 및 지식재산권계(Computer Crime & Intellectual Property Section, CCIPS)'를 1996년에 설치 운영하고 있다. 약 40여 명의 검사가 근무 하고 있다. 이 부서는 일반 컴퓨터 범죄 및 지식재산권 범죄에 관한 정책을 수립 및 집행을 담당하고 있다. 또한, 연방 정부기관, 민간 부문, 학계 및 외국 법집행기관과 컴퓨터 범죄를 예방, 수사 및 기소하는 임무를 수행한다. 아울러, 컴퓨터 관련 법안을 입안하고, 컴퓨터 범죄에 대한 국제 수사공조 등 국제 협력을 추진한다. 다른 연방기관에 근무하는 연방 검사를 상대로 사이버범죄 관련 교육과 세미나 개최 등의 업무도 수행한다.

'사이버범죄 감식랩(CCIPS Cybercrime Lab)'에는 9명의 디지털 감식 전문가가 근무하고 있다. 2014년, CCIPS 계 내에 '사이버보안팀(Cybersecurity Unit)'을 설치하여, 개인의 프라이버시 보호를 위해, '불법적인 전자적 감시'와 '컴퓨터 사기 및 오용'에 관한 사건에 관한 업무를 수행한다.

7-3-2. 연방수사국(Federal Bureau of Investigation, FBI)

미국 '연방수사국(이하 FBI)'은 잘 알려진 바와 같이 1908년에 창설된 미국 법무부 산하 중앙 수사기구이다. FBI는 외국 정보기관 및 테러로부터 미국을 보호하고, 다른 연방 법집행기관이 취급하지 않는 연방 범죄 관련 수사 업무를 수행한다. FBI는 미국 내 56개 지부를 운용하며, 전 세계 미 대사관 등 외교 공관 400여 곳에 FBI 요원을 파견하여 국제성 범죄 수사를 위해 관련국과 수사 협력 업무를 하고 있다.

FBI 내 '국가보안국(National Security Branch, NSB)'은 2005년에 창설되어, 대테러, 방첩 및 정보 수집을 하는 부서이다. 또한, 테러그룹 및 외국정보기관들의 활동을 억제하기 위해 정보 수집 및 관련 수사를 업무 조정하고 있다.

FBI의 '일반범죄, 사이버, 대응 및 지원국(Criminal, Cyber, Response, and Services Branch)' 국장은 '사이버과(Cyber Division)'를 지휘한다. 사이버 및 고도의 기술을 기반으로 한 공격으로부터 미국을 보호하는 것이 미국에 대한 테러와 외국의 정보활동 다음으로 중요한 목표이다. '사이버과(Cyber Division)'의 기본 임무는 사이버 기반 테러, 스파이 행위, 컴퓨터 해킹이나 개인정보 절취 등을 포함한 주요 사이버 사기사건 등을 수사 지휘하거나, 직접 사이버범죄를 수사하고 기소를 한다. '사이버과'는 사이버 침입 사건, 온라인 아동 성적 착취, 지식재산권 수사와 인터넷 사기 등을 업무의 우선순위로 한다.

'사이버과'는 2008년부터 2013년간 개인정보 절취 사건을 수사하여 약 1,600여 명을 기소하였다. 사이버 사건 수사를 위해 FBI에 약 1,000여 명에 달하는 사이버 수사, 분석 및 감식 요원이 근무하고 있다. 전국 56개 지부에도 사이버 수사팀이 배치되어 있다. 별도로 '사이버액션팀(Cyber Action Team)'은 미국 전역과 해외에서, 컴퓨터 네트워크 침투 케이스에 대한 수사를 현장에서 직접 지원하며, 미국의 경제 및 국가 안보에 치명적인 사이버 범죄를 탐지 등 중요 정보를 수집한다.

FBI는 별도의 산하 조직으로 '인터넷범죄신고센터(The Internet Crime Complaint Center, ICCC)'를 설치 운영한다. 이 센터의 임무는 시민들로부터 의심스러운 인터넷 관련 사기범죄에 대해 온라인 신고를 받고 있고, 법집행기관과 민간 부문과의 효율적인 협력 활동을 추진하는 것이 중요한 목적이다. 시민으로부터 제보받은 범죄 정보는 분석하여 수사 및 정보 목적으로 관련 법집행기관 및 공공을 위한 캠페인을 위해 배포된다.

'국립사이버수사합동대응팀(National Cyber Investigative Joint Task Force)'은 2008년에 법집행기관, 정보기관, 국방부 등 20여 개의 기관과 공동으로 조직되어 범정부 차원의 사이버수사 업무를 수행하고 있다. 본 조직은 사이버 위협 수사, 정책 결정을 위한 정보 분석 지원과 미국에 대한 사이버 위협에 대처하는 것을 기본적인 임무로 한다.

'국립사이버포렌식 및 훈련협력체(National Cyber Forensics & Training Alliance, NCFTA)'는 1997년에 창설 Pennsylvania 주 Pittsburgh시에 위치하며, 법집행기관, 민간 산업계, 학계 등과 함께 관련 자원, 전략적 정보와 위협 정보를 확보하고 공유하며, 사이버 위협을 파악하여 제거하고 존재하는 위협 등을 약화하도록 하는 역할을 한다. 이 조직은 스팸, Botnet, 주식 관련사기, 지식재산권범죄, 의약품 사기, 통신 사기와 기타 금융 관련사기 등이 포함된 국제적 범죄 조직으로부터의 위협 등을 처리해 왔다. 이들 위협은 기업체와 소비자들에게 수십억 달러의 손실을 입혀 왔다.

또한, FBI '사이버과'가 운영하는 '사이버정책 및 자원융합기구(Cyber Initiative and Resource Fusion Unit, CIRFU)'는 위에 언급한 NCFTA, 미국 '컴퓨터침해사고긴급대응팀(US Computer Emergency Response Team, US-CERT)'와 'ICCC' 등과 함께 연계하여 광범위

한 정보 기반을 갖추어 'CIRFU'가 FBI의 가장 중요한 사이버 사건 해결 및 대책에 핵심적 전략적 역할을 수행한다.

그림 7-3: iGuardian 상징 로고

FBI는 중요 범죄와 국가 안보에 도전하는 끊임없는 사이버 위협에 대응하기 위해, 법집행기관, 정보기관, 민간 파트너들과의 정보 교류를 매우 중요시하고 있다. 이를 위해 FBI는 중요정보통신기반 산업, 군수산업, 은행, 금융, 에너지 기반 기업 및 개별적 파트너들이 실시간으로 사이버 침입 사건을 신고할 수 있는 정보 포털 사이트를 운영하고 있다. 'iGuardian (Industry-Focused Cyber Intrusion Reporting Platform)'은 원래 FBI의 'eGuardian'의 일부이다. 'eGuardian'은 2007년도에 조직되어, 잠재적 테러 관련 위협과 그와 관련된 의심스러운 활동 등을 신고 또는 정보를 공유하도록 하는 FBI 포털 사이트이다.

FBI 지역 컴퓨터 감식 랩

FBI는 2002년부터 미국 내 16개 지역에 '지역컴퓨터감식랩 (Regional Computer Forensics Laboratory, RCFL)'을 설치 운영 중이다. 이 랩들은 관할 지역의 지역 자치 경찰기관의 사이버 관련사건(테러, 아동 포르노그래피, 폭력범죄, 기업 비밀 절취, 지적 재산권 파괴나 절취, 재정 범죄, 재산 범죄, 일반 인터넷 범죄와 사기 등)의 수사지원, 디지털 감식 업무와 디지털 감식 교육 훈련 등을 지원하고 있다. 세부적인 지원 업무로, 컴퓨터가 중요 증거인 수색 영장 청구시 필요한 사항 컨설팅, 현장 수색과 디지털 증거 수집, 컴퓨터 증거의 복사, 저장과 보관 업무, 디지털로 저장된 매체에 대한 객관적인 검사, 법정 증언, 휴대전화 감식 장비 지원, 및 기타 이동용 저장 매체 감식 지원 등이다.

디지털 감식은 일반 형사 사건과 달리 전문 인력과 고가의 최신 장비를 필요로 하므로 예산과 전문 인력 확보에 어려움을 겪는 일선 자치 경찰에게는 FBI 컴퓨터 감식 랩이 중요한 역할을 하고 있다. 이 컴퓨터 감식 랩이 설치된 지역은 오리건 주 포틀랜드, 캘리포니아주 멘로파크, 샌디에이고, 오렌지카운티, 유타 주 솔트 레이크 시, 콜로라도 주 센테니얼, 텍사스 주 댈러스, 휴스턴, 일리노이 주 시카고, 미주리 주 캔자스시티, 오하이오 주 데이턴, 켄터키 주 루이빌, 뉴욕 주 버펄로, 뉴저지 주 해밀턴, 펜실베이니아 주 필라델피아, 및 뉴멕시코 주 앨버키에크 등이다.

미국 내 각 지역 법집행 기관의 문제점은 사이버 범죄 수사에 대한 훈련 부족, 인적, 물적 자원의 부족, 컴퓨터 범죄에 대한 이해나 대처 능력에 대한 부족, 증가하는 컴퓨터 범죄 등의 문제점을 안고 있다(Taylor, Fritsch & Liederbach, 2015, p. 269).

7-3-3. 재무부 비밀경호국(US-Secret Service)

미국 재무부 소속 '비밀경호국(이하 US-SS)'은 1865년에 창설되었다. 주요 임무는 첫째, 대통령과 각료 등에 대한 경호 업무, 둘째, 금융 지불 시스템 관련사기, 위조 범죄 예방과 수사를 하고 있다. US-SS의 '금융범죄과(Financial Crimes Division)'는 첫째, 금융기관 사기를 인지하여 수사하는 업무를 수행한다. 1990년 이후, '금융범죄과'는 법무부로부터 금융기관에 대한 사기 사건을 담당하도록 위임을 받았다. 컴퓨터를 사용한 위조지폐 수사도 포함한다. 둘째, '금융범죄과'는 금융시스템 접속관련 사기 범죄를 수사한다. 이 범죄 범위에는 신용카드 번호, 비밀번호 절취 및 관련 사기 행위를 포함한다. 셋째, '연방정부의 이익'을 저해하는 컴퓨터 시스템과 관련된 컴퓨터 사기에 관한 사법적 관할권을 갖는다.

전국에 46개의 '금융범죄대응팀(Financial Crimes Task Forces)'을 설치 운영하고 있다. 별도로 2001년에 '애국법(Patriot Act)'에 근거하여, 전국에 39개의 '전자범죄대응팀(Electronic Crimes Task Force)'을 설치 운영하여, 금융과 기반 시설에 대한 사이버 공격을 예방, 탐지와 수사를 하고 있다(US-SS FCTF, n.d.).

7-3-4. 에너지부(Department of Energy)

'에너지부(이하 DOE)'는 1977년에 창설되어 미국 내 에너지 생산 관리, 새로운 에너지 자원 소스 확보, 에너지 자원 보존과 효율성 관련 업무를 기본적으로 수행한다. 미국의 에너지관련 시설은 중요기반 자원으로써, 정치적 경제적으로 국내외적인 위협을 받아, 이 시설에 대한 외부로부터의 사이버공격은 꾸준히 증가하여 왔다(DOE,

2013). 또한, 미국의 에너지 생산 관련 기반시설 작동과 운영에 점차 컴퓨화된 기술이 사용됨에 따라 DOE 자체에서 다수의 사이버보안 프로그램을 개발하게 되었다. DOE는 국내외의 다양한 위협에 대처하기 위해 자체적으로 '첩보 수집 및 방첩부'를 운용하고 있다.

2012년, DOE는 '합동 사이버보안협력센터(Joint Cybersecurity Coordination Center)'를 설립하여, 에너지 관련 사이버사고 대응, 정보 수집, 사고 소스 추적과 컴퓨터 네트워크 보안 업무 지원 등을 하고 있다. 이 센터는 DOE와 시설 공사 및 관리 계약업체 간의 사이버보안 사고와 사이버 취약점 관련, 정보 교환 및 대처 등 원활한 의사소통을 증진하고 사이버 공격으로부터 적절한 대응을 하도록 하고 있다. 이 센터에 보고해야 할 사이버 보안사고의 종류는 악성코드, IT 기기의 손실, 분실, 도난, 개인정보 유출, 피싱, IT 시스템 침입 시도, 문서나 데이터의 유출, 서비스거부 공격, 비인가 사용 등이다(DOE CIO, n.d.).

7-3-5 국토안보부(Department of Homeland Security)

'국토안보부(DHS)'는 9.11 테러 이후 '애국법(Patriot Act)'에 의해 조직된 미국의 안보 유지를 위한 중추적 기관이다. 미국 내 중요 산업과 정보기반 시설 및 중요 인사에 대한 보호와 사이버 보안에 대한 임무를 수행한다. '국토안보부'는 연방 정부기관 간 정보 공유를 개선하고, 100여 개의 연방 기관 업무를 조정하며, 국내외 테러 대처에 기관 간 협력을 증대시키는 핵심 역할을 수행한다.

2003년, Bush 행정부는 '사이버공간 안보를 위한 국가전략(The National Strategy to Secure Cyberspace)'에 제시된 세부 실행 계획의 일환으로, 첫째, 국가사이버보안대응시스템 창설, 국가사이버보안

위협 및 취약점 축소 프로그램, 국가 사이버 보안예방 및 훈련 프로그램, 정부 사이버정책 안전확보, 국가보안 및 국제 사이버보안협력 등의 지침에 따라 '국토안보부'의 사이버 안보 정책 실행을 위한 산하 조직의 임무를 규정했다.

'국가사이버안보과(National Cyber Security Division, NCSD)'는 '국가보호 및 프로그램 국장(National Protection and Programs Directorate, NPPD)' 산하 '사이버보안 및 통신실(Office of Cyber Security & Communications)' 내에 2003년에 설치되었다. 이 과의 주요 임무는 효율적인 국가 사이버공간 대응 시스템 유지, 주요 산업기반 시설을 보호할 사이버취약점관리 프로그램을 실행한다(DHS, 2013). '국토안보부'의 '종합국가사이버안보정책(Comprehensive National Cybersecurity Initiative)'에 제시된 대부분의 임무를 수행한다. '국가사이버안보과'는 미국 내 정부기관, 군, 정보기관 및 민간 기관의 IT 시스템에 설치 운영되는 소프트웨어 및 하드웨어 상의 취약점에 관한 '국가사이버취약점데이터베이스(National Vulnerability Database)'를 관리 운영한다. 이 데이터베이스는 민간 부분의 자발적인 보고와 US-CERT가 자체 인지한 IT 침해 사고 및 보안 관련 데이터를 수집하여, 데이터베이스를 유지한다.

기타 사이버보안 관련 프로그램으로는, 국가 사이버 경보 시스템, 사이버 경찰 포탈 프로그램, US-CERT, 국가 사이버 대응 협력그룹 등의 조직을 운영하고 있다. 또한, 2009년 10월, '국가사이버보안 및 통신통합 센터(National Cybersecurity and Communications Integration Center)'를 설립하여 컴퓨터 시스템 및 정보기반시설에 관한 연방 정부기관 간 조정 업무를 수행한다.

7-3-6. 컴퓨터침해사고긴급대응팀 (US-Computer Emergency Readiness Team, US-CERT)

2000년대 초부터 미국 연방정부 IT 시스템에 대한 사이버 공격이 끊임없이 증가하여, 미 의회는 '총무부 (General Services Administration)'에 '연방 컴퓨터사고대응센터 (Federal Computer Incident Response Center, FedCIRC)'를 설립하여, 연방정부에 대한 사이버 공격에 대해 협력과 조정 업무를 수행하도록 하였다. 2002년에 '국토안보부 (Department of Homeland Security, DHS)'가 창설되자, 이 'FedCIRC' 센터를 DHS 내의 '국가사이버안보과'로 이전시켰다. 2003년에 현재의 명칭인 '컴퓨터침해사고긴급대응팀 (US-CERT)'으로 개편하고 사용하고, 업무영역도 확대하였다. US-CERT는 Pennsylvania 주 Pittsburgh시에 있는 Carnegie-Mellon 대학 내에 설치되었다.

그림 7-4: US-CERT 홈페이지 (https://www.us-cert.gov/)

US-CERT의 기본 임무는,

"첫째, 외부로부터의 사이버 침투 탐지와 예방능력을 통해서 연방기관에 대한 사이버보안을 제공, 둘째, 연방기관 이하 주립, 지역 기관, 주요 기반시설, 민간과 해외 관계기관들에 대한 즉각적이고 실행적인 정보전파, 셋째, 새롭게 나타나는 사이버 위협에 대한 데이터 분석과 사고대응, 그리고 외국 정부 및 국제기구와의 협력을 통해 국가사이버보안능력증진" 등을 목표로 하고 있다(US-CERT, n.d.).

따라서 US-CERT는 미국 정부기관과 민간기관에 대한 IT 침해사고 수집과 분석, IT 시스템을 보호할 보안 툴 개발제공, 시스템 취약점 및 위협요소 파악, 정부기관과 민간기관대상 기술지원과 관련 연구를 수행한다. 또한, 중요산업기반시설에 대한 IT 침해사고, 사이버 범죄와 정보보안위협에 대응하는 관련 민관기관과의 동반관계를 유지한다.

US-CERT는 '국가 사이버주의시스템(National Cyber Awareness System)'을 운영하여 IT 관련 취약점과 침해사고 관련 정보를 관계기관에 배포한다. 이 정보 배포는 4개의 분야로 구성되어 있다. '주간 취약점보고서(Weekly Vulnerability Bulletins)'를 매주 발행하고, '전국 취약점데이터베이스(U.S. National Vulnerability Database, NVD)'에 기록되는 새로운 IT 취약점과 시스템 패치 정보를 공개하고 있다.

아울러, '기술경보(Technical Alerts)'를 발표하여, 관계기관들에 취약점, 침해사고, 심각한 위험을 야기한 사고 동향, 피해 최소화 정보 등을 제공한다. '현재 대응활동(Current Activity Entries)' 보고를 통해 관계기관들이 당면한 기술적 문제에 대한 해결 방법의 공유와 '기타정보(Tips)'를 통해 기타 침해사고 관련 필요한 정보를 공유한다.

또한, 연방 정부기관을 대상으로 'Einstein'이라 불리는 사이버 감시시스템을 운영 중이다. 이 프로그램은 미연방 정부기관을 대상으로 한 사이버 공격을 탐지하고 이를 방지하기 위해 US-CERT에서 개발한 사이버 감시 프로그램으로, '국토안보부법(2002년 제정)', '연방정보보안관리법(FISMA법, 2002년 제정)'과 2003년의 '국토안보대통령훈령(Homeland Security Presidential Directive)'에 의거 운용근거를 마련했다. 2017년 현재 버전 3까지 개발하여 운용하고 있다.

7-3-7. 이민세관단속국(U.S. Immigration and Customs Enforcement, US-ICE)

미국 '이민세관단속국(이하 US-ICE)'은 '국토안보부' 내에서 가장 규모가 큰 수사기관이다. US-ICE는 미국 국경의 취약점을 점검하고 이와 관련된 수사를 하며, 국가위협 관련 정보를 수집하고, 400여 개의 연방법을 집행한다. US-ICE는 또한 '사이버범죄센터(Cyber Crimes Center)'를 설치 운영하여, 아동착취, 컴퓨터 감식, 사이버범죄와 정보기술운영 등에 중점을 두고 있다. '사이버범죄팀', '아동착취수사팀' 및 '컴퓨터포렌식팀' 등 3개 팀을 운영하고 있다.

'사이버범죄팀'은 국제범죄조직에 의한 범죄에 초점을 맞추어 사이버 수사를 진행한다. 세부적으로, 사이버 경제범죄, 지식재산권 절취, 불법 온라인거래와 지하경제, 무기와 전략기술의 인터넷을 통한 확산, 온라인 밀수와 금융세탁 수사 등의 임무를 수행한다. 또한, 연방, 주립, 지역, 군과 해외 법집행기관을 상대로 사이버 수사 관련 훈련과 기술지원과 자체적으로 사이버 수사에 대한 연구와 개발도 진행한다.

'아동착취수사팀'은 아동에 대한 성적착취, 아동 포르노그래피의 생산, 광고와 배포 그리고 해외 아동 섹스여행에 대한 수사를 진행한다. 이를 위해, 첫째, 'Angel Watch' 캠페인을 통해 아동 섹스여행에 대한 단속을 하고 있다. 둘째, 'iGuardian' 프로그램을 통해서, 아동 관련 성 착취 방지에 대한 캠페인을 진행한다. 셋째, 'Predator' 캠페인을 통해서 2015년에 약 2,400명에 달하는 아동 성 착취 범죄자를 검거하였다. 넷째, 'Virtual Global Task Force'를 운영하여 외국 법집행기관들과 합동으로 온라인상 아동 성 착취에 관한 범죄를 단속한다. 다섯째, 'The National Child Victim Identification System (NCVIS)'을 운영하여, 아동 성 착취로 인한 피해자를 파악한다. 끝으로 'Victim Identification Program (VIP)'을 운영하여, 아동 성 착취 범죄 피해자를 구호하는 임무를 수행한다. 2015년에 1,004명에 달하는 아동 성 착취 피해자를 구호했다. '컴퓨터포렌식팀'은 컴퓨터 수사 관련 수사와 법정증거 확보 등의 임무를 수행하고 있다.

7-3-8. 인프라가드 (InfraGuard)

'인프라가드 (InfraGuard)'는 FBI와 민간기관을 연결해주는 동반관계 프로그램이다. 이 조직은 화학, 비즈니스시설, 통신시설, 주요제조업체, 국방산업, 댐, 에너지 서비스, 긴급구호서비스, 금융서비스, 식량과 농업, 정부기관, 공공의료와 보건, 정보기술, 핵에너지, 자원과 처리시설, 운송시스템과 수자원 관리 분야 등 미국의 16개 분야의 주요기반시설 등에 대한 국내외로부터의 적대적 행위 관련하여 비즈니스, 학계, 주와 지역자치 법집행기관 간의 정보공유를 위한 시스템이다. 미국 전역에 80여 개의 지부가 있다.

7-3-9. 국립화이트칼라범죄센터 (National White Collar Crime Center, NWC3)

'국립화이트칼라범죄센터 (NWC3)'는 1978년에 설립되었고, Virginia 주 Richmond 시에 위치하며, 미국 법무부의 '사법지원국 (DOJ Bureau of Justice Assistance)'으로부터 예산지원을 받고 있다. 주 및 지역자치 경찰관들을 대상으로 금융과 사이버범죄의 예방, 수사와 기소 관련한 교육 등 지원업무를 수행한다.

7-3-10. 하이테크범죄수사관협회 (High Technology Crime Investigators Association, HTCIA)

1984년에 California 주 산업보안 책임자들이 Santa Clara 카운티 검찰과 IT 범죄에 관한 협의를 계기로 구성되어 전국적인 조직으로 확내뇌었다. 미국과 해외의 사이버 수사관련 경찰, 검사, 수사관, 경영과 IT 보안전문가로 구성된 전문가 단체로 총회를 매년 개최하고, 회원을 상대로 사이버 수사 교육훈련 과정을 제공한다.

7-4. 영국

7-4-1. 영국의 사이버범죄 대응체제

영국은 증가하는 중대범죄에 대응하기 위해, 2013년에 과거의 '중요조직범죄수사청 (Serious Organized Crime Agency, SOCA)'과 '아동착취온라인보호국 (Child Exploitation and Online Protection

Command, CEOP)' 등 2개의 법집행기관을 통합하여 '국립범죄수사청(National Crime Agency, NCA)'을 발족시켰다. '국립범죄수사청' 조직 내에 '국립사이버범죄수사단(National Cyber Crime Unit)'을 설치하여, 사이버범죄 수사업무를 담당하도록 했으며, 국립사이버보안프로그램에 근거한 예산지원을 받는다(NCA NCCU, n.d.). 이 조직은 영국 내 지역별 조직범죄수사단, 런던경시청 사이버범죄수사단, 기업체, 외국 법집행기관 등과의 협조로 각종 사이버범죄에 대처하고 있다. 또한, 사이버범죄 관련 영국의 모든 법집행기관의 업무를 지원하여, 인터넷과 정보통신기술을 악용하는 사이버범죄자를 추적한다. 영국의 각 지방 법집행기관에 정책, 기술, 정보 지원과 각 법집행기관의 사이버범죄 수사관들에 대한 교육도 지원하고 있다.

영국의 사이버범죄는 1990년에 제정된 '컴퓨터오용법(Computer Misuse Act)'에 따라서, 첫째, 컴퓨터 자료에 대한 불법접속, 둘째, 기타 범죄를 행하거나 쉽게 할 의도의 불법접속, 셋째, 컴퓨터의 작동을 부주의하게 방해하거나, 방해할 의도의 불법접속행위 등으로 규정하고 있다.

이 법에 근거하여, '국립사이버범죄수사단'은 자체적으로 사이버범죄를 두 가지 타입으로 분류하고 있다(McGuire & Dowling, 2013).

첫째, '사이버 의존범죄(Cyber-dependent crimes)'는 컴퓨터나 컴퓨터 네트워크 또는 정보통신기술을 사용한 범죄로 금전취득 목적으로 악성코드 사용, 개인이나 기업의 데이터 해킹, 서비스거부 공격 등이 그 사례이다.

둘째, '사이버 이용범죄(Cyber-enabled crimes)'는 온라인 사

기, 피싱 범죄, 개인 정보절취, 불법 마약 온라인거래, 아동 성적착취 등의 범죄가 그 사례이다(NCA SCIG, 2016).

7-4-2. 영국의 사이버범죄 현황

영국은 온라인 사기와 일반 사이버범죄를 '국립 사기사이버범죄 신고센터(National Fraud & Cyber Crime Reporting Center)'에서 접수하고 있다. 이 센터는 'Action Fraud'으로도 불린다.

그림 7-5: 영국 '국립사기및사이버범죄신고센터' 홈페이지

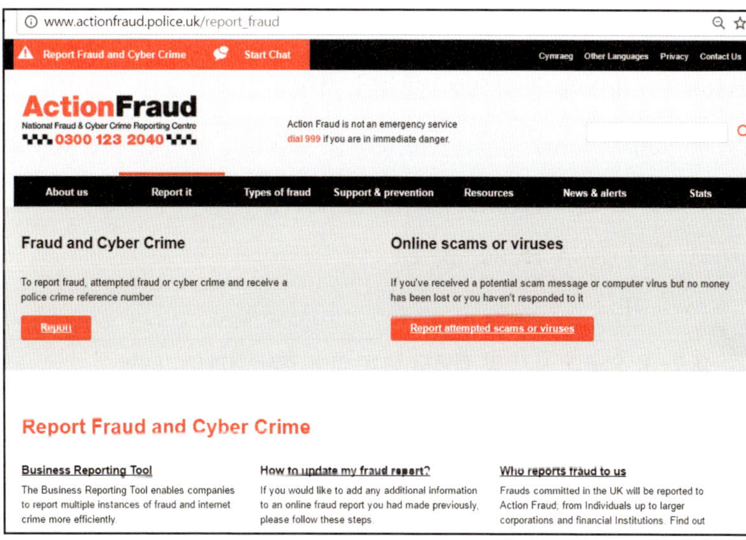

출처: Action Fraud 홈페이지: http://www.actionfraud.police.uk/

영국 '국립통계청(Office for National Statistics, ONS)' 역시 온라인 사기와 사이버범죄에 관한 공식적인 통계를 집계하고 있다. 영국 '국립통계청(ONS)'이 실시하는 '범죄피해자조사'는 2015년 10월부터 사기와 컴퓨터 오용에 관한 항목을 추가하였다. 새로운 항목에

따르는 컴퓨터 관련 범죄피해조사 결과(표 7-3 참조)를 보면, 2016년에 총 540만 건에 달하는 사기와 컴퓨터 오용 범죄피해가 발생했다. 세부적으로, 245만 건은 은행 및 신용카드사기 피해, 82만 7천 건은 비투자성 사기 피해, 127만 건은 DRIDEX, EVERQUEST, 또는 DYRE/DYREZA 등 컴퓨터 바이러스에 의한 피해, 64만 건은 이메일이나 소셜 미디어 계정에 대한 해킹이었다(ONS, 2016, p. 47).

영국 역시 모든 사이버범죄가 신고 되는 것은 아니다. 2015년에 조사된 영국 '국립통계청(ONS)'의 사이버범죄 피해조사는 약 246만 건의 사이버범죄 발생과 211만 명의 범죄피해자가 발생한 것으로 추정했다(NCA SCIG, p. 5). 하지만 '국립사기사이버범죄신고센터(UK Action Fraud)'에 공식으로 접수된 사이버범죄신고는 '사이버 의존(Cyber-dependent)' 범죄는 16,349건, 그리고 '사이버 이용(Cyber-enabled)' 범죄는 약 70만 건으로 범죄피해자 조사와 많은 차이를 보여주고 있다(NCA SCIG, p. 6).

표 7-3: 영국의 사기 및 컴퓨터 오용 피해 조사 결과(2016년)

항목	패해 추정 건수
사기와 컴퓨터 오용 총 범죄	5,398,000
사기	3,480,000
- 은행 및 신용카드사기	2,454,000
- 비투자성 사기	827,000
- 선수금 사기	102,000
- 기타 사기	97,000
컴퓨터 오용	1,917,000
- 컴퓨터 바이러스	1,275,000
- 해킹과 개인정보불법접속	642,000

출처: ONS(2016년, p. 47)

표 7-4: 영국 비즈니스 기업의 사이버범죄 피해(2012년~2016년, 단위: %)

구분	제조업	수송 및 물류	숙박 및 식품	도소매업
컴퓨터 바이러스	11	7	5	4
해킹	4	2	2	1
온라인금융절취피해	1	2	0	1

출처: Home Office (https://www.gov.uk/government/statistics/)

영국 비즈니스 기업도 컴퓨터 바이러스로 인한 IT 시스템 피해가 큰 것으로 나타났다(표 7-4 참조). 2012년부터 2016년간 연도별, 업종별로 영국 내무부가 조사한 '기업범죄피해조사(Commercial Victimization Survey)'에 따르면, 해킹, 온라인 금융절취피해 및 컴퓨터 바이러스 피해의 경우, 제조업체는 16%, 수송 물류업체는 11%, 숙박 및 식품업체는 7%, 그리고, 도소매업은 6%가 사이버범죄의 피해를 입었다. 이 4개 업종에서, 컴퓨터 바이러스피해는 27%, 해킹 피해는 9%, 그리고 온라인 금융절취피해는 4%로 보고되었다(UK CVS, 2016).

7-5. 독일

7-5-1. 독일의 사이버범죄 대응체제

독일 의회는 2009년에 '유럽연합 사이버범죄 조약'을 비준했으며, 같은 해에 '연방정보기술보호강화법'을 제정하여 '연방정보보호국(Federal Office of Information Security, BSI)'으로 하여금 사이버범죄 관련 연방 정부기관 간 협력을 주도하도록 하고, 독일 '연방내무부(BMI)'는 사이버범죄 수사를 총괄하고 있다(Levin, Goodrick, & Ilkina, 2012, p. 22). 2011년에 '연방사이버보안전략'을 발표하고,

독일 '국립사이버대응센터(NCAZ)'를 발족시켰다.

독일 형법은 사이버범죄 관련하여, 데이터탐색절취와 피싱(Art. 202), 데이터 변조와 컴퓨터 기능 방해(Art. 303), 컴퓨터사기(Art. 263), 위조(Art. 269), 온라인 아동 포르노그래피(Art. 184b) 조항 등을 명문화하고, 독일 연방 내무부 산하 '형사경찰청(Bundeskriminalamt, BKA)'의 'SO43 부서(하이테크범죄과)'가 사이버범죄 수사를 담당하도록 하고, 민간기관, Interpol 및 Europol 등과의 협력 업무를 하도록 규정하였다. SO43 부서는 정책지원, 운영분석과 통계, 인터넷검색과 수사부서 등 4개 부서로 구성되어 있다(BKA, 2016a).

1999년, 독일 '연방 경찰청(BKA)'은 '중앙인터넷검색센터(Central Unit for Random Internet Searches, ZaRD)'를 설치하여, 인터넷상(IRC, 웹사이트, Usenet 그리고 FTP 등)으로 형법상 처벌될 만한 범죄 관련 행위에 대한 모니터링, 관련 범죄증거 수집, 공공기관 및 민간기관과의 정보 교류 등 협력, 인터넷범죄 관련 상황보고서 작성 등의 임무를 수행하도록 하였다(BKA, 2009). 또한, 청소년 관련 사이버범죄는 Jugendschutz.net 또는 BKA의 'Central Unit for Child Pornography' 등에 신고하도록 하였다(Valeri, Somers, Robinson, Graux, & Dumortier, 2006, p. 115).

'The CERT-Bund'는 독일 연방정부 기관의 컴퓨터와 네트워크 보안 문제를 취급하며, 'The CERT-Verbund'는 독일 내 40여 개의 민간 IT 침해사고대응팀 간의 IT 침해사고 관련 협력과 정보공유 업무를 하고 있다(CERT-Verbund, n.d.).

7-5-2. 독일의 사이버범죄 현황

2015년을 기준으로, 독일의 인터넷사용 인구는 전체 인구의 87.6%이다(ITU, 2016, p. 245). 형법상 규정된 독일의 사이버범죄 로 신고된 총 건수는 2015년에 45,793건을 기록했다(표 7-5 참조). 독일 경찰은 형법규정에 근거하여, 컴퓨터 사기, 데이터 절취, 데이터 위조와 사용, 컴퓨터 기능방해 그리고 통신서비스접속 사기 등으로 분류한다. 사이버범죄 분포를 보면, 컴퓨터 사기가 전체 건수의 51%를 차지하고, 데이터 절취가 21%, 데이터 위조와 행사가 16% 등의 순이다(표 7-5 참조). 이들 범죄 건수와는 별도로 2015년에 인지된 절취한 현금카드 사용 사기 건수는 23,790건, 소프트웨어 불법복제 건수는 485건 등이다.

2014년 1월, 독일 국민들이 보유한 3,400만여 개의 이메일 계정과 패스워드가 유출되었다(BKA, 2016b). 2014년에 신고된 온라인뱅킹 관련 피싱 사고는 전년도보다 무려 70.5%가 증가하였다. 독일 정부기관은 2016년에 매일 20여 차례가 넘는 사이버 공격을 받았다고 밝혔다(The Local, 2016). 독일 연방경찰은 대다수 사이버범죄가 법집행기관에 공식으로 신고되지 않는 경향이 있다고 하면서 실제 발생한 사이버범죄는 더 많을 것으로 추정하고 있다(BKA, 2016b). 신고된 사이버범죄의 해결률은 데이터절취가 22.7%로 제일 낮았고, 다음으로 데이터 기능방해는 26.7%, 컴퓨터 사기범죄는 33.1%가 해결되었다(The Local, 2014). 소프트웨어 복제는 93.6%로 해결 비율이 매우 높았다. 사이버 범죄자의 성별분포는 전체 사이버 범죄자의 76%는 남자였다(BKA, 2016c).

표 7-5: 독일의 사이버범죄 통계 (2011년~2015년)

년도	전체건수	컴퓨터 사기	데이터 절취와 불법탐색	데이터 위조와 행사	데이터 변조/컴퓨터 기능 방해	통신 서비스 접속사기
2015	45,793	23,562	9,629	7,187	3,537	1,878
2014	49,925	22,308	11,887	8,009	5,667	2,054
2013	64,426	23,242	15,909	9,779	12,766	2,730
2012	63,959	24,817	16,794	8,539	10,857	2,952
2011	59,494	26,723	15,726	7,671	4,644	4,730

출처: BKA (Bundeslagebild Cybercrime 2015)

2016년에 독일이 사이버범죄로 인한 피해액 총 규모는 5,100만 유로였다 (표 7-6 참조).

표 7-6: 독일의 사이버범죄 피해액 (2010년~2016년). (단위: Million 유로)

년도	2010	2011	2012	2013	2014	2015	2016
피해액	61.5	71.2	42.5	42.6	39.4	40.5	51

출처: BKA (Bundeslagebild Cybercrime 2015)

독일의 사이버 범죄자의 연령분포를 보면, 다른 국가와 비슷하게 20대가 사이버범죄에 가장 많이 연루되었고 (29%), 다음이 30대 (25%), 그리고 40대 (18%) 등의 순위를 보여주고 있다 (표 7-7 참조).

표 7-7: 독일의 사이버범죄자 연령 분포 (2015년)

연령대	21~29세	30~39세	40~49세	21세 이하	50~59세	60세 이상
%	29%	25%	18%	14%	10%	4%

출처: BKA (Bundeslagebild Cybercrime 2015, www.bka.de)

컴퓨터 사기범죄는 독일 형법(StGB) 263조 a항의 적용을 받으며, 피싱 공격, 신용카드사기, 절취나 위조한 지불카드 사용 등의 범죄이다. 데이터 불법 탐색과 절취는 독일 형법 202조 a항, 202조 b항의 적용을 받으며, 이 범죄는 디지털 개인정보, 신용카드, e-commerce나 금융 데이터의 절취행위를 의미한다. 이들 데이터는 주로 사이버범죄 지하경제 시장에서 거래되거나, 범죄 목적으로 사용된다.

데이터 위조 및 변조와 이런 불법 데이터사용 범죄는 독일 형법 269조의 적용을 받으며, 데이터를 위조하여 피해자나 피해기업을 기만하거나 위조한 데이터의 불법사용과 행사를 의미한다. 데이터 변조와 컴퓨터 기능 방해는 독일 형법 303조 a항과 b항의 적용을 받으며, 데이터 처리시스템의 데이터를 변조시키거나, DoS 공격, 악성코드의 배포 등을 의미한다. 통신서비스 접속사기는 독일 형법 263조 a항의 적용을 받으며, 통신서비스의 무단 사용, 불법접속, 사이버 갈취위협 등의 행위를 의미한다.

피싱범죄 건수는 2011년에 6,422건, 2012년에 3,440건, 2013년에 4,096건, 2014년에 6,984건 및 2015년에 4,479건이 발생하였다. 이로 인한 피해액수는 2011년에 2,570만 유로, 2012년에 1,380만 유로, 2013년에 1,640만 유로, 2014년에 2,790만 유로, 그리고 2015년에 1,790만 유로의 피해를 보았다. BSI의 통계에 의하면, 2015년 상반기에 29,437건의 DDoS 공격이 인지되었는데, 이는 2014년의 같은 기간에 발생한 25,113건에 비해 17%가 증가한 것이었다.

7-6. 일본

일본의 인터넷 보급률은 2015년에 93.3%에 달했다(ITU, 2016,

p. 246). 일본 정부는 1996년에 '컴퓨터침해사고긴급대응팀'을 창설하였고(JPCERT/CC, n.d.), 1999년 일본 경찰청은 사이버범죄에 대한 전국적인 대책 수립을 위해 '하이테크범죄기술대책과'를 신설하였다. 2001년부터 도쿄 경시청 등 전국 9개 지역에 '경찰 사이버 포스'를 신설하였고, 현재 140여 명의 전문가가 근무하고 있다(NPA, n.d.). 이 부서에서는 인터넷 보안 관련 모니터링과 관련 정보 수집, 사이버 테러 관련 수사 기술지원 업무 및 교육훈련 등의 업무를 수행하고 있다.

또한, 일본 정부는 2006년에 국가적인 차원에서의 사이버 보안 정책을 집행하도록 '정보보안 국가전략'을 발표하였다. 일본 경찰청은 2006년 6월, '인터넷 핫라인 센터(Internet Hotline Center)'를 설치하여 시민으로부터 아동 포르노그래피 등 인터넷상 불법 또는 해로운 내용을 제작, 유포하는 불법 행위에 대한 신고를 받고 있다. 2013년에 130,720건의 신고를 접수했다. 불법 온라인 송금으로 인한 피해액은 2014년에 29억 1천만 엔이었고, 이와 관련하여 233명을 체포하였다(NPA, 2015).

표 7-8: 일본의 사이버범죄 처리 결과(2009년~2013년)

구분	2009년	2010년	2011년	2012년	2013년
사이버 범죄 상담	83,739	75,810	80,273	77,815	84,863
수사 종결	6,690	6,933	5,741	7,334	8,113

출처: 일본경찰청(www.npa.go.jp/)

'네트워크를 사용한 범죄', '컴퓨터부정접속금지법(부정액세스 행위 등의 금지법)'과 '컴퓨터나 데이터대상 범죄' 등 3개의 사이버범죄 관련법 위반 사건의 경찰 수사 종결 건수는 2009년에 6,690건, 2010년에 6,933건, 2011년에 5,741건, 2012년에 7,334건 및 2013년에 8,113건 등 매년 증가 추세를 보여 왔다(표 7-8 참조).

사이버범죄 상담건수는 2009년에 83,739건에서, 2014년에 118,100건으로 일본 역시 사이버범죄가 꾸준히 발생하고 있음을 보여 주고 있다(표 7-8 참조).

표 7-9: 일본의 사이버범죄 건수(2014년)

2014년	건수	퍼센트
총 건수	7,905	100
부정접속금지법 위반	364	4.6
컴퓨터전자적기록대상범죄	192	2.4
네트워크이용범죄	7,349	93
아동포르노법위반	1,248	15.8
인터넷 사기	1,133	14.3
음란물 배포	840	10.6
저작권법 위반	824	10.4
청소년보호육성조례위반	657	8.3
아동매춘관련	493	6.2
데이트사이트규제법	279	3.5
상표법	308	3.9
기타법규 위반	1,567	19.8

출처: 일본경찰백서 평성 27년(http://www.npa.go.jp/hakusyo/h27)

2014년의 일본의 사이버범죄법규에 따른 사이버범죄 건수를 보면(표 7-9 참조), 아동포르노법 위반(15.8%), 인터넷 사기(14.3%), 인터넷상 음란물 배포(10.6%), 저작권법 위반(10.4%), 청소년보호

육성조례 위반(8.3%), 아동매춘관련(6.2%), 부정접속금지법 위반(4.6%), 및 컴퓨터전자적기록대상범죄(2.4%) 등의 순이다.

7-7. 러시아

7-7-1. 러시아의 사이버범죄 대응체제

2000년에 러시아 연방정부는 러시아연방의 정보보안에 관한 정강을 발표하였고, 러시아연방 형법 28장은 컴퓨터 정보에 관한 범죄(Crimes in the Sphere of Computer Information)를 정의하고 있다(Levin & Ilkina, 2013, p. 30). 이 28장 내의 3개 항은 구체적으로 사이버 범죄에 대해서 정의하고 있다. 제272조는 컴퓨터 정보에 대한 불법접속, 제273조는 유해한 컴퓨터 프로그램의 제작과 그 사용 및 배포, 제274조는 컴퓨터 정보와 통신 네트워크의 절차, 전송과 저장 수단의 오용에 관한 것이다(Russian Federation, 2012).

러시아 정부는 '유럽 평의회 사이버범죄 조약' 비준을 하지 않고 있지만, 특정한 경우에 외국 법집행기관들과 수사 협력을 하고 있으며, 러시아연방 내무부의 'K국'이 사이버범죄 수사와 기소를 담당하고 있다(Levin & Ilkina, 2013, p. 30). 'K국'은 러시아의 IT 보안 업체인 Group-IB와 기술 협조로 사이버범죄를 수사한다. Group-IB는 미국의 US-CERT와 비슷한 임무를 수행하여 '러시아 컴퓨터침해사고긴급대응팀(CERT-IB)'를 운영하며, 러시아 내의 사이버 보안 관련 정보 수집, 사이버 위협 예방, 기업 및 러시아 시민 간의 협력체제 구축, 사이버 범죄 관련 수사 서비스를 러시아 연방 내무부에 제공하고 있다.

7-7-2. 러시아의 사이버범죄 현황

러시아의 인터넷 보급률은 2015년 기준으로 73.4%이다(ITU, 2016, p. 246). 2016년 비영리단체인 RosComSvoboda의 현지 조사에 따르면, 러시아 검찰 당국은 9,982개의 불법 마약 관련 웹사이트, 5,253개의 아동 포르노 사이트, 1,465개의 저작권 침해사이트, 6,313개의 도박 관련 사이트, 1,587개의 과격 단체 및 시위 조장 사이트 등을 폐쇄하였다(Freedom House, 2016). 2013년의 러시아의 사이버범죄로 인한 피해 규모는 19억 달러에 달했던 것으로 추산되었다(Casaretto, 2013).

최근, 러시아 마피아 조직은 해커를 고용하여 사이버 범죄를 주도하는 것으로 알려져 있다. 러시아 해커는 2011년을 전후하여 그 전까지 개인적으로 사이버범죄 지하시장에서 활동하다가 조직화한 범죄 그룹의 구성원으로 편입되기 시작하였다. '러시아 비즈니스 네트워크(Russia Business Network)'는 러시아의 초기 사이버범죄 조직으로 간주된다(The Economist, 2007). 이 조직은 러시아의 St. Petersburg 시에 있는 인터넷 서비스 공급 업체로, 아동 포르노그래피, 피싱, 스팸 및 익싱 코드 배포 등의 범죄를 전문으로 하였다(Krebs, 2007).

표 7-10: 러시아 사이버범죄 활동 규모(단위: 백만 달러)

구분	온라인 사기	스팸메일 발송	사이버범죄 지하경제 활동	DDoS 공격	기타
활동 규모	942	830	230	130	168

출처: The Infosec Island(www.infoseisland.com)

러시아 사이버범죄 지하경제에서는 다른 국가의 지하경제와 비교할 때, 비교적 높은 수준의 해킹 기술 및 관련 서비스 등이 거래되는 것으로 알려져 있다. 러시아의 컴퓨터 백신 업체인 Kaspersky는, 2012년부터 2015년까지 330건의 러시아의 사이버 조직범죄를 분석한 바, 95%가 금전적 목적으로 사이버 범죄를 행하였다(Ilyin, 2015). 이들 사이버 조직범죄 행위로부터 7억 8,000만 달러의 손실이 발생하였고, 160명의 사이버 범죄자가 체포되었다. 이 손실 중 5억 900만 달러는 러시아 밖의 미국, 영국, 호주, 프랑스, 독일, 이탈리아 등에 소재한 기업의 피해였다.

또한, Kaspersky 사는 2012년부터 약 1천 명에 달하는 사이버 범죄자들이 사이버 범죄 조직에 연루되었다고 추정하였다(Ilyin, 2015). 러시아 사이버범죄 조직의 주요 활동 범위는, DDoS 공격, 개인 정보 및 전자 금융에 접근할 수 있는 데이터 절취, 은행 등 금융기관의 계좌에서 현금 절취, 기업 정보 절취, 및 갈취 목적으로 해킹한 컴퓨터 시스템에의 데이터 접속 방해 등으로 알려져 있다(Stoyanov, 2015).

또한, 사이버 범죄 지하경제 시장에 제공하는 사이버범죄 서비스는 크게 사이버 공격용 불법 프로그램과 서비스로 구분한다.

첫째, 사이버 공격용 프로그램으로는 컴퓨터나 모바일 기기에 불법 접속할 수 있는 소프트웨어, 피해자의 기기에 설치된 소프트웨어의 취약점을 이용할 수 있는 소프트웨어, 절취한 신용카드 데이터베이스 제공 등이 있다.

둘째, 서비스 분야는, 스팸 메일 발송, DDoS 공격, Trojan 프로그램 판매, 바이러스 백신 탐지 서비스, 바이러스 백신 회피용 악성코드 작성, 사이버 공격용 도구 대여 서비스, 서버 대여, VPN 서비스, 보안 강화된 사이버 공격 방지 호스팅 서비스, Botnet 대여 서비스, 절취한 신용카드 데이터 평가, 데이터 유료화 서비스, 광고 서비스, 사이버 공격용 제품 및 서비스 거래 중계, 현금 인출 및 현금화 서비스 등이다(Goncharov, 2012). 이들 서비스에 대한 대금 지불은 Web Money, Perfect Money 및 Bitcoin 등으로 요구한다.

러시아 해커들은 최근 안드로이드 기반 모바일 기기 해킹 분야에도 진출하여, 모바일 뱅킹 정보를 해킹하고, 텍스트 메시지 및 대화 감청, GPS 위치 기반 서비스 해킹으로 사용자 위치 추적, 은행의 ATM 기기를 악성 코드로 감염시켜 사용자의 정보를 수집하여, 현금을 불법 인출하기도 한다. 또, 러시아 사이버 범죄 조직은 유사 의약품 및 복제품 등 불법 의약 제품을 온라인을 통해 판매하기도 한다(Goncharov, 2012).

7-8. 브라질

브라질은 2016년에 인터넷 사용 가구는 전체가구의 59.1%였다(ITU, 2016, p. 244). 브라질은 2012년 기준으로 당시 전자상거래(e-commerce) 거래 규모는 약 113억 달러였다. 브라질은 러시아, 중국 다음으로 사이버 범죄가 심각한 국가로 꼽히고 있다(Lemos, 2016). 이는 다소 허술한 사이버 관련 법집행 및 빈부 격차의 심화가 주요 원인으로 꼽힌다.

브라질의 사이버범죄는 크게 두 가지 형태로 나눌 수 있다. 첫째는 금전적 목적의 사이버 범죄(온라인 은행 사기 등)와 둘째, 사이버 내용 관련 범죄(아동 포르노그래피 등)으로 분류할 수 있다(Diniz, Muggah, & Glenny, 2014). 브라질 연방 경찰의 '사이버범죄과

(Unit for Combating Cybercrime)'가 사이버범죄 수사 및 예방 활동을 하고 있다.

대부분의 브라질 해커는 러시아 해커와 유사하게 은행 등 주로 금융기관을 대상으로 사이버 공격을 하여 왔다. 그러나 러시아나 중국과는 달리 사이버 범죄조직이 브라질 정부와 특별한 관계로 얽혀 있지는 않다(Diniz, Muggah, & Glenny, 2014). 대다수 브라질 해커는 주로 러시아의 사이버 지하시장에서 해킹 도구를 구입하여 사용해 왔기 때문에 러시아 해커와 해킹 기법이 유사하고, 최근에는 랜섬웨어(Ransomware)와 안드로이드(Android)용 악성 코드를 사용하고 있다(Diniz, Muggah, & Glenny, 2014).

브라질은 온라인 뱅킹 사기와 금융 정보 절취를 위한 악성 코드 사용 등이 세계 2위권으로 알려져 있으며, 2014년에 브라질 내 사이버 공격이 2013년도에 비해 197%가 증가했고, 2015년에는 온라인 뱅킹 사기는 전년도에 비해 40% 증가했다(Muggah & Thompson, 2015). 브라질은 남미권에서 발송된 스팸메일의 36.3%를 차지했고, 유해한 URL 소스의 58%가 브라질에서 제작되었으며, 사이버범죄 피해 규모는 명확하게 알려지지 않았으나, 2013년에 데이터 절취로 인한 사이버범죄 피해 규모는 41~47억 달러로 추산되었다(Trend Micro, 2014). 표 7-11은 2008년부터 2014년간 브라질 컴퓨터침해사고긴급대응팀(Brazil-CERT)에 신고된 사이버 침해사고 건수이다. 2014년의 사이버 침해사고는 2013년에 비해 급격히 증가하고 있음을 보여주고 있다.

표 7-11: 브라질의 사이버범죄 통계(2008년~2014년)

년도	2008	2009	2010	2011	2012	2013	2014
건수	222,528	358,343	142,844	399,515	466,029	352,925	1,047,031

출처: 브라질 CERT (https://www.cert.br/en/).

표 7-12는 2014년의 사이버 침해사고를 유형별로 분류한 것이다. 전체 사이버 공격의 44.7%는 온라인 사기이고, 두 번째는 IT 시스템 침투를 위해 시스템의 취약점에 대한 스캔 활동(25.2%), DoS 공격(21.4%), 컴퓨터 웜 유포(4%), 웹사이트 변조(2.8%) 등의 순위를 보여주고 있다.

표 7-12: 브라질의 사이버 공격 피해 유형(2014년)

유형	온라인 사기	취약점 탐색	DoS	Worm	웹 변조	시스템 침입	기타
%	44.7	25.2	21.4	4	2.8	0.6	1.3

출처: 브라질 CERT (https://www.cert br/en/).

7-9. 중국

7-9-1. 중국의 사이버범죄 대응체제

중국 국무원은 1994년 2월, 국무원 법령 제147호인 '컴퓨터정보 시스템 보안보호법규'를 공표하였다. 세부적으로 이 규정을 보면, 첫째, 컴퓨터정보 시스템을 위협하거나, 동 시스템의 보호 조치를 위반한 경우, 둘째, 국제적 네트워킹을 위해 컴퓨터정보 시스템의 등록 체계를 위반하거나, 셋째, 지정된 기간 내에 컴퓨터정보 시스템 내에서 발생한 침해 사고를 신고하지 않거나, 넷째, 보안 상태를 개선하도록 공안 당국으로부터 통보를 받은 후 개선을 거부하거나, 다섯째, 컴퓨터 정보시스템을 위협하는 행위 등을 처벌하도록 규정하였다(PUCLI, n.d.).

이어서 1997년에 형법을 개정하여, 제285조는 불법 접속, 286조는 컴퓨터정보시스템방해, 그리고, 제287조는 컴퓨터 관련 위조 및 사기 관련 조항을 형법에 첨가하고, 2000년에는 '인터넷보안보호안'을 채택하여, 5개의 사이버 불법행위에 대한 형사적 책임을 규정하였다(Lil, 2015). 2009년에 다시 형법을 개정하여, 제285조 및 제286조는 컴퓨터 데이터 및 시스템의 기밀성, 무결성 및 가용성 보호(불법 감청, 기기의 오용과 통제 등)에 관한 범죄를 추가하였다(Chang, 2012, p. 116). 2012년에는 네트워크정보보호강화에 관한 정책안 채택, 같은 해에 '인터넷정보서비스관리규정'을 개정하였다.

2016년 11월, 중국 전국인민대표회의 상무위원회는 인터넷검열과 감시가 강화된 '사이버 보안법'을 채택하여 2017년 6월부터 시행하고 있다. 이 법은 총 12장 79조로 구성되었다. 주요 내용은 개인정보 보호, 네트워크 운영자의 보안 조치요건, 주요기반시설보호, 개인정보와 비즈니스 데이터의 해외이전 규제 및 형벌로 규정되어 있다(KMPG, 2017). 중국의 사이버범죄 역시 다른 국가처럼 꾸준히 증가하여 왔다. 이에 대응하고자, 중국 공안부는 2002년에 '공공정보 및 인터넷보안감독국'을 창설하였고, 2006년에 중국 과학기술부에 의해 채택된 '사이버범죄 수사 지침'이 중국 전 지역의 공안당국에 배포 및 시행되었다(Menting, 2013).

7-9-2. 중국의 사이버범죄 현황

2016년의 중국 인터넷 사용 인구는 7억 1천만 명으로, 이는 2012년의 5억 4천만 명에서 단기간에 급성장하였다. 가구당 인터넷 보급률은 54.2%, 무선 인터넷 인구는 6억 6천만 명에 달한다(CINIC, 2016). 이 통계에 따르면, 인터넷 사용 시간은 주당 26.5시간으로 2012년의 19.9시간에 비해 증가하였다. 표 7-13은 중국의 인터넷 사용자들이 어떻게 인터넷을 이용하고 있는가를 보여 주고 있다. 소셜 네트워크 서비스를 통한 메시지 교환, 온라인 검색 등이 각기 90.4%와 83.5%를 차지하고 있고, 온라인 지불 64.1%, 온라인 쇼핑 63.1%, 온라인 뱅킹이 48% 등의 순위를 보여주고 있다(CINIC, 2016).

표 7-13: 중국의 인터넷 사용 현황(2016년)

사용 구분	퍼센트(%)
인스턴트 메시지	90.4
인터넷 검색	83.5
인터넷 뉴스 검색	81.6
온라인 지불	64.1
온리인 쇼핑	63.1
온라인 세임	55.1
온라인 뱅킹	48.0
이메일 사용	36.8

출처: China Internet Network Information Center(https://cnnic.com.cn/)

중국의 사이버범죄는 1998년에 142건, 1999년에 약 400여 건의 사이버범죄가 중국 공안당국에 신고 된 것을 시작으로, 2000년에 2,700건, 2001년에 4,500건, 2007년에 29,000건, 2008년에 35,000건,

2009년에 48,000건 등으로 중국 내 사이버범죄는 짧은 기간 내 급격히 증가하여 왔다(Menting, 2013). 2009년에는 약 1백만 개에 달하는 중국 IP 주소와 42,000여 개의 웹사이트가 외국 해커에 의해 해킹 피해를 입었다(Xinhua, 2010).

중국 '국가컴퓨터침해사고긴급대응팀(China National Computer Emergency Response Team, CN-CERT)'는 2002년 9월에 설립된 비영리 비정부 기관으로 중국 내 IT 침해 사고에 대한 대응기관이다(CN-CERT, n.d.). 2017년 3월 6일~12일간 신고된 중국의 IT 침해 사고를 보면, 약 41만여 대의 컴퓨터가 악성 코드 등에 감염되었고, 2,846개의 웹사이트가 변조 피해를 입었다. 2,041개의 웹사이트에서 Backdoor 프로그램이 발견되었고, 903개의 피싱 웹페이지가 발견되는 등의 피해 보고가 있었다(CN-CERT, n.d.). 이들 피해 건수를 1년의 기간으로 합산 집계하면 중국의 IT 침해 사고 피해 규모는 상당하다고 할 것이다. 이는 중국의 컴퓨터 네트워크 시스템이 비교적 취약하다고도 해석할 수 있다.

2014년에 '중국 인터넷네트워크정보센터(China Internet Network Information Center, CINIC)'가 조사한 바에 따르면, 조사 대상자의 45.1%는 인터넷 사용이 안전하다고 느끼며, 42%는 그렇게 안전하지는 않다고 응답했다. 같은 조사에서, 중국 인터넷 인구의 46.3%가 인터넷 보안관련 문제를 경험했고, 세부적으로 조사 대상자의 26.7%는 컴퓨터나 모바일 전화가 바이러스나 Trojan 프로그램에 오염된 적이 있고, 25.9%는 계좌나 비밀번호가 절취된 경험이 있고, 12.6%는 온라인 쇼핑을 이용했을 때, 사기를 당한 경험이 있다고 밝혔다(CINIC, 2015, p. 21).

중국 공안당국은 2012년에 118,000건에 달하는 사이버 범죄를 수사했으나, 대다수의 사이버범죄 피해자는 소규모 피해액이라는 이유로 법집행기관에 신고하지 않았다고 밝혔다(Qing, 2013). 2012년 10월, 중국 공안부는 8,900여 명의 사이버 범죄자를 체포하였고, 약 700여 개에 달하는 사이버범죄 조직을 검거하였다. 이 중 4,400여 건이 형사 기소되었다(Menting, 2013).

이어서, 2015년 7월에는 '인터넷 정화(Operation Clean Internet)' 캠페인을 펼쳐 약 7,400여 건의 사이버범죄를 수사하여, 약 15,000여 명의 사이버 범죄자를 체포하였다(Yan, 2015). 이 수사 과정 중, 해킹, 인터넷 게임 관련 정보 절취 및 금융 정보 절취가 대다수를 차지했다고 밝혔다. 위의 검거 캠페인 결과와 같이, 중국은 온라인 게임 관련 범죄 피해도 컸다. 2015년의 중국의 온라인 게임 인구는 1억 6천만 명에 달했고, 시장 규모는 220억 달러를 기록했다(CIW Team, 2015). 온라인 게임 산업의 피해는 피싱은 58%, Trojan 프로그램을 사용한 개인정보 절취가 38%, 사회 공학적 기법 사기는 9% 등이었다.

참 고 문 헌

Andress, J. & Winterfeld, S. (2011). Cyber warfare: technique, tactics, and tools for security practitioners. Waltham, MA: Syngress.

BKA. (2009). *Central unit for random internet searches (ZaRD)*. Retrieved from https://www.bka.de/EN/OurTasks/AreasOfCrime/Cybercrime/ZaRD/internetCrimeZaRD_node.html.

BKA. (2016a). *Cybercrime*. Retrieved from https://www.bka.de/EN/OurTasks/areasof crime/cybercrime/cybercrime_node.html.

BKA. (2016b). *Identity Theft*. Retrieved from https://www.bka.de/EN/OurTasks/AreasOfCrime/Cybercrime/IdentityTheft/identityTheft_ node.html.

BKA. (2016c). *Bundeslagebild cyber-crime 2015*. Retrieved from https://www.bka.de/SharedDocs/Downloads/DE/Publikationen/JahresberichteUndLagebilder/Cybercrime/cybercrimeBundeslagebild2015.html.

Casaretto, J. (2013, October 9). Report: Russia's cybercrime market hits $1.9 billion, *SILICONE ANGLE*. Retrieved from https://siliconangle.com/blog/2013/10/09/report-russias-cybercrime-market-hits-1-9-billion/.

CERT-Verbind. (n.d.). *Deutscher CERT-Verbund bersicht*. Retrieved from https://www.cert-verbund.de/index.html.

Chang, L. Y. C. (2012). *Cybercrime in the greater China region: Regulatory responses and crime prevention across the Taiwan Strait*. Northampton, MA: Edward Elgar Publishing. Retrieved from http://www.cybercrimejournal.com/Li2015vol9issue2.pdf.

China Internet Network Information Center. (2015, January). *Statistical report on internet development in China*. Retrieved from http://cnnic.com.cn/IDR/ReportDownloads/201507/ P020150720486421654597.pdf.

______________________________. (2016, July). *Statistical report on internet development in China*. Retrieved from http://cnnic.com.cn/IDR/ReportDownloads/20161/P02016 111457 3409551742.pdf.

CIW Team. (2015, August 18). *China online gaming market exceed $22 billion in 2015*. Retrieved from https://www.chinainternetwatch.com/14323/china-online-gaming-market-22-2-billion-2015/.

CN-CERT. (n.d.). *CN-CERT.* Retrieved from http://www.cert.org.cn/publish/english/html.

Diniz, G., Muggah, R., & Glenny, M. (2014, December). *Deconstructing cyber security in Brazil: Threats and responses.* Retrieved from https://igarape.org.br/wp-content/uploads/2014/11/Strategic-Paper-11-Cyber2.pdf.

Department of Energy Chief Information Officer. (n.d.). *JC3 incident reporting.* Retrieved from https://energy.gov/cio/office-chief-infor-mation-officer/services/incident-management/jc3-incident-reporting.

Electronic Privacy Information Center (EPIC). (2016). *Cybersecurity privacy practical implications.* Retrieved from https://www.epic.org/privacy/cybersecurity/.

Europol EC3 (European Cybercrime Centre). (n.d.). *European cybercrime centre-EC3. Combating crime in a digital age.* Retrieved from https://www.europol.europa.eu/about-europol/european-cybercrime-centre-ec3#fndtn-tabs-0-bottom-1.

Federation of American Scientists (FAS). (2009, May). *Fact Sheet: Cyberspace policy review: Assuring a trusted and resilient information and communications infrastructure.* Retrieved from https://fas.org/irp/news/2009/05/cyber-fs.html.

Freedom House. (2016). *Freedom on the Net.* Retrieved from https://freedomhouse.org/report /freedom-net/2016/russia.

Gewirtz, D. (2012, June 14). Understanding America's Comprehensive National Cybersecurity Initiative. *Zdent.com.* http://www.zdnet.com/article/understanding-americas-comprehensive-national-cybersecurity-initiative/.

Gidda, M. (2013, August 21). Edward Snowden and the NSA files-timeline. *The Guardian.com.* Retrieved from https://www.theguardian.com/world/2013/jun/23/ edward-snowden-nsa-files-timeline.

Gocharov, M. (2012). Russian underground 101. *Trend Micro Inc.* Retrieved from https://www.trendmicro.de/cloud-content/us/pdfs/security-intelligence/white-papers/ wp-russian-under ground-101.pdf.

Gu, L. (2013). The Chinese underground in 2013. *Micro Trend Inc.* Retrieved from https://media.scmagazine.com/documents/91/trend_micro_chineseundergroun_22551. pdf .

Harvey, J. (2016, February). *Cybersecurity policy tenets: Yesterday and today.* Unpublished paper. Retrieved from http://www.academia.edu/24160254/ Obama_Vs._Bush_Cyber_ Policy.

Information Security Policy Council. (2014). *Cybersecurity annual report.* Retrieved from http://www.nisc.go.jp/eng/pdf/CYBERSECURITY_ ANNUAL20REPOR T_2013_eng.pdf.

ITU. (2016). *Measuring the information society report 2016.* Retrieved from http://www.itu.int/en/ITU-D/Statistics/Documents/publications/mis r2016/MISR2016-w4.pdf.

JPCERT/CC (n.d.). *About JPCERT/CC.* Retrieved from https://www.jpcert.or.jp/ english/ about/ index.html.

KMPG China. (2017). *Overview of China's cybersecurity law.* Retrieved from https://assets.kpmg.com/content/dam/kpmg/cn/pdf/en/2017/02/over view-of-cybersecurity-law.pdf.

Krebs, B. (2007, October 13). Shadowy Russian firm seen as conduit for cyber crime. *The Washington Post.* Retrieved from http://www.washingtonpost. com/ wp-dyn/content/articl e/2007/10/12/AR2007101202461.html.

Lemos, R. (2016, January 12). Brazilian cyber-crime flourishes, catching up to Russian, Chinese groups. *Eweek.com.* Retrieved from http://www. eweek.com/security/brazilian-cyber-crime-flourishes-catching-up-to -russian-chinese-groups.html.

Levin, A., & Ilkina, D. (2013). Securing cyberspace: A comparative review of strategies worldwide. *Privacy and Cyber Crime Institute.* Toronto, Canada: Ryserson University. Retrieved from http://www.ryerson.ca/ tedrogersschool/privacy/documents/Ryerson_cyber_crime_final_ report.pdf.

Lil, X. (2015). Regulation of cyber space: An analysis of Chinese law on cyber crime. *International Journal of Cyber Criminology, 9*(2), 185-204.

Llyin, Y. (2015, November 23). *Russian cybercrime underground: doing "business" in plain sight.* Retrieved from https://blog.kaspersky.com/ russian-cybercrime-underground-doing-business-in-plain-sight/4 837/.

McGuire, M. & Dowling, S. (2013). *Cyber crime: A review of the evidence:*

Research project 75. Retrieved from https://www.gov.uk/government/uploads/system/uploads/attachment_data/file/246749/horr75-summary.pdf.

Menting, M. (2013, February). *Cybercrime in China*. Retrieved from http://www.academia.edu/2701487/Cybercrime_in_China_PPT.

Muggah, R. & Thompson, N. (2015, September 17). Brazil's cybercrime problem. Time to get tough. *The Foreign Affairs*. Retrieved from https://www.foreignaffairs.com/articles/south-america/2015-09-17/brazils-cybercrime-problem.

National Security Agency (2016, May). *What we do: Understanding the threat*. Retrieved from https://www.nsa.gov/what-we-do/understanding-the-threat/

NCA NCCU. (n.d.). *National cyber crime unit*. Retrieved from http://www.nationalcrimeagency.gov.uk/about-us/what-we-do/national-cyber-crime-unit.

NCA SCIG. (2016). *NCA Strategic cyber industry group: Cyber crime assessment 2016*. Retrieved from http://www.nationalcrimeagency. gov.uk/publications/709-cyber-crime-assessment-2016/file.

NPA. (n.d..). *The National Police Agency's commitment to information security*. Retrieved from https://www.npa.go.jp/cyberpolice/english/ action01_e.html.

______. (2015). *The White Paper on Police 2015*. Retrieved from http://www.npa.go.jp/hakusyo/h27/english/P45-7WHITE_PAPER_2015_45.pdf.

Office of National Statistics (ONS). (2016). *Crime in England and Wales: year ending Dec 2016*. Retrieved from https://www.ons.gov.uk/peoplepopulationandcommunity/crimeandjustice/bulletins/crimeinenglandandwales/yearendingdec2016.

Paganini, P. (2012, April 25). Russian cybercrime: Not just a localized threat. *The Infosec Island*. Retrieved from http://www.infosecisland.com/blogview/21113-Russian-Cybercrime-Not-Just-a-Localized-Threat.html.

Peking University Center for Legal Information (PUCLI). (n.d.). *Ordinance on security protection of computer information system, Chapter 4*. Retrieved from http://en.pkulaw.cn/Display.aspx?lib=law&Cgid- 8918.

Qing, L. Y. (2013, January, 29). China loses US$46B to cybercrime in 2012. *Zdnet.com*. Retrieved from http://www.zdnet.com/article/china-loses-us46b-to-cybercrime-in-2012/.

Rollins, J. & Henning, A. C. (2009, March). *Cybersecurity Initiative: Legal Authorities and Policy Considerations*. Retrieved from https://fas.org/sgp/crs/natsec/R40427.pdf.

Russia Federation. (2012). *Criminal code of the Russian Federation*. Retrieved from http://legislationline.org/documents/section/criminal-codes/country.

Stoyanov, r. (2015, November 19). *Russian financial cybercrime: how it works*. Retrieved from https://securelist.com/analysis/publications/72782/russian-financial-cybercrime-how-it-works/.

The Economist. (2007, August 30). A Walk on the dark side. *The Economist*. Retrieved from http://www.economist.com/node/9723768.

The Local. (2014. June 3). *Police struggle as cybercrime hits record*. Retrieved from https://www.thelocal.de/20140603/internet-crime-in-germany-at-a-record-high.

__________. (2016, September 6). *German government attacked by hackers 20 times a day*. Retrieved from https://www.thelocal.de/20160906/german-government-attacked-by-hack ers-20-times-a-day.

Trend Micro. (2014). *Cybersecurity challenges faced by a fast-growing market economy*. Retrieved from http://www.trendmicro.com.au/cloud-content/us/pdfs/security-intelligen ce/white-papers/wp-brazil.pdf.

UK CVS. (2016). Crime against businesses: findings from the 2016 Commercial Victimisation Survey: data tables. Retrieved from https://www.gov.uk/government/statistics/crime-against-businesses-findings-from-the-2016-commercial-victimisation-survey-data-tables.

US-CERT. (n.d.). *US-CERT mission*. Retrieved from https://www.us-cert.gov/about-us.

US Secret Service Electronic Crimes Task Forces. (n.d.). *Overview*. Retrieved from https://www.dhs.gov/sites/default/files/publications/.

Valeri, L., Somers, G., Robinson, N., Graux, H., & Dumortier, J. (2006). Handbook of legal procedures of computer and network misuse in EU countries. *Rand-Europe*. Retrieved from http://www.rand.org/content/dam/rand/pubs/technical_reports/2006/RAND _TR33 7.pdf.

Xinhuna. (2010, June 8). China faces increasing computer crimes: White paper. *Xinhuanet.com*. Retrieved from http://news.xinhuanet.com/english 2010 /china/2010-06/08/c_13339116.h tm.

Zhuge, J., Gu, L., Duan, H., & Taylor, R. (2015). Investigating the Chinese online underground economy. In J. R. Lindsay, T. M. Cheung, & D. S. Reverson (eds.), *China and Cybersecurity: Espionage, Strategy, and Politics in the Digital Domain* (pp. 87-120). Oxford, U.K.: Oxford University Press.

제8장

디지털 증거 분석의 이해

제 8 장 디지털 증거 분석의 이해

이번 장은 사이버범죄에 대한 수사를 이해하는 데 필요한 기본적인 디지털 증거의 특성, 수집 방법, 절차 및 법적 문제점 등을 알아보기로 한다. 디지털 증거 분석의 기법은 컴퓨터 시스템이나 디지털 증거 분석 프로그램에 대한 최소한 이상의 전문적인 지식을 갖추어야 이해할 수 있다. 본 저서는 사이버범죄에 대한 기본 입문서이므로, 디지털 증거 분석에 대한 기본적인 개념을 선별하여 소개하고자 한다.

사이버범죄를 인지하는 경로는 여러 가지가 있다.

첫째, 개인, 단체나 기관 등 사이버범죄 피해자의 신고로 법집행기관에서 인지하게 된다.

둘째, 법집행기관은 인터넷상 유해 사이트 검색(Cyber Patrol) 중에 사이버범죄가 진행 중이거나 임박한 사이버범죄를 인지하기도 한다.

셋째, 별노의 일반 범죄사건 또는 사이버범죄 사건을 수사하는 도중에, 특정의 사이버범죄 사건을 인지하게 된다.

넷째, 민간단체 등에 의해 아동 포르노그래피 검색 등 유해 사이트 고발에 따라 인지하기도 한다.

다섯째, 언론 매체를 통해서 사회에 문제가 되거나, 새로운 형태의 사이버범죄를 인지하게 된다.

여섯째, 외국 법집행기관이나 Interpol, Europol 또는 국제기구의 수사 협조 요청 등으로 사이버 범죄를 인지하게 된다(그림 8-1

참조).

사이버범죄는 일반 범죄와 달라서, 범죄 현장에서 현행범으로 체포되는 경우는 드물다. 해킹 등 범죄 행위에 대한 범죄 사실의 특정과 피해, 디지털 증거 그리고 위치 파악 같은 적법한 수사 과정을 거쳐서 범죄자를 특정하고 범죄자 소재를 파악하여 체포하게 된다. 사이버범죄는 일반범죄와 같이 범죄 현장에서 범죄 증거를 남기게 된다. 사이버범죄 증거는 일반적인 범죄와 같이 과학적이고 논리적인 방법으로 증거를 획득하기 위한 절차를 따라야 한다. 하지만 사이버범죄의 증거는 일반범죄 증거 수집 방법이나 절차와는 다른 방법과 절차에 따르게 된다. 따라서 사이버범죄 증거의 수집 방법과 절차는 일반범죄 증거에 대한 수집 방법과 절차보다 더욱 전문적인 훈련과 기술을 필요로 한다.

그림 8-1: 사이버범죄 인지 경로

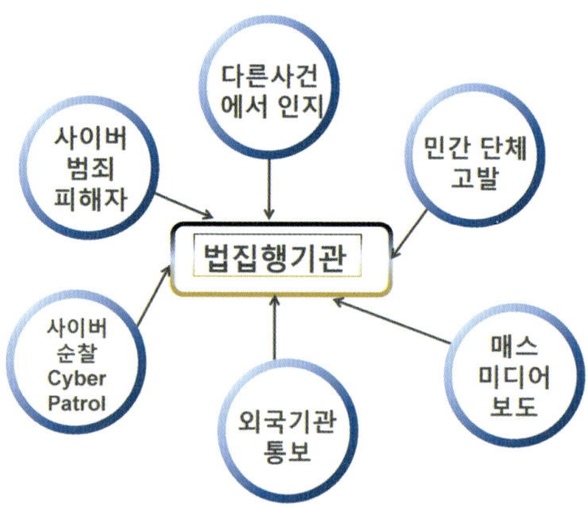

일반범죄의 증거와 사이버범죄의 증거는 몇 가지 면에 차이점이 있다. 사이버범죄의 증거는 일반범죄의 증거와는 달리, 복수의 범죄

피해 현장에서 발견될 수 있다. 사례를 들면, 컴퓨터 웜이나 바이러스는 전 세계의 네트워크를 타고 전 세계적으로 동시에 그리고 순식간에 유포된다. 피해자 역시 일회성의 사이버 범죄 행위로 인해 동시에 다수의 피해자가 발생한다. 따라서 다수의 사법적 관할권이 생긴다. 사이버범죄 증거는 물리적인 공간과 디지털 공간 동시에 걸쳐서 발견된다. 또한, 범죄 현장에서 수집된 사이버 범죄의 디지털 증거는 변화하거나 소멸하지 않도록 보존을 완벽히 해야 할 필요가 있다.

8-1. 디지털 증거의 특징

2008년에 발간한 미국 '컴퓨터침해사고긴급대응팀(US-CERT)'의 '컴퓨터 포렌식' 가이드라인에 따르면, '컴퓨터 포렌식'의 의미를, "법의 기본 요소와 컴퓨터 과학을 결합하여 컴퓨터 시스템, 네트워크, 무선 통신망 그리고 저장 매체로부터, 법정의 증거로 채택할 방법으로 증거를 수집하고 분석하는 규범"이라고 정의하고 있다(US-CERT Computer Forensics, 2008, p. 1).

사이버범죄에서 발견되는 디지털 증거의 성격과 종류에 대해서 알아보자. 미국 법무부가 정의한 디지털 증거의 성격은 다음과 같다.

"지문이나 DNA 증거처럼 잠재적이다, 쉽게 사법관할권을 넘는다. 쉽게 변조, 손상을 입고, 파괴된다, 그리고 시간에 민감하다(US DOJ Office of Justice Program, 2008, p. 9)."

디지털 증거는, 첫째, 합법적으로 획득되어야 하며, 둘째, 무결성을 보장하는 절차로 수행되어야 하고, 셋째, 합리적으로 수긍할 만한 상태에서 범죄 증거로 관할 법정에 제시되어야 한다. 사이버범죄의 디지털 증거는 특별한 기기나 프로그램의 도움 없이는 얻을 수 없다. 압수된 디지털 증거의 상태가 원본 그대로 보존되고 진술되어야 한다. 디지털 증거에 대해 부적절하게 취급을 하거나 규정에 따라 보관을 하지 않으면, 소멸하거나 손실될 수 있어 증거로써 인정받을 수 없는 경우가 발생한다.

디지털 감식 수사관은 현장의 모든 디지털 증거를 파악, 확인, 수집하고 보호 조치를 취해야 한다. 디지털 증거가 발견된 특정 위치와 현장에 대해서는 문서로 기록해야 하며, 디지털 증거를 수집한 후, 절차에 따라 분류 및 보존해야 한다. 또한, 보호 조치가 된 방법으로 디지털 증거를 포장하고 이송하는 것이 기본 원칙이다.

디지털 증거는, 1) 유형적(Physical), 2) 전자적(Electronic), 3) 상황적(Circumstantial), 4) 진술적(Testimonial), 5) 설명적(Demon-strative) 증거 등으로 분류할 수 있다. 첫째, 유형적 증거는 물질적 형태로써, 예를 들면, 서류, 사진, 표, 컴퓨터 하드웨어, CD, DVD, Fresh drive 등이다. 사이버범죄 수사관은 이런 형태의 증거에 대해 증거 확인, 위치 식별, 유형적 증거 보호 및 확보 절차를 수행한다. 둘째, 전자적 증거는 범죄 현장에서의 디지털 증거에 대한 수집 절차 관련하여 법적 그리고 개념적으로 유형적 증거의 확장이라고 할 수 있다. 구체적으로 설명하자면, 디지털 증거의 내용, 확인 및 인증과 접속자 허가 등급, 환경 설정 및 허가 여부 등은 하드 드라이브, 네트워크 구성원, 메모리 카드 그리고 접속 통제 기기의 중앙 처리 단위 내에서 발견된다. 그리고 사용자가 만든 파일, 사용자가 보호 설정한 파일 컴퓨터 및 기타 데이터(삭제한 파일, 저장 가능 공간, 숨겨진

파티션, 할당되지 않은 공간이나 메모리) 등이 그 사례이다. 셋째, 상황적 증거는, 사이버범죄자의 유죄를 인정할 만한 무형적 사실, 이벤트, 어떤 방법으로 연계되어 발생한 연관성 등을 의미한다. 실질적으로 동시적인 사실, 이벤트 및 연관성 등이 풍부하면 법정에서 강력한 증거로 채택될 수 있다. 넷째, 진술적 증거는, 피해자, 증인과 용의자에 의한 구두상, 기록된 서술, 자백이나 순간적인 자연스러운 감탄 등을 의미한다. 다섯째, 설명적 증거는, 항공사진, 측정된 모델, 묘사, 시간 도표, 그림 및 기술적 다이어그램 등을 의미한다(Hunton, 2009).

〈사이버범죄 현장에서의 초기 대응〉

사이버범죄 신고를 접하거나 압수 수색이나 체포영장을 발급받고 출동하는 수사관은 사건 현장에서 디지털 증거 수집 및 보존 등 초기 대응이 매우 중요하다.

사건 현장에 최초 출동한 사이버범죄 수사관은 사건 현장에서 관련된 범죄자, 목격자 등을 격리하고 신분을 확인한다. 사건 관련자가 사건 현장에 최초 들어간 시간과 위치를 기록한다. 이때부터 컴퓨터나 전자적 기기에 접속을 허락하지 않는다. 또한, 다음과 같은 가능한 많은 정보를 획득해야 한다.

"컴퓨터와 전자적 기기의 모든 사용자 정보, 컴퓨터 및 인터넷 모든 사용자 아이디, 비밀번호 등 정보, 전자적 기기의 사용 목적, 사용 중인 애플리케이션 정보, 인터넷 접속 타입 및 외부 스토리지 현황, 인터넷 서비스 계약 기관, 설치된 소프트웨어 안내책자, 모든 이메일 계정, 사용 중인 보안 장치, 인스턴트 메시지 사용자 정보, 소셜 네트워크 서비스, 웹사이트 계정 정보, 기타 관련 정보 등(US DOJ Office of Justice Program, 2008, p. 17)."

8-2. 사이버범죄와 디지털 증거 처리절차

표 8-1은 해킹 등 사이버범죄 행위가 발생하여 법집행기관에 의해 인지되어 검거되고 처벌의 완료 그리고 그 사이버범죄에 대한 사회의 대응 등 모든 과정을 단계별로 소개하고 있다.[17] 국경을 넘어 모든 사법권 관할 지역에서 이러한 프로세스가 동일하게 적용되는 것은 아니고 사이버범죄에 대해 일반적으로 적용될 수 있는 프로세스를 정리한 것이다. 이 프로세스 중 일부 단계는 전이나 후의 단계들과 중복될 수도 있고, 순서가 바뀌어 진행될 수도 있다. 하지만 해킹 등 사이버범죄를 수사하는 각국 법집행기관의 프로세스는 대체로 유사하다.

표 8-1: 사이버범죄 발생, 수사, 검거와 처벌 등 대응 프로세스

단계	단계별 내용	세부 내용
1	사이버범죄자의 존재	1. 금융 이득 목적의 개인 또는 그룹 해커/범죄자. 2. 기타 범죄적 목적의 개인 또는 단체 해커/범죄자. 3. 정치적 목적의 개인 및 그룹 해커/범죄자
2	사이버범죄의 발생	1. 사이버범죄의 대상은 목적에 따라 달라짐. 2. 사이버범죄 목표의 IT 시스템 취약점 파악과 이를 이용할 전문 기술과 사전 정찰의 필요. 3. 사이버범죄 발생을 피해자(기관)는 인지 못 하거나, 일정한 시간이 지난 뒤 인지.

17) 저자의 개인적인 견해를 토대로 작성하였다

단계	단계별 내용	세부 내용
3	사이버범죄 사건 신고 및 접수	1. FBI, ICCC, USSS, US-CERT, FTC, Europol, Interpol 등 연방 법집행 기관 및 국제 법집행기관 2. 연방과 주 검찰, 지역 경찰 기관. 3. FTC 등 연방 공공기관. 4. 민간 기관(은행과 기업 등 피해 기관).
4	법집행기관의 자체 인지 및 검거 캠페인	FBI, 관련국 수사기관, Interpol 및 Europol 등의 국제 합동 수사 활동(웜, 바이러스, 해킹, Botnet, 신용카드 위조, 개인 정보 유출, 서비스거부 공격 및 아동 성 착취 범죄 등).
5	수사팀 구성 및 수사 개시	수사 전문가 및 디지털 포렌식 팀 등.
6	범죄현장 도착 및 용의자 현장 체포	1. 용의자 주거지, 근무지, 범죄지 등 현장 도착. 2. 상황 허락시 현행범으로 체포. 3. 디지털 증거 보전을 위해 현장에 대한 출입 통제. 4. 현장 주변에 있던 용의자, 목격자 등을 상대로 초기 인터뷰를 진행. 5. 범행에 사용된 전자적 기기들에 대한 정보를 상세히 수집하여 기록.
7	범죄용의자 인터뷰 및 배경 조사 (사이버범죄자 프로화일링)	1. 컴퓨터 기술 능력 및 관련 자격증 보유 여부. 2. IT 관련 업종 종사 여부 및 현 직업. 3. 범행에 사용한 기법 및 가입한 인터넷 서비스. 4. 용의자의 사이버 활동 영역(가입 온라인 포럼, 채팅 기록, 업로드한 글, 소셜 네트워크 서비스 활동, 주소록 등). 5. 컴퓨터에 저장된 문서, 이미지화일, 오디오, 비디오 파일 존재 및 저장 위치 등. 6. 금융 활동(채무, 신용 카드, 온라인 구매, 신용 정보 등). 7. 사회 활동(직업, 지역 봉사, 종교, 정당 활동 등). 8. 범죄자에 대한 기본적인 정보(학력, 의료 기록, 과거 전과 기록, 가족 관계, 군 경력 등). 9. 여행 기록(여행 제한국가 등 방문기록, 출입국 기록 등). 10. 통신 기록(국제 통화, 이메일 등). 11. 사회적 인간관계(친척, 친구, 이웃 등 주변 인물 접촉 등). 12. 화공 약품 등 특정 물질 구매 여부.
8	증거물 보전과 이송	디지털 증거 보전 지침에 의거, 디지털 감식 전문 수사관이 직접 수행(필요하면 압수 및 수색 영장 발부).

단계	단계별 내용	세부 내용
9	범죄 증거 수집	법원 영장 등에 의거 컴퓨터/인터넷 활동 내용 조사, 전화 통신 감청, 금융 및 기타 특이사항 조사.
10	범죄 증거물 감정	1. FBI 디지털 포렌식 랩에 감정 의뢰. 2. 주와 지역 자체 디지털 포렌식 랩에서 감정. 3. 필요시 민간 전문 디지털 포렌식 기관에 의뢰.
11	증거물 결과 접수	1. 범죄자 특정과 범죄 사실 확인. 2. 범죄자에 대한 소재지 파악.
12	범죄 보고서 작성	범죄 사실, 범죄자와 피해자 등에 대한 종합 보고서 작성.
13	범죄자 체포	1. 범죄자 특정 및 범죄 사실 확인에 따라 범죄자에 대한 영장 발부 및 체포. 2. 인터폴과 해당국 사법기관에 체포 및 송환 요청 (국제사법 형사 공조 활동).
14	범죄자 대면 및 현장 조사	1. 범죄자에 대한 범죄 동기 등 대면 조사. 2. 범죄자 프로화일러에 의한 심리 검사 실시. 3. 범죄 증거 확인 및 현장 조사 시행. 4. 추가 범죄 파악.
15	기소 여부 결정	검찰과 법원 협의로 형사기소 여부 결정(불기소, 보석 석방, 관할 법원 이송, 심리 치료 기관으로 이송).
16	형사 처분 및 민사 소송	벌금, 지역 봉사, 징역형(연방 및 지역 교도소 또는 민간 교도소, 대체 교도소 등), 인터넷 사용 금지 명령, 의료 치료(심리 또는 중독 치료), 피해자에 대한 손실 배상 등.
17	형사 민사상 법적 처벌 종료	1. 범죄자의 동종 범죄 종료(정상 사회 활동으로 복귀, 이전 직업으로 복귀, 사이버 보안 분야 근무 등). 2. 범죄자의 재범(범죄 유혹 및 범죄 단체의 권유 등으로 전문 범죄자로 전환).
18	사회의 제도적 대응	1. 신종 범죄 대응에 필요한 사이버 법 제정 및 개정. 2. 사이버범죄 대응에 필요한 법집행 기관 조직 개편 및 확대. 3. 신종 사이버 범죄 예방을 위한 시민 캠페인 실시. 4. 동종 범죄에 대한 법집행기관의 검거 캠페인 실시 5. 신종 사이버범죄자 및 피해자에 관한 학술적 연구. 6. 신종 사이버범죄 탐지를 위한 금융 등 관련 기관의 IT 시스템 보호 대책 수립. 7. IT 시스템 관리자에 대한 재교육과 시스템 사용 직원에 대한 직업윤리 교육 시행.

8-3. 디지털 증거의 위치 및 수집

미국 법무부(US DOJ Office of Justice Program)의 사이버범죄 수사 가이드라인(2008, p. 9)에 따르면, 사이버범죄에 사용된 전자적 기기 내부의 디지털 증거는,

첫째, 랩톱, 데스크톱 등 컴퓨터 본체 등에 존재한다. 이런 컴퓨터 시스템에서 획득할 수 있는 잠재적 증거들은 하드웨어, 소프트웨어, 문서, 사진, 이미지 파일, 이메일과 첨부 파일, 데이터베이스, 금융정보, 인터넷검색 기록, 채팅 로그, 주소록, 이벤트 로그, 외장장치에 저장된 데이터, 컴퓨터와 부품 인식정보 등이 존재한다.

둘째, 저장장치에는 본체 하드 드라이브, 외장용 드라이브, 콤팩트디스크, USB 등 소형 드라이브, 메모리 카드 등이 있는 데, 이들로부터 이메일 메시지, 금융기록, 인터넷검색 기록, 채팅 로그, 주소록, 이벤트 로그, 사진, 이미지파일, 데이터베이스 등을 증거로 추출할 수 있다.

셋째, 모바일 통신 기기[18]에는 스마트 폰, 이동 전화, PDA, 오디오와 비디오용 멀티미디어 기기, 무선 호출기(pager), 디지털카메라, GPS 등이 있다. 이들 기기로부터는 문서, 이메일 메시지, 인터넷검색 기록, 채팅 로그, 주소록, 사진, 이미지 파일, 데이터베이스, 금융기록 등을 추출할 수 있다.

넷째, 주변 기기에는 키보드, 마우스, 마이크로폰, 웹 카메라, 메모리 카드 리더, USB 허브와 VOIP 기기 등이 있다. 이들 기기로부터 송수신 전화와 팩스 번호, 최근 스캔, 팩스 및 프린트한 문서와 이들 주변 기기들에 관한 정보를 얻을 수 있고, 운영자의 지문이나 DNA

18) 지역과 개인의 사회경제적 상황에 따라서 신형 및 구형이 모바일 기기가 혼재되어 사용된다.

정보 등을 추가로 확보할 수 있다.

다섯째, 컴퓨터 네트워크는 복수의 컴퓨터를 케이블이나 무선의 연결기기를 사용하여 데이터 등을 공유할 때 사용한다. 네트워크 허브, 랩톱 네트워크 카드나 이더넷 케이블, 인터넷 모뎀, 네트워크 스위치 및 파워 서플라이, 무선 Access point, 무선 네트워크 서버, 무선 USB 기기, 무선 카드 안테나 등이 있다. 이들 기기에서 소프트웨어, 문서, 사진, 이미지파일, 이메일과 첨부 파일, 데이터베이스, 금융정보, 인터넷검색 기록, 채팅 로그, 주소록, 이벤트 로그, 외장장치에 저장된 데이터 등을 획득할 수 있다. 또한, IP 및 LAN 위치 정보, MAC 주소 등을 얻을 수 있다.

끝으로, 기타 디지털 기기 등이 있다. CC-TV, 데이터 저장 테이프 드라이브, 디지털카메라, 비디오카메라, 디지털 오디오 리코더, 디지털 비디오 리코더, MP3 플레이어, 위성 오디오 및 비디오 수신기와 그 카드, 비디오 게임 콘솔, 헤드셋, 키보드, 마우스 비디오 연결 스위치, Sim 카드 판독기, GPS 수신기, Thumb 프린트 리더, 사용설명서 등이 있다. 이 기기들로부터 기타 뒷받침될 만한 디지털 증거를 확보할 수 있다.

위에 열거한 기기들은 더 이상 사용되지 않는 기기들도 있고, 새로운 종류의 디지털 기기들이 수시로 출시되고 있다. 따라서 디지털 증거가 존재하는 디지털 주변 기기의 종류는 늘어난다. 또한, 사이버범죄의 종류, 사이버범죄자의 기술적 능력, 사이버범죄자의 지역적 위치에 따라서 주변 기기의 종류는 달라진다. 이런 이유로, 디지털 증거 분석 수사관의 업무적 부담이 가중되고 있다. 또한, 디지털 증거 분석 수사에 필요한 최신 분석 장비 구입 및 수사관들에 대한 전문적 훈련이 필요하여 법집행기관의 재정적 부담이 크다.

〈디지털 증거 수집을 위한 장비〉

디지털 증거를 수집할 때 필요한 장비에는 카메라, 카드보드 상자, 기록용 노트, 장갑, 증거 분류 라벨, 증거 수집용 봉투, 테이프, 증거 Label 용 스티커, 범죄 현장 통제 테이프, 정전기 방지용 백, Marker, 비자석용 도구, 전자파 방지용 백, 휴대전화/스마트폰 등 이동 전화 포장용 알루미늄 호일 등이 필요하다. 이는 증거 수집 중이거나 이송 중 증거에 영향을 미칠 수신되는 전화, 텍스트 메시지 등 통신 신호를 방지하기 위해서이다(US DOJ Office of Justice Program, 2008, p. 14).

〈디지털 증거 분석 프로그램〉

수집된 디지털 증거로 사이버범죄를 입증하기 위해서는 디지털 증거 분석 프로그램을 사용하여 분석하여야 한다. 미국의 경우, 정부기관이나 법원에서 인증하여, 지정한 디지털 증거 분석 프로그램은 없고, 일반 소프트웨어 기업체에서 제작한 상업용 분석 프로그램을 법집행기관에서 구입하여 쓰고 있다. 디지털 증거 분석 수사관은 기업체가 주관하는 디지털 증거 분석 소프트웨어 프로그램 교육과정에 참석하여 사용 기법을 배운다. 미국 국립표준기술연구소(National Institute of Standards and Technology, NIST)는 출시된 디지털 증거 분석 프로그램을, 디스크 이미지(FTK, EnCase 등 32개 제품), 포렌식 미디어 준비(Tableau, Logicube 등 10개 제품), 소프트웨어 Write Block(RCMO HDL 등 9개 제품), 하드웨어 Write Block (Tableau, Wiebe 등 24개 제품), 모바일 분석(EnCase, Micro Systemation 등 36개 제품), 삭제 파일 복구(EnCase 등 6개 제품), 포렌식 파일 Carving(그래픽)(iLook 등 10개 제품) 및 포렌식 파일(비디오) (PhotoRec 등 5개 제품) 등 8개 분야로 나누어 총 132종의 디지털증거분석 프로그램을 테스트하여 장단점을 분석하였다(NIST, 2015). 이들 디지털 증거 분석 프로그램은 법집행기관과 민간 디지털 증거 분석 업체가 사용하고 있으며, 디지털 범죄의 진화에 따라서, 디지털 증거 분석 프로그램은 수시로 개발되어 출시된다. 일선 법집행기관에서 많이 사용되는 디지털 증거 분석 프로그램은 Guidance Software 사에서 개발한 EnCase 프로그램이다.

디지털 증거 분석 전문가가 되기 위해서는 민간 주도의 디지털 증거 분석 관련 협회에서 주관하는 자격시험에 응시하여 전문 자격증을 취득한다(표 8-2 참조). 필기시험과 실무 경력으로 자격증을 취득하며, 새로운 디지털 증거 분석 프로그램이 출시되면, 이들 기업체에서 주관하는 교육을 또 받아야 한다.

표 8-2: 디지털 증거분석 전문가 자격증 종류

자격증 종류	실시기관
Certified Forensic Computer Examiner (CFCE)	International Association of Computer Investigative Specialists (IACIS)
Certified Computer Examiner (CCE)	International Society of Forensic Computer Examiners (ISFCE)
GIAC Certified Forensic Analyst (GCFA)	Global Information Assurance Certification
The Digital Forensics Certification Board (DFCB)	The Digital Forensic Certification Board
The Encase Certified Examiner (EnCE)	Guidance Software
AccessData Certified Examiner (ACE)	AccessData
Certified Ethical Hacker (CEH)	International council of E-Commerce Consultants
SSCP-System Security Certified Practitioner	International Information Systems Security Certification Consortium, Inc.
CISSP-Certified Information Systems Security Professional	The International Information Systems Security Certification Consortium, Inc.

8-4. 디지털 증거 분석 절차

디지털 증거 분석 절차는 첫째, 디지털 감식 정책과 그 절차를 수립하는 단계, 둘째, 디지털 증거에 대한 사전 평가, 셋째, 증거획득 절차, 넷째, 증거 검사, 다섯째, 분석결과 보고서 작성 및 제출 등의 단계로 나누어진다. 단계별로 나누어 세부적인 내용을 알아보기로 한다(US DOJ OJP, 2008, p.15-19).

8-4-1. 디지털 감식 정책과 절차 수립

법집행기관은 디지털 감식부서에 관한 운영 정책을 수립하고 전문 인력, 장비와 시설, 교육훈련 예산 등을 확보한다.

8-4-2. 디지털 증거 사전평가

발생한 범죄사건 관련하여, 증거물 확보를 위한 수색영장과 적용할 법적 테두리, 사건 개요, 하드웨어와 소프트웨어 검토, 잠재적 증거 검토, 검사할 증거를 획득할 여건 등을 파악한다. 사건 개요, 범행장소 상황, 디지털 감식을 수행할 장소, 법적 요건, 증서 평가 등의 요소들을 검토한다.

8-4-3. 증거 획득

범죄자를 기소하기 위해 법적 절차에 따른 범죄 관련 증거를 확보하기 위해 증거를 획득하는 절차이다. 디지털 감식에 사용할 하드웨어와 소프트웨어를 지정하고, 감식자의 컴퓨터 장비를 점검한다. 저장장치에 접속하기 위한 감식대상 컴퓨터의 외장 해체와 감식 대상 컴퓨터의 저장 장치를 확인한다. 내부 저장장치와 하드웨어 사양 확인, 전원 장치로부터 저장 매체를 분리하는 작업을 수행한다. 감식자의 시스템에서 감식 대상 데이터를 복사 저장하여 증거를 획득하도록 한다. 감식자의 저장 매체 공간 검사와 하드드라이브 시리얼 번호를 기록한다. 복사 저장한 증거와 원본 증거의 섹터를 비교하여 차이가 없음을 확인한다.

8-4-4. 증거 검사

가. 준비 단계(p. 15).

별도로 준비한 감식자의 저장 매체에 작업할 Directory를 생성하여 증거로 사용되는 파일이나 데이터를 복구하거나 추출할 사전 준비한다.

나. 물리적 추출과 논리적 추출 단계(p. 15).

- 물리적 추출(p. 15).

  드라이브 내에 존재하는 파일 시스템에 상관없이 검사할 드라이브 내의 모든 데이터를 물리적으로 확인하고 복구하는 작업을 의미한다. 키워드 검색을 수행하거나, 파일 carving 작업, 물리적 드라이브 내의 미사용 공간과 분할 구조를 검사한다.
- 논리적 추출(p. 16).

  설치된 운영시스템, 파일 시스템이나 응용 시스템상의 파일과 데이터를 확인하고 복구한다. 검사할 시스템의 특징을 나타내는 파일 시스템 정보를 추출하거나, 계산된 해시값과 실제의 해시값을 비교하여 증거 파일을 확인하고 또는 제거하여 데이터를 축소화한다. 검사와 관련된 파일을 추출하거나, 삭제된 파일을 복구하고, 비밀번호로 보호되거나, 암호화 또는 압축된 파일을 추출한다. 파일 slack을 추출하거나, 미할당 파일을 추출하는 작업을 의미한다.

다. 추출된 데이터 분석(p. 16).

추출한 데이터를 해석하여, 범죄 사건과의 연관성과 그 중요성을 결정하는 단계를 의미한다. 이 분석 절차는 아래와 같이 4단계로 나누어진다.

가) 응용 프로그램의 타임프레임 분석은 시스템상에 기록된 이벤트들의 발생 시간(마지막 수정, 마지막 접속, 최초 파일 형성 수정 시간 등)이나 로그 기록 등을 분석한다.

나) 데이터 은닉 조사.

다) 관련성과 패턴 파악을 위한 파일명 검사, 파일 내용 검사와 설치된 프로그램 조사 등 응용 프로그램과 파일 분석.

라) 누가 파일을 만들고 접속했는지를 조사하는 소유권 조사 등이다.

라. 결론

모든 소사 결과를 종합하는 단계를 의미한다.

8-4-5. 분석 결과 보고서 작성

가. 감식자 노트 기록(p. 19).

각 검사 단계에서의 진행 상항을 모두 문서로 기록하는 것이 감식 수사관의 의무이다. 담당 수사관이나 검사와 사건관련 협의 사항 역시 기록한다. 수색 영장 등 기록 사본을 첨부하고, 최초 감식 요청서도 첨부한다. 모든 관련 서류를 날짜순으로 보관한다. 감식하는 모든 과정에서, 가능한 상세하게 기록을 한다. 검사 중 발생하는 우발적 이벤트 역시 기록한다. 감식 대상 시스템에 대한 사용자 동의, 비밀번호 등 관련 사항도 기록한다. 수사부서나 감식 수사관에 의한 시스템이나 네트워크 등에 관한 변동사항을 기록하며, 관련 소프트웨어나 운영 시스템 기록, 원격 저장 여부와 원격 사용자, 그리고 접속 기록 등 일체 사항을 기록한다.

나. 감식자 공식 보고서

사건 수사관과 검사에게 제출하는 보고서를 작성하는 단계이다. 동 보고서를 작성할 때는 수사기관이 규정하는 양식에 따라 보고서를 작성한다. 보고기관 명시, 사건번호나 제출 번호, 담당 사건 수사관 인적사항, 보고자(감식 수사관) 인적사항, 접수 일자, 보고서 제출 일자, 검사를 위해 제출된 항목 설명, 감식 수사관 서명, 감식절차 설명과 결론 등을 작성한다.

8-5. 디지털 증거 관련 미국 연방 수정헌법 원칙

디지털 증거 확보를 위한 수색과 관련하여, 미국 연방 수정헌법 제4조의 이념이 적용된다. 미국 연방 수정헌법 제4조는 정부기관에 의한 비합리적인 수색과 압수 행위로부터 시민들을 보호하는 원칙이다. 그러나 다음과 같은 경우에는 법집행기관 수사관은 영장 없이 컴퓨터 범죄에 대한 수색이 가능하다(US DOJ Office of Justice Program, 2007, p. 96-98).

첫째, 사건 관계자의 동의.

사건 관계자의 동의가 있으면 영장 없이 증거 수집을 위한 수색은 가능하다. 실무적인 사례로는 서비스 사용조건 동의서, 서비스 회사의 정책, 다른 사람과 공유하는 컴퓨터의 경우 공유자의 동의 등으로 영장 없는 수색이 가능하다. 미성년자의 컴퓨터는 부모가 수색에 동의할 수 있다. 민간 기업 소유자는 피고용자의 컴퓨터 수색에 동의할 수 있다.

둘째, 긴급한 상황인 경우.

디지털 증거의 파손을 방지하기 위해, 법집행기관은 긴급한 상황에서 전자적 증거를 압수 수색할 수 있다. 전자적 기기에 대한 원격 접속이 가능하여, 범죄자가 원격으로 디지털증거 손상을 기도하여 전자적 증거는 소멸할 수 있는 경우, 수사관은 해당 기기를 본체에서 제거하거나 분리할 수 있다.

셋째, 용의자 체포에 수반한 수색.

용의자를 현장에서 체포 당시에 범죄에 쓰이던 전자적 기기에 대한 수색을 현장에서 바로 할 수 있다. 하지만 시간적인 제한을 받는다.

넷째, 범죄자가 구금이나 보호된 경우의 디지털 기기 수색(Inventory search).

범죄자가 구금되어 있거나 보호 중일 경우 범죄자의 대상 기기가 손상이나 손실 방지를 위해 수색은 가능하다. 하지만 대상 기기가 전자적 기기로 접속이 필요한 경우는 영장이 필요하다.

다섯째, 명백한 시야(Plain View) 원칙.

법집행기관원이 합법적으로 증거를 목격할 수 있는 위치에 있을 때 본 원칙 적용이 가능하다. 또, 증거를 압수하여 안전을 확보할 때 이 원칙이 적용된다. 하지만 디지털 증거에서 미국 법원은 점차 이 원칙 적용을 엄격하게 적용하는 방향으로 가고 있다(Murphy & Esworthy, 2012).

미국 연방 수정헌법 제4조 이외에, 범죄 수사에 수반하는 디지털 증거 수집 관련하여, '와이어탭법(Wiretap Act, 18 U.S.C. §2510 et seq.)', '펜레지스터/트랩/트레이스법(Pen Registers and Trap and Trace Device Statute, 18 U.S.C. §3121 et seq.)', '전자적 통신 프라이버시법(Electronic Communications Privacy Act, 18 U.S.C. §2701 et seq.)', 그리고 '프라이버시 보호법(Privacy Protection Act of 1980, 42 U.S.C. §2000aa et seq.)' 등 4개의 법은 기본적으로 개인의 통신에 대한 프라이버시를 보호하는 법이다(Goodison, Davis, & Jackson, 2015, p. 10). PPA 법은 언론인이 작성한 기사 및 다큐멘터리, 온라인 뉴스레터, 인터넷 블로그 등의 소스는 일반에 공개 전에 범죄와 연관이 되지 않는 한 법집행기관에 의한 수색이 제한된다.

법집행기관의 법적용을 지원하는 '법집행을 위한 통신지원법(Communications Assistance for Law Enforcement Act, CALEA)'은 법집행기관이 전화 통신, 인터넷 및 인터넷 전화 감청을 할 수 있도록 전화 통신사 및 인터넷 서비스사에 설비를 갖출 수 있도록 규정하고 있다.

사이버범죄 관련 법규는 제9장에서 상세히 소개하기로 한다.

8-6. 디지털 증거 분석 관련 수사사례

다음은 미국 법집행기관이 디지털 증거 분석을 통하여 해결한, 과거 미제 사건, 살인 사건, 아동 포르노그래피 사건 등을 몇 가지 소개한다.

8-6-1. Scott Tyree 사건

2002년 1월, Virginia주 Herndon에 거주하는 Tyree는, Yahoo 채팅방에서 당시 13세의 Alicia Kozakiewicz를 만나, 알고 지내다가 Pennsylvania주 Pittsburgh시로 유인하였다. Tyree는 그의 승용차로 Alicia를 데려가 그의 집에 감금하였다. Tyree는 Alicia를 비디오로 찍어서 스트리밍 방식으로 웹사이트에 실시간 게시하였다. Florida주 Tampa시에 거주하는 한 목격자가 Alicia가 감금된 모습의 비디오를 보고, 웹사이트 검색을 통해, Alicia가 당시 실종 신고된 사실을 알고 FBI에게 신고하였다. FBI는 Tyree의 Yahoo 메신저 아이디를 찾아내어, Tyree의 IP 주소를 파악하였다. 바로, 통신사인 Verizon의 협조로, IP 주소의 가입자와 주소를 확인한 후, 현장을 급습하여 Tyree를 체포하였다(Masters, 2002).

8-6-2. BTK 연쇄 살인 사건 용의자 체포

1974년부터 1991년간 미국 Kansas주 Wichita시 거주 Dennis Rader는 9세에서 62세에 이르는 피해자 10명(여 9명, 남 1명)을 납치하여 대부분 목 졸라 살해하였다. 언론은 신원 미상의 이 살인자를 BTK라 불렀다. 이 명칭은 Bind, Torture, Kill의 약자로 피해자들을 잔인하게 살해한 것을 의미하였다. 피해자를 살해할 때마다 살인 방법을 묘사하여 경찰이나 지역 언론사에 편지를 보냈다.

1991년을 끝으로 이 사건은 미해결로 끝나는 듯했으나, Rader는 2004년에 지역 경찰에 편지를 보내서 플로피 디스크로 편지를 써서 보내면 추적이 가능하냐고 문의하자, 경찰은 '아니다'라고 지역 신문인 Wichita Eagle지를 통해 공개 답변을 하였다. 2005년 2월, Rader는

1.44 메가바이트 플로피 디스크에 편지를 써서 지역 방송국인 Fox TV에 보냈다. 경찰은 즉시 디스크에 대해 Encase 프로그램으로 디지털 감식을 하여 그 디스크내에 작성된 MS Word가 인근 Christ Lutheran Church에서 사용된 것을 알아냈고, 마지막 수정자가 그 교회의 위원회 회장이었던 Rader임을 밝혀냈다. 경찰은 그 밖의 다른 증거와 함께 Rader를 체포하였다. Rader는 2180년 2월에 출소 예정이다(Sylvester, 2005).

8-6-3. Corey Beantee Melton 아동 포르노그래피 소지 사건

2005년 9월, Alabama주에 거주하던 Melton은 그가 사용하던 컴퓨터의 인터넷 연결이 잘 되지 않자, 전자제품 전문 매장인 Best Buy에 수리를 맡겼다. 수리 팀은 그의 컴퓨터가 바이러스 및 스파이웨어에 감염된 것을 발견하고, 그의 동의를 받고 컴퓨터 수리를 시작했다. 수리 중에 Melton의 컴퓨터에서 아동 포르노그래피 파일을 발견하고 경찰에 신고하였다. Alabama주 법원은 Melton에게 아동 포르노그래피 소지죄로 10년형을 선고했다(Alabama Court of Criminal Appeals, 2010).

8-6-4. Brad Cooper 사건

2008년 7월, North Carolina주 Cary시에 거주하던 Brad Cooper는 그의 아내 Nancy를 목 졸라 살해하고, 시신을 그의 집에서 약 5km 떨어진 곳에 유기하였다. FBI는 Cooper의 랩톱 컴퓨터에서 그의 아내를 살해한 장소를 구글맵 위성사진으로 확대한 기록을 확인하고, Cooper를 추궁하여, 범죄 사실을 확인하였다(Blythe, 2014).

8-6-5. Casey Anthony 사건

이 사건은 2012년 재판 당시 미국 사회의 높은 관심을 보였던 사건으로, 2008년 11월, 당시 2살 된 딸이 실종된 후 집 근처에서 시신이 발견된 사건이었다. Florida주 검찰은 친모인 Anthony를 아동보호 소홀, 허위진술 등의 혐의로 체포하고, 경찰은 Anthony의 MS Internet Explorer를 이용한 인터넷 검색 기록을 특정 소프트웨어로 검사했는데, 이 소프트웨어의 검사 오류가 드러나고, 배심원들은 무죄를 평결하였다. 나중에 드러난 사실은 Anthony는 집안의 컴퓨터에 별도의 계정으로 인터넷을 접속하였고, 인터넷을 Mozilla 사의 Firefox 브라우저를 사용하였고, '손쉬운 질식사'란 단어를 검색했다는 사실을 발견하지 못했다(CBS News, 2012).

8-6-6. Christian Aguilar 사건

2012년 9월, 당시 Florida 대학 신입생이던 Aguilar는 살해된 지 3주일 만에 발견되었다. 용의자로 그의 고교 동기인 Pedro Bravo가 지목되었는데, 경찰은 그의 아파트에서 살해된 Aguilar의 배낭과 차 안에서 Aguilar의 혈흔이 발견되었지만, Bravo가 살인했다는 결정적인 증거는 없었다. 경찰은 Bravo의 이동 상황을 이동 통신 중계 탑의 전파 송수신을 통한 위치 추적을 한 결과 당시 Aguilar의 시신이 발견된 방향으로 간 기록이 나오고, 이동전화의 후레쉬 라이트를 1시간가량 사용한 기록을 근거로, 2014년 8월 1급 살인죄로 기소하였다(Burch, 2014).

8-6-7. Justin Ross Harris 사건

2014년 6월, Harris 및 그의 아내 Leanna는 당시 22달 된 아들을 주차장에 차를 세우고 차 안에 8시간 방치하여 질식사하게 한 혐의로 체포되었다. 경찰은 이들의 인터넷 기록을 수사하여, 이들이 무더운 날 아이를 차 안에 방치하여 질식사한 사건을 인터넷으로 검색한 히스토리를 발견하고, 추궁하여 아들을 방치한 사실을 자백 받았다(Forensicmag, 2014).

8-7. 디지털 증거 분석 관련 문제점

모바일 기기 사용의 확대와 사물인터넷(Internet of Things, IoT) 기기 등의 사용으로 디지털 증거 수집 환경이 급변하고 있다. 이런 추세에 맞추어 갈 법집행기관의 사이버범죄의 디지털 감식 대응 속도는 느린 편이다. 모바일과 사물인터넷 기기 등은 운영체제, 파일 포맷과 통신 표준 등이 다양해져서, 디지털 관련 수사가 더욱 복잡하여 지고 있다(Forensic Focus, 2016). 클라우드 서비스의 증가에 따라, 디지털 감식의 어려움도 나타났다. 이는 물리적으로 접근이 어렵고, 다수의 사용자가 공동으로 사용하고, 서버의 위치가 불분명할 때, 데이터를 획득하는 절차상의 어려움이 있기 때문이다(Zawoad & Hasan, 2013).

2015년, 500여 명의 디지털 포렌식 전문가를 상대로 한 조사에서, 디지털 증거 분석 관련하여, 당면한 가장 큰 문제점은 암호화 추세, 클라우드 포렌식, 대용량 데이터, 사이버범죄의 증가로 인한 디지털 감식 건수의 대폭 증가, 디지털 포렌식 재교육의 부족, 디지털 감식에 필요한 기기 등 자원의 부족, 신형 기술 및 모바일 전자 기기의 증가, 국경을 넘는 사이버범죄, 디지털 감식에 대한 기관 및 전문가 간 정보 공유의 부족, 새로운 디지털 감식 프로그램의 계속되는 출시 및 라이브 스트리밍 등의 사용 등을 문제점으로 꼽았다(Lillis, Becker, O'Sullivan & Scanlon, 2016).

아울러, 대용량 스토리지 기기의 등장, GPS의 사용, 하드웨어 인터페이스의 확대, 내장 플래시 저장 장치의 사용 확대, 암호화의 확대, 원격 프로세싱, 저장 매체의 다양화와 클라우드 서비스의 사용 확대 등의 문제점들이 등장하였다. '하이테크범죄수사관협회(High Technology Crime Investigation Association, HTCIA)'가 실시한 2010년의 조사에 따르면, 디지털 감식 수사관들에 대한 전문 훈련이 가장 커다란 문제이며, 74%에 달하는 응답자는 디지털 포렌식에 대한 충분한 교육을 받지 못했고, 수준별로 전문 교육이 필요하다고 응답했다(James & Gladyshev, 2010). 따라서 기존의 디지털 감식 수사관들에 대한 새로운 디지털 환경에 즉시 대응할 수 있는 교육이 시급하며, 디지털 감식에 필요한 장비 구매 등이 필요하다.

참고문헌

Alabama Court of Criminal Appeals. (2010. 10). *Corey Beantee Melton v. State of Alabama. Appeal from Shelby Circuit Court (CC-06-1139).* Retrieved from http:// cases. justia. com/alabama/court-of-appeals-criminal/08-1767.pdf?ts=139610 56 71.

Blythe, A. (2014, September 22). Brad Cooper pleads guilty to second-degree murder; gets at least 12 years in prison. *The News & Observer.* Retrieved from http://www.newsobserver. com/news/local/crime/article10067885.html. Anne Blythe. 2014.9.22.

Burch, A. (2014, August 15). Pedro Bravo found guilty of first-degree murder of Christian Aguilar. *The Miami Herald.* Retrieved from news/local/community/miami-dade/article1980000.html.

CBS News. (2012, November 26). *Casey Anthony detectives overlooked Google search for "fool-proof" suffocation methods, sheriff says.* Retrieved from http://www.cbsnews.com /news/casey-anthony-detectives-overlooked-google-search-for-fool-proof-suffocation-methods-sheriff-says/.

Forensicmag. (2014, July 10). *Computer forensics key in hot car child death case.* Retrieved from http://www.forensicmag.com/news/2014/07/computer-forensics-key-hot-car-child-death-case.

Forensic Focus. (2016, May 11). *Current challenges in digital forensics.* Retrieved from https://articles.forensicfocus.com/2016/05/11/current-challenges-in-digital-forensics/.

Goodison, S. E., Davis, R. C., & Jackson, B. A. (2015). Digital evidence and the U.S. criminal justice system. *Rand.org.* Retrieved from https://www.ncjrs.gov/ pdffiles1/nij/grants/248770.pdf.

Hunton, P. (2009). The growing phenomenon of crime and the internet: A cybercrime execution and analysis model. *Computer Law & Security Review, 25*(6), 528-535.

James, J. I. & Gladyshev, P. (2010). Challenges with automation in digital forensic investigations. *Digital Forensic Investigation Research Group,* Dublin, Ireland: University College Dublin. Retrieved from https://arxiv.org/ftp/arxiv/papers/ 1303/1303.4498.pdf.

Lillis, D., Becker, B. A., O'Sullivan, T & Scanlon, M. (2016, May 24). Current challenges and future research areas for digital forensic investigation. Proceedings of the 11th ADFSL Conference on Digital Forensics, Security and Law (CDFSL 2016), Daytona Beach, FL. Retrieve from https://arxiv.org/pdf/1604.03850.pdf

Masters, B. A. (2002, January, 9). Bond denied in teen girl's abduction. *The Washington Post*. Retrieved from https://www.washingtonpost.com/archive/politics/2002/01/09/bond-denied-in-teen-girls-abduction/7f809aad-08b5-430e-b798-5b1f11f4612e/?utm_term =.29a2299cd.

Murphy, J. P. & Esworthy, M. (2012). The ESI Tsunami. *Criminal Justice. 27* (1). 31-43. Retrieved from https://www.americanbar.org/content/dam/aba/publications/criminal_justice_magazine/sp12_esi_tsunami.authcheckdam.pdf.

National Institute of Standards & Technology (2015). *Computer forensics tool testing handbook*. Washington, DC: US DOJ. Retrieved from https://www.cftt.nist.gov/ CFTT-Booklet-08112015.pdf.

Sylvester, R. (2005, August 18). Investigators tell of grisly crimes, Rader's delight. *The Wichita Eagle*. Retrieved from http://www.kansas.com/news/special-reports/btk/ article1003774.html.

US CERT (2008). *Computer Forensics*. Retrieved from https://www.us-cert.gov/sites/default/files/publications/forensics.pdf.

US DOJ Office of Justice Program. (2007). *Investigative uses of technology: Devices, tools, and techniques*. Washington, DC: US DOJ. Retrieved from https://www.ncjrs.gov/pdffiles1/ nij/213030.pdf.

____________________ (2008). *Electronic crime scene investigation: A guide for first responders (2nd edition)*. Washington, DC: US DOJ. Retrieved from https://www.ncjrs.gov/pdffiles1/nij/219941.pdf.

Zawoad, S., & Hasan, R. (2013). Digital forensics in the cloud. CrossTalk. *The Journal of Defense Software Engineering, 26*(5), 17-20.

제9장

사이버범죄 대처를 위한 법규

제 9 장 사이버범죄 대처를 위한 법규

사이버범죄는 사이버 세계와 현실 세계를 넘나들며, 양적으로 증가하고 질적으로 심화하고 있다. 이 장에서는 이러한 추세의 사이버범죄에 대해 미국 법집행기관이 수사하고, 기소하는 데 적용되는 사이버범죄 법규를 알아보기로 한다. 미국의 사이버범죄 법규는 법집행기관의 수사에 대한 법적인 보장과 아울러 시민의 인권과 개인정보 보호를 위해 법적인 제한 등 양면성을 가지고 있다.

여기서 소개하는 미국의 사이버범죄 관련 법규는 미국 연방법 위주로 선별하였다. 사이버범죄 수사 관련 법규는 일반범죄를 수사하는 법규들에 비해 제정 및 시행한 역사가 짧다.

개인의 사생활 보호 등 기본권을 보장하는 '연방 수정헌법' 이념, '펜레지스터/트랩/트레이스법(Pen Register and Trap and Trace Devices, 18 U.S. Code § 3121–27)', '와이어탭법(Wiretap Act, Title III, 18 USC 2510–22)', '전자적 통신 프라이버시법(Electronic Communications Privacy Act of 1986, 18 U.S.C. § 2510–22)', '애국법(Patriot Act)', '자유법(Freedom Act)', '법집행을 위한 통신지원법(Communication Assistance for Law Enforcement Act, CALEA)', '컴퓨터 사기 및 오용법(Computer Fraud and Abuse Act)', '경제기밀 절취법(Economic Espionage Act of 1996, 18 U.S.C. §§ 1831-1839)', '디지털 밀레니엄 저작권법(Digital Millennium Copyright Act, DCMA)', '스팸메일 규제법(Controlling the Assault of

Non-Solicited Pornography and Marketing Act of 2003, CAN-SPAM Act): 18 U.S.C. §1037)', '금융서비스현대화법(Financial Services Modernization Act of 1999, 또는 Gramm-Leach-Bliley Act, GLBA)', '건강보험 운용과 책임법(Health Insurance Portability and Accountability Act of 1996, HIPAA)', '건강정보기술법(Health Information Technology for Economic and Clinical Health Act, HITEC ACT)', '데이터침해사고 통보법(Security Breach Notification Law or Data Breach Notification law)', 그리고 유일하게 사이버 범죄 관련 국제 조약인 '유럽 평의회 사이버범죄 조약(Council of Europe Convention on Cybercrime)'을 차례로 소개하고자 한다.

9-1. 미국 연방 수정헌법 이념

미국 연방헌법은 1787년 9월에 채택되어, 1791년 12월에 10개 항이 추가로 채택된 수정 헌법이 발효되었다. 이 수정헌법을 '권리장전(Bill of Rights)'이라고도 불린다. 수정헌법 제4조는 개인의 사생활 보호에 관한 것으로 법집행기관이 영장 없이 범죄증거에 대한 수색과 압수를 제한하고 있다. 따라서 수정헌법 제4조와 5조 등은 컴퓨터 범죄 수사 관련 판례에 영향을 미쳐 왔다.

미국 연방 수정헌법 제4조 전문 번역은,

"부당한 수색이나, 체포와 압수로부터 신체, 가택, 서류 및 재산의 안전을 보장받는 시민의 권리가 침해해서는 안 된다. 또한, 체포와 압수 영장은, 선서 또는 확약으로 뒷받침되는, 특히 수색 대상 장소와 체포와 압수 대상을 기재하여야 하며, 타당한 이유 없이 이러한 영장을 발급해서는 안 된다."

미국 연방 수정헌법 제5조 전문 번역은,

"(앞 구절 중략). 누구라도 같은 범죄에 대하여 사형이나 구금형에 두 번 처해지지 않으며 어떠한 형사사건에서도 자신에게 불리한 증언을 강요당하지 아니하며, 정당한 법의 절차에 의하지 않고서는 생명이나 자유 또는 재산을 박탈당하지 아니한다. 또한, 정당한 보상 없이, 사유 재산이 공익목적으로 사용되어는 안 된다."

개인의 사생활 보호에 관한 대표적인 미국 대법원 판례는 1967년의 Katz v. U.S. 판례이다.[19] Katz은 불법도박장을 개설하여, 길거리의 공중전화 부스에서 도박 관련 통화를 하곤 했는데 FBI가 공중전화 부스 위에 도청장치를 설치하여 통화 내용을 녹음하고 이를 증거로 Katz를 기소하였다. 미연방 대법원은 공중전화 부스 안에서의 통화는 개인이 프라이버시를 기대하고 한 것이므로, FBI의 통화 녹음은 증거로 채택할 수 없고, 영장 없는 녹음은 연방 수정헌법 제4조를 위반한 것이라고 판결하였다.

2007년의 U.S. v. Finley 판례[20]에서, 마약 소시와 유포혐의로 체포된 Finley 에 대한 신체수색 시 경찰이 이동 전화를 발견하여, 텍스트 메시지 및 통화 기록을 근거로 마약 거래 혐의로 그를 체포하였다. 미연방 제5 순회 항소 법원은 Finley의 이동 전화 수색을 체포에 따른 부수적인 수색으로 인정하였다. 이는 이동전화 데이터는 변조할 수 있어 수사관들은 이를 방지하기 위한 긴급 수색이었다고 주장하였기 때문이다.

---

19) Katz v. United States, 389 U.S. 347 (1967)
20) U.S. v. Finley, 477 F.3d 250 (5th Cir. 2007).

2009년, Ohio 주 최고 법원은 State v. Smith 판례[21]에서 체포에 수반한 영장 없는 이동전화 수색은 수정헌법 제4조의 이념을 위반한다고 판결하였다. 이 판례에서 Ohio 주 최고 법원은 수사관들의 안전과 긴급한 상황이 없었기 때문이라고 그 이유를 밝혔다.

2013년의 U.S. v. Zaavedra 판례[22]에서는 승용차를 검문할 때 마약 소지 및 판매로 의심되고 용의자가 사용하는 이동전화가 이런 범죄를 위해 사용되었다는 합리적인 이유가 있을 때는 영장 없는 수색은 인정된다고 판결하였다. 그러나 2014년 미연방 대법원은 Riley v. California 판례[23]에서, 만장일치로 법집행기관은 현행범 체포 후라도 현행범이 소지한 모바일 기기에 대한 수색은 영장이 필요하다고 판결했다. 범죄자라도 할지라도, 범죄와 직접 관련이 없는 프라이버시를 인정해야 한다는 취지로 해석할 수 있다.

명백한 시야(Plain view) 원칙은, 법집행기관원들이 정당하게 발부받은 수색영장으로, 범죄현장을 수색할 때, 영장에 기재되어 있지 않은 물건이 수색 장소 내에 위치하고, 명백하게 범죄의 증거로 인정되면 별도의 영장 없이도 이를 수색 및 압수를 할 수 있다는 원칙이다. 컴퓨터범죄 관련한 이 원칙이 적용된 사례로는 1999년의 U.S. v. Carey 판결[24]이 대표적이다. 마약 거래 혐의로 수사를 받던 Kansas 주 거주 용의자의 컴퓨터 하드드라이브를 담당 수사관이 발부된 수색영장에 따라 검색하던 중, 아동 포르노 파일(.jpg 포맷)을 우연히 발견하였다. 이에 담당 수사관은 하드드라이브의 다른 .jpg 포맷 파일을 더 검색하고 다운로드받아, 아동 포르노 소지 혐의로 추가로 기

21) State v. Smith, 2009-Ohio-175.
22) US v. Zaavedra, 73 F.4a 156 (10th Cir. 2013).
23) Riley v. California 573 US ___ (2014).
24) U.S. v. Carey, 172 F.3d 1268 (10th Cir. 1999)

소하였지만, 미연방 제10 순회 항소 법원은 Plain view 원칙을 벗어난 것으로 판결하였다.

영장 없이 수색이 가능한 특별한 경우는, 국경에서의 검문 수색이다. 2008년의 U.S. v. Arnold 판례[25]에서 미연방 제9 순회법원은 세관원이 미국으로 입국하려는 입국자가 소지한 랩톱 컴퓨터나 전자적 저장기기에 대한 수색에는 합리적인 의심이 필요하지 않고, 이들 기기는 일반 수하물과 같이 검색할 수 있다고 판결하였다.

법원 판결로 보호관찰에 있는 경우 역시, 별도의 수색 영장 없이, 보호관찰 대상자가 소유한 컴퓨터에 대한 수색이 가능하다. 2007년의 U.S. v. Herndon 판례[26]에서, Herndon은 미성년자에 대한 성적착취 행위로 보호관찰을 받고 있었고, 그의 컴퓨터는 언제든지 보호 관찰관의 검색이 가능한 조건 아래 있는 상태였다. Herndon이 직업을 구하기 위해 인터넷 검색을 했다고 하자, 보호 관찰관은 즉시 그의 컴퓨터를 검색하자, 아동 포르노그래피를 발견하였다.

민간 기업에 근무하는 종업원들이 업무목적으로 사용하는 컴퓨터나 전자적 기기에 대해서는 기본적으로 프라이비시에 대한 합리적인 기대(Reasonable expectation of privacy)를 가질 권리가 있다. 따라서 이들 기기에 관한 법집행기관의 수색은 기업 소유자나 기업 동료의 동의가 없으면, 수색영장이 필요하다. 하지만, 종업원의 '고용조건'에 따라서 업무용 컴퓨터 사용에 대해서 프라이버시에 대한 합리적인 기대를 하지 못한다. 또한, 기업의 소유자는 종업원들이 사용하는 컴퓨터의 내용과 기업의 업무용 메일에 대한 모니터링 활동을 인정받고 있다. 2002년 2월 제10 연방순회법원은 U.S. v. Angevine

25) U.S. v. Arnold, (9th Cir. 2008).
26) U.S. v. Herndon, 501 F.3d 683 (6th Cir. 2007)

판례[27] 에서, Oklahoma 주립대학 교수가 3,000여 개에 달하는 아동 포르노 파일을 다운로드받고 기소된 사건에서, 해당 교수는 학교가 지급한 컴퓨터 사용에 관해 프라이버시에 대한 합리적인 기대를 하지 못한다고 판결하였다.

9-2. 펜레지스터/트랩/트레이스법 (Pen Register and Trap and Trace Devices, 18 U.S. Code § 3121-27)

누구도 법원명령이나 '해외정보관찰법(Foreign Intelligence Surveillance Act of 1978, FISA)'에 의거하지 않고, '펜 레지스터', '트랩 및 트레이스' 기기를 설치할 수 없다. '펜 레지스터(Pen Register)' 기기는 수신지로 연결하는 다이얼링, 라우팅, 주소 전송 또는 신호를 기록 또는 해독하는 기기이다. '트랩 및 트레이스(Trap and Trace)' 기기는 발신지 전화번호를 확인할 수 있는 전자적 또는 진동 신호를 기록하는 장치이다.

예외의 경우는, 첫째, 통신사업자의 권리나 자산 보호를 위해 운영, 유지 및 테스트를 위한 유선 및 전자적 통신의 경우이거나 불법 사용이나 서비스 남용 등으로부터 사용자들을 보호하는 경우는 가능하다. 둘째, 유선 및 전자적 통신이 불법사용이나 서비스 남용 등으로부터 서비스 공급자를 보호하기 위해 설치 또는 종결되었다는 사실을 기록하거나, 사용자의 동의를 받는 경우 등이 있다. 제한적 사항으로는 유선이나 전자적 통신의 내용을 기록하거나, 전자적 진동 신호를 해독하지 못하도록 하고 있다.

---

27) U.S. v. Angevine, 281 F.3d 1130 (10th Cir. 2002).

법집행기관은 법원 명령에 따라 '팬 레지스터'와 '트랩 및 트레이스' 기기를 설치할 수 있다. 그러나 담당자, 수사 담당기관, 기기 운용 기간과 장소 및 획득되는 정보가 범죄와 관련 있다는 증명이 명시되어야 한다. 기기를 운용할 수 있는 기간은 60일간이며, 추가로 60일간 연장 신청은 가능하다.

9-3. 와이어탭법 (Wiretap Act, Title III, 18 USC 2510-22)

이 법은 1968년에 제정된 '종합적 범죄통제 및 안전한 거리법(Omnibus Crime Control and Safe Streets Act of 1968)' 중 일부(Title III)로, 법집행기관원이나 일반 시민은 전자적, 또는 기계적 기기를 사용하여, 유선, 구두 또는 전자적 통신내용을 감청하거나, 감청시도를 할 수 없다고 규정하고 있다(18 U.S.C. §2511(1)(a)).

이 법의 주요 내용은,

1) 통신 내용의 감청에 의도가 있어야 한다. 감청행위가 합법적이라고 믿어도 법석 저벌의 대상이 된다. 이 법의 존재를 인식하지 못했거나 실수로 인한 통신감청도 법적 처벌의 대상이 된다. 유선, 구두상, 전자적 통신 내용을 전자적이거나 기계를 사용해서 감청한 행위는 법 적용의 대상이 된다.
2) 불법적으로 감청한 통신 내용의 공개는 이 법의 적용을 받는다.
3) 감청한 통신내용의 사용도 이 법의 적용 대상이 된다. 여기서, 사용의 사례는 사이버 갈취(Cyber extortion) 경우처럼, 타인에게 영향을 미치기 위해 내용을 공개하겠다고 협박하는 경우가 해당한다. 또 다른 경우는, 컴퓨터 시스템에 접속을 위해

서, 절취한 패스워드를 사용한 경우나 상업적인 이득을 위해 감청한 사업기밀을 사용한 경우이다.

그러나 이 법의 적용이 예외가 되는 경우는 다음과 같다.

가. 통신 당사자의 동의

통신의 당사자이거나, 통신의 양자 중 일방이 감청에 대한 동의를 한 경우는 이 법의 적용을 받지 않는다. 하지만, 동의를 받은 감청이 범죄를 행할 목적으로 이루어진 경우는 예외이다. 결혼한 부부라 할지라도 동의 없이 감청한 경우는 예외가 되지 못한다. 일부 법원은 서버로 사용되는 컴퓨터의 소유자는 통신상 동의받은 당사자가 될 수가 있다고 인정한다. 통신의 당사자가 알지 못하는 자가 엿듣거나 대화를 녹음하는 경우는 동의라고 볼 수 없다. 통신서비스 공급자는 통신의 당사자로 간주 되지 않는다. 이 법의 동의는 실질적으로 사전에 통신 당사자에게 전달되어야 한다. 네트워크상에 게시된 감청되고 있다는 경고문은 사용자에게 실질적인 동의로 간주한다.

나. 통신서비스 공급자 예외

통신서비스 공급자의 고용인은 서비스 제공자의 권리나 재산 보호, 사기행위나 서비스 절도 방지를 위해 통신을 감청할 수 있다. 이동 통신사는 불법 복제 핸드폰으로 사용되는 통신을 감청할 수 있다. 통신서비스 네트워크 관리자는 통신네트워크에 피해를 끼치는 해커로 의심되는 자의 통신을 모니터할 수 있다. 하지만 통신서비스 공급자는 서비스피해 방지를 위해 무제한으로 감청할 수 있는 것은 아니다. 이런 경우는 감청을 최소화해야 한다. 전화선 교환수나 수리공은 전화서비스 관련하여, 불가피할 경우는 최소한의 시간 내에서 감청할 수 있다.

다. 선의(Good faith)에 의거 법원 명령에 따른 법집행 기관의 감청(Section 2520(d))

법원 영장, 명령, 대배심 출석요구서, 의회 허가 및 법규의 허가, 법 집행 기관의 요청 등에 의거 통신을 감청할 수 있다. 수색영장보다 더 엄격한 규정이다.

라. 공공의 접속 예외(18 U.S.C. § 2511(2)(g))

암호화되지 않은 정보의 공공 전파 주파수로의 방송 감청이나 인터넷 게시판처럼 누구나 접속하여 읽을 수 있는 인터넷 게시판, 인터넷 포럼이나 채팅방은 이 법의 적용을 받지 않는다.

마. 처벌 조항

이 법의 위반 시는 최대 5년의 징역형과 개인에게는 최대 25만 달러의 벌금을, 기관에는 50만 달러의 벌금이 부과될 수 있다.

9-4. 전자적 통신 프라이버시법 (Electronic Communications Privacy Act of 1986, (18 U.S.C. § 2510-22)

'전자적 통신 프라이버시법'(또는 '저장된 유선 및 전자적 통신법')은 1986년 10월에 제정되었다. 이 법은 1968년의 연방 '와이어탭법(Federal Wiretap Act of 1968)'을 개정한 것으로, 통신이 시도되거나, 진행 중 또는 컴퓨터에 저장 중인 유선, 구두 또는 전자적 통신을 보호하는 법이다. 또는 전화 통신에 대한 감칭이나 서비스 제공자로부터 저장된 전자적 통신 데이터를 법집행기관이 이를 획득하는 방법 등 정부기관의 통제에 대한 제반 규정이다.

이 법은 저장된 전자적 통신에 대한 고객을 위한 법적 프라이버시 권리 보호, 진행 중인 유선, 구두 및 전자적 통신의 보호, 수색영장에 관한 필요조건을 정하고 있다. 수색영장 없는 유선 및 전자적 통신 진행 중일 때 '펜 레지스터'나 '트랩 및 트레이스'의 사용을 금지한다. 여기에서 전자적 통신은 유선, 라디오, 전자파, 광전자적 시스템에 의해 전송되는 상징, 신호, 문서, 이미지, 음향, 데이터나 정보 등을 의미한다.

이 법의 첫째 장은 진행 중인 유선, 구두 및 전자적 통신을 보호에 관한 것으로, 의도적이고 실질적인 감청이나 시도, 사용, 공개 및 감청을 위해 특정인을 알선하는 행위를 금지한다. 또한, 불법적으로 획득한 통신을 법정증거로 사용하는 행위를 금지하고 있다. 예외는 통상적인 업무로 인한 행위나 법으로 허가를 받은 경우이다(예, 해외정보수집법: Foreign Intelligence Surveillance Act). 필요한 경우는 법원에 30일 이내의 기간으로, 특정적인 범죄행위에 대해 감청이 이 행위를 밝히는 데 필요하다는 상당한 근거를 제시해야 한다.

둘째 장은 저장된 통신법으로 불리며, 가입자 서명, 요금 지불정보와 IP 정보 등 가입자 정보를 서비스 공급자가 저장하는 파일 내용의 프라이버시를 보호한다. 이 법은 법집행기관이 가입자의 컴퓨터에서 이메일 정보를 얻고자 할 때는 적용되지 않는다.

셋째 장은 법원 명령 없이 유선이나 전자적 통신 전달 과정에 있는 정보를 기록하기 위한 추적 기기나 '펜 레지스터', '트랩 및 트레이스' 등의 사용을 금지하는 조항을 정의하고 있다.

9-5. 애국법 (Patriot Act)

미국은 9.11 테러 이후, 2001년 10월, '애국법(Uniting and Strengthening America by Providing Appropriate Tools Required to Intercept and Obstruct Terrorism Act of 2001, Patriot Act)'을 제정하여 미국에 대한 테러 행위 방지를 위해 법집행기관에 이메일, 무선 전화 등 통신에 대한 모니터링을 허용하며, 유선 및 무선 감청을 허용하였다. 이 법은 당시까지의 '전자적통신프라이버시법(The Electronic Communications Privacy Act, EPCA)', '와이어탭법(Wiretap Act)', '해외정보수집법(Foreign Intelligence Surveillance Act of 1978, FISA)', 그리고, '통신법(Communications Act of 1934)' 및 기타 정보, 통신, 프라이버시법 등을 개정한 것이다. 애국법은 제정 당시 폭넓은 범위에서 법집행기관에게 시민에 대한 전자적 감시를 허용하여 기본권 침해에 대한 비난을 받았다.

제정 당시, 애국법의 주요 내용은,

첫째, 법집행기관에게 조직범죄 및 마약 거래 수사 시 기존에 사용하던 기법을 허용하였다. 세부적인 사항을 보면, 테러 행위에 대한 감청을 허용하였고, 과거의 전화선을 감청할 수 있는 권한에 전자적 통신을 적용할 수 있도록 확대하였다. 인터넷 서비스 제공자에게 특정인에게 즉각적인 사망의 위험이나 심각한 육체적 부상의 위험이 있다고 믿을 때, 고객정보를 법집행기관에 제공할 수 있도록 하였다. 또, 고도로 훈련된 테러리스트의 동향에 대한 추적을 허용하였다. 테러리스트를 조기에 특정하여 공개하지 않고 장기간 수사를 허용하며, 국가안보 테러 사건일 경우 관련 비즈니스 기록(공구 판매 상점, 화학물질 취급점, 은행 등)을 획득할 수 있도록 법집행기관은 법원명령을 요구할 수 있다.

둘째, 이 법은 국가안보 위협에 대한 연결고리를 추적할 수 있도록 정부기관 간의 정보공유 및 협력을 쉽게 하였다. 따라서 법집행기관 및 정보기관 간 정보 공유를 허용하였다

셋째, 이 법은 새로운 기술 및 위협을 반영할 수 있도록 법을 개정하였다. 세부적으로는 테러 관련 행위가 발생한 어느 장소이건 법집행기관이 수색영장을 발부받을 수 있도록 하였다. 해킹 피해자에게 컴퓨터상 침입 사건에 대해 법집행기관의 도움을 요청할 수 있도록 하였다. 이는 테러리스트에게만 특정되지 않는다. 일반 컴퓨터범죄 수사에도 적용된다.

넷째, 이 법은 테러범죄를 행하는 테러리스트나 범죄자에 대한 형벌을 가중한다. 컴퓨터범죄와 온라인 테러 행위 등에 대한 개념을 확대하여 더욱 중형을 부과한다.

9-6. 자유법 (Freedom Act)

'자유법'의 공식 명칭은 'Uniting and Strengthening America by Fulfilling Rights and Ending Eavesdropping, Dragnet-collection and Online Monitoring Act' 이다 (US Congress, n.d.). 2015년 6월 애국법의 일부 조항이 기한 만료로 인해 더 적용할 수 없게 되자, 법 조항 수정 및 기간 연장 등을 포괄적으로 허용한 법이다. 특히, 당시까지 '국가안보국 (National Security Agency, NSA)' 등 정보기관이 '애국법 (Patriot Act)' 제215항에 근거한 미국 시민의 통신에 대한 메타 데이터의 수집 활동을 제한하고 수집 범위와 대상 등 절차를 강화하는 데 의의가 있다. 하지만, 자생적 개인 테러리스트

(Lone wolf)에 대한 추적감시 및 감시대상의 통신수단 변경 시에도 연속적으로 대상을 특정해서 할 수 있는 '펜 레지스터', '트랩 및 트레이스' 사용을 허용하였다.

9-7. 법집행을 위한 통신지원법 (Communication Assistance for Law Enforcement Act, CALEA)

1970년부터 이미 미국 전화 통신사는 법적으로 허가받은 전자적 감시에 대해 법집행기관에 협조하여 왔다. 1994년 10월에 서명 통과된 이 법에 의하면, 전화 통신사에게 법적으로 승인받은 실시간 감청 등 전자적 관찰을 법집행기관원이 실질적으로 시행하기 위해 그들의 장비, 시설 및 서비스 등을 변경할 것을 요구할 수 있다. 2005년, 미 FBI 등 법집행기관의 요청으로 '연방통신위원회(Federal Communications Commission)'는 행정 명령으로 이 법의 시행에 Broadband 서비스와 VoIP 인터넷 전화 서비스 공급자도 포함했다. 하지만 '전자적감시재단(Electronic Frontier Foundation)'[28]은 법집행기관에 의한 미국 내의 전자적 감시 활동을 비난했다.

9-8. 컴퓨터 사기 및 오용법 (Computer Fraud and Abuse Act)

'컴퓨터 사기 및 오용법'은 1984년에 제정된 '종합범죄대응법(Comprehensive Crime Control Act of 1984)'에 '컴퓨터 사기법' 으로 포함되어 있던 조항을 수차례에 걸쳐 개정 확대한 법이다. 이 법

28) 1990년도에 조직된 비영리 단체로 디지털 시대의 시민의 자유권을 보장하기위한 시민단체로 개인정보 및 프라이버시 보호, 표현의 자유 보장 등을 주장한다. 미국 캘리포니아 주 샌프란시스코에 본부를 두고 있다. 홈페이지: https://www.eff.org/

은 기본적으로 "보호되는(Protected)" 컴퓨터 시스템에 불법적인 의사를 가지고 허가 없이 접속하는 행위나 이로 인해 정보절취 행위를 처벌한다. "보호되는" 컴퓨터 시스템의 의미는 미국 정부기관이나 금융기관 등이 사용하는 컴퓨터 시스템으로 한정하였으나, 실질적으로는 인터넷 통신을 사용하는 컴퓨터로 확대되어 사용되고 있다.

이 법의 세부적 항목을 보면,

1) 보호되는 컴퓨터 시스템에 불법적으로 접속하여 미국 정부 소유 정보를 취득하여 미국의 국익을 저해하는 행위.
2) 금융기관의 IT 시스템에 불법 접속하여 금융정보를 절취하는 행위.
3) 미국 정부기관의 컴퓨터에 불법 접속하는 행위.
4) 보호되는 컴퓨터 시스템에 불법적으로 접속하여, 사기 행위를 하여 불법이득을 취하는 경우.
5) 보호되는 컴퓨터 시스템에 불법적인 손상을 입히는 컴퓨터 프로그램, 정보 코드나 명령어, 접속 비밀번호의 파악 등의 불법 전파행위.
6) 불법적으로 국내외 상업 활동에 영향을 미칠 의도나 미국 정부의 컴퓨터에 불법적인 접속을 위한 사기 행위.
7) 보호되는 컴퓨터 시스템을 손상하겠다는 협박으로 금전을 요구하거나, 이 행위를 실행하기 위한 불법접속.
8) 해킹행위 음모 등의 행위 등이 이 법의 적용으로 처벌의 대상이 된다.

〈컴퓨터 사기 및 오용법 관련 주요 판례〉

판례 1:

1991년, Morris 웜 제작 및 유포한 혐의로 Robert Tappan Morris가 이 법을 적용 받아 기소되었다(U.S. v. Morris, 928 F. 2d 504, Court of Appeals, 2nd Circuit, 1991).

판례 2:

2008년, Myspace 서비스를 통해 사이버 괴롭힘을 당한 Megan Meier(당시 13세)가 자살하자, 허위 메시지를 퍼뜨린 Lori Drew가 기소되었지만, 법원은 Drew에 대한 인터넷 서비스 사용조건 위반 혐의는 법을 과도하게 넓혀 적용한 것이라고 판결하였다(U.S. v. Drew, 259 F.R.D. 449, C.D. Cal., 2009; Zetter, 2009).

판례 3:

Aron Swartz은 MIT 대학의 인터넷선 배전반에 자신의 랩톱 컴퓨터로 불법 접속하여 유료학술 사이트인 JSTOR에서 자료를 다량으로 다운로드 받고, 대학 및 법집행기관의 위치 추적을 피하려 Mac address spoofing 기술을 사용하였다. Swartz에 대해 이 법이 적용되었으나, 2013년 1월, Swartz는 자살하여 이 사건은 종결되었다(U.S. v. Swartz, 945 F. Supp. 2d 216, Dist. Court, D. Massachusetts, 2013).

판례 4:

2011년에 해커 그룹 Anonymous에 참여한 구성원들이 PayPal 접속을 방해한 혐의로 이 법을 적용받았다(U.S. v. Collins et al, 5:11-cr-00471, Dist. Court, N. D, California, 2011).

판례 5:

Neil S. Kramer는 휴대전화를 사용하여 미성년자에게 성행위를 강요한 혐의로 체포되었다. 휴대전화가 이 법이 정한 컴퓨터 기기로 볼 것 인가가 쟁점이었다. 법원은 휴대전화의 기능에 따라서 컴퓨터 기기로 간주 될 수 있다고 판결하였다. (U.S. v. Neil Scott Kramer, 2011, 631 F.3d 900 (8th Cir. 2011)).

판례 6:

포커 게임기의 소프트웨어 취약점을 악용한 행위는 해킹 범죄라고 볼 수 없다고 법원은 판단했다. 이 게임기는 인터넷이 연결되지 않은 상태로 보호되는 컴퓨터 기기의 범위에 들어간다고 볼 수 없기 때문이라고 그 이유를 밝혔다. 하지만 피고인 John Kane은 일반 통신 사기죄로 기소되었다 (U.S. v. Kane, 2:11-mj-00001-LRL).

9-9. 경제기밀 절취법 (Economic Espionage Act of 1996, 18 U.S.C. § 1831-1839)

'경제기밀 절취법'은 1996년 10월 제정되었고, 기업 비밀을 절취하여 해당 기업에게 경제적 손실을 주는 행위를 처벌하는 연방 형법 규정이다. 이 법에 적용되는 기업기밀은 문서 및 전자적으로 저장되고, 반드시 '경제적 가치'가 있어야 한다. 절취 행위에는 허가 없는 복사, 스케치, 사진 찍기, 파일 다운로드와 업로드, 변조, 파괴, 모조품 생산, 전송, 배달, 발송, 우편물 발송, 통신 등이 포함된다. 또한, 절취된 기밀임을 인지하고 받거나, 구매, 소유, 취득 또는 변환 등의 행위 등을 포함한다. 외국에 이익을 주는 기업 기밀의 오용 행위에 대해 개인은 500만 달러 이하의 벌금이나 15년 이하의 징역형을, 단체는 최고 1천만 달러의 벌금 또는 기밀 절취로 인한 손실의 3배에 해당하는 벌금을 선고받을 수 있다. 여기에는 손실로 인한 제품의 재개발 연구와 디자인 및 기타 비용까지 포함한다.

9-10. 디지털 밀레니엄 저작권법 (Digital Millennium Copyright Act, DCMA)

'디지털 밀레니엄 저작권법'은 1996년의 '국제지적재산권기구(World Intellectual Property Organization, WIPO)' 조약에 따라서 미국 내 적용을 위해 1998년 10월, 디지털 통신시스템 관련 저작권자 보호를 위해 제정되었다. 이 법은 저작권법으로 보호되는 기술, 기기, 서비스 등이 허가 없이 타인에 의해 모방, 저작물 무단생산 배포 등 저작 기법이 절취되거나 오용되는 경우를 보호하기 위한 것이다.

이 법은 공평한 사용(Fair use) 관련한 경우를 제외하고 원작자의 보호되는 저작물의 배포, 복사 및 접속 등에 관한 통제를 저작권자가 동세하도록 한다. 이 법은 인터넷상의 저작권법임을 명시하고 있다. 인터넷 서비스 공급자는 서비스를 이용하는 사용자에 의한 저작권법 침해행위로 인해 처벌받지 않는다는 조항이 추가되었다. 이 조항을 'Safe Harbor' 원칙이라고 한다.

이 원칙이 적용된 소송은 Viacom Inc. v. YouTube, Google, Inc. 판례로, 2013년 3월, New York시 남부지역 관할법원은 'Safe Harbor' 원칙을 적용하여, YouTube 및 Google 사이 저작권 침해를 인정하지 않았다. 하지만 2014년 3월, 소송 당사자 양측은 서로 합의하여 이 소송은 종결되었다. 그러나 이 법은 다음의 이유로 비판을 받고 있다. 첫째, 표현의 자유와 과학적 연구를 저해하며, 둘째, 공정한 사용 권리를 저해하고, 셋째, 경쟁과 혁신을 방해한다는 것이 주요 이유이다.

9-11. 스팸메일 규제법 (Controlling the Assault of Non-Solicited Pornography and Marketing Act of 2003, CAN-SPAM Act): 18 U.S.C. §1037)

'스팸메일 규제법'은 2004년 1월 발효되어, '연방통신위원회 (Federal Communications Commission, FTC)'가 이 법을 시행하도록 규정 하고 있다 (FCC, n.d.).

스팸메일 규제는 크게 두 가지 방법이 있다.

첫째, '옵트인 (Opt-in)' 방식은 소비자의 의사를 존중해서 사전 동의를 받고 상업적 이메일이나 텍스트 메시지, 전화를 걸 수 있다. 소비자가 자발적으로 이메일 서비스에 가입해야 한다. 유럽 연합 국가들은 이런 방식을 채택하고 있다.

둘째, '옵트아웃 (Opt-out)' 방식은 기업들의 적극적 마케팅을 인정하여, 소비자가 광고메일, 메시지, 전화를 수신하면, 발송 업체에 구독중지 (Unsubscribe) 의사를 표시해야 광고메일, 메시지 및 전화 발송이 중지된다. 미국은 이런 방식을 채택하고 있다.

이런 제도의 차이점을 전제로, '스팸메일 규제법'은 모바일 전화로 다량으로 발송되는 상업적 이메일 및 텍스트 메시지에 대한 규제를 한다. 이 법은 세 가지 주요 조항이 있다.

첫째, 구독중지 조항으로 이메일 내용 중에 구독 중지를 할 수 있도록 명확하게 제시되어 있어야 한다. 또한, 10일 내로 구독중지 요청이 지켜져야 한다.

둘째, 내용 면에서, 발신자의 명의, 내용과 관련 있는 제목, 광고자의 실질적인 주소가 표기되어야 하고, 내용이 성인물일 경우 성인물이라는 제목과 함께 라벨로 표기되어야 한다.

셋째, 구독중지 옵션 없이는 발송이 금지된다. 다량으로 수집된 이메일 주소 등을 이용한 발송은 금지된다. 수신자가 메일내용을 오인할 수 있는 이메일 헤더로 작성되어서는 안 된다. 또한, 웹사이트에서 이메일 주소의 수집을 금지한다.

아래의 사례는 스팸메일 관련 경범죄로 분류된다(US DOJ CCIPS, n.d.). 첫째, 해킹된 컴퓨터로 다량의 스팸메일을 발송할 경우, 둘째, 발송자의 실지 발송지(IP 주소 등을 조작)를 허위로 표기하여 다량의 메일을 발송할 경우, 셋째, 이메일 발송자 정보를 허위로 조작하여, 수신자를 속이는 경우, 넷째, 한 명의 이메일 발송자가 5개 이상의 IP 주소를 사용하여 다량으로 발송한 경우, 다섯째, 허위로 작성된 가입자 정보로 5개 이상의 메일을 만들어 다량의 발송 이메일 주소를 확보하여 발송했을 경우 등이다. 이런 경우는 경범죄로 적용되어, 벌금 또는 1년 이하의 징역형을 선고받을 수 있다.

중범죄(Felony)로 처벌되는 경우는, '보호되는' 컴퓨터에 허가 없이 접속하여 고의로 다량의 상업적 스팸메일을 발송하거나, 둘째, 허위로 작성된 정보로 20개 이상의 이메일 계정이나, 10개 이상의 도메인을 사용한 경우, 셋째, 24시간 이내에 2,500통 이상의 스팸메일을 보내거나, 30일 이내에 2만 5천 통을 보낸 경우, 그리고 1년에 25만 통의 메일을 보낸 경우이다. 넷째, 1년의 기간내에 피해자에게

5,000달러의 손실을 입히거나, 다섯째, 5,000달러의 이상의 이득을 취한 경우, 끝으로, 3명 이상과 공모하거나 그룹의 리더인 경우는 중범죄로 처벌된다. 동종의 전과가 있으면 최고 3년~5년의 징역형을 선고받을 수 있다(US DOJ CCIPS, n.d.). 하지만 이 스팸메일 규제법은 법 적용이 제한적일 수밖에 없다. 대부분의 스팸 메일 발송자는 미국 외에 있으므로 발송자 추적, 기소 및 처벌이 어렵고, 현실적으로 스팸메일의 발송을 규제하기 쉽지 않다.

9-12. 금융서비스현대화법 (Financial Services Modernization Act of 1999)

'금융서비스현대화법'은 1999년에 제정되었으며 '그람리치브릴리법(Gramm-Leach-Bliley Act)'이라고도 불리며, 일반 은행, 투자 은행, 증권사와 보험회사 등 금융기관 상호 간의 합병을 승인하는 법이다(US Congress, 1999). 이 법에 따르면, 금융 기관은 각 고객에게 고객의 비공개 금융정보에 대한 금융 프라이버시 보호 규정을 통보해야 하며, 그 내용에는 어떤 고객정보가 수집되며, 언제 수집이 되고, 어떻게 고객정보가 사용되고, 어떻게 보호되는지를 설명해야 한다는 의무규정을 정하고 있다. 해당 금융기관이 제3의 기관과 고객정보를 공유할 때는 반드시 고객으로부터 사전 동의를 받아야 한다. 또한, 각 금융 기관들은 문서화된 고객정보 보호조치 규정을 수립해야 한다고 규정하고 있다. 또한, 사회공학적인 방법으로 고객 정보를 요구하는 범죄에 대비해서 금융기관 자체의 방지 대책을 문서로써 규정하고 직원에게 일정한 교육을 하도록 규정하고 있다.

9-13. 건강보험 운용과 책임법 (Health Insurance Portability and Accountability Act of 1996, HIPAA)

'건강보험 운용과 책임법'은 1996년에 제정되었고, 일명 'Kennedy-Kassebaum 법'이라고도 불린다. 이 법 중 프라이버시 보호 규정은 개인의 건강 문제를 다루는 모든 기관은 개인의 전자적, 서면 및 구두상의 건강 정보를 보호하는 데 필요한 조치(보안 기준, 행정적 보호 조치, 물리적 보호 조치, 기술적 보호 조치, 기관에 대한 요구 사항 및 규정 서면화 조치 등)를 하도록 규정을 하고 있다(Federal Privacy Council, n.d.).

9-14. 건강정보기술법 (Health Information Technology for Economic and Clinical Health Act, HITEC ACT)

'건강정보기술법(HITEC Act)'은 2009년에 제정되어, 의료정보 관리에 관한 법으로, 의료정보 보호 조치 중 하나로 개인의 진료 정보를 다루는 의료 기관이 일시에 500건 이상의 고객 정보가 해킹이나, 직원에 의한 과실 등으로 외부에 유출 또는 공개되었을 때, 미 '보건의료부'에 의무적으로 신고하여야 하며, '보건의료부'는 웹사이트에 해당 의료 데이터 침해 사고의 내용(기관명, 지역, 업종, 침해 건수, 침해 신고일, 침해 사고 유형 및 침해 정보의 형태) 등을 게시하도록 하고 있다. 또한, 개인정보 유출 피해자에게 그 피해 사실을 통보해야 하며, 언론 기관에도 통부하도록 하고 있다(Federal Privacy Council, n.d.).

9-15. 데이터침해사고통보법(Security Breach Notification Law or Data Breach Notification law)

미국은 2016년 현재 워싱턴 D.C. 및 48개 주(Alabama, New Mexico, South Dakoda주 제외)에서 비즈니스, 교육, 의료 및 정부기관 등이 보유한 개인정보 데이터베이스(운전면허 번호, 사회보장 번호, 성명, 주소, 생년월일, 은행 계좌, 신용카드 정보 등)가 해킹 등 개인정보침해 사고 발생 시, 관련 피해자에게 피해 내용에 대한 통보를 의무적으로 하는 법을 제정해 시행 중이다(NCSL, 2016). 이 법은 2002년, California주가 최초로 입법했다. 이 법은 어느 주체(기업, 데이터 관리 업체, 정부 등)가 이 법을 준수해야 하고, 개인정보(성명, 생년월일, 사회보장번호, 운전면허정보, 은행 계좌 정보 등)의 정의, 데이터 침해의 정의, 침해 사실 통보 조건 등을 규정하고 있다.

통보 방법은 문서, 이메일, 전화 및 기타 수단 등으로 할 수 있으며, 통보 관련해서 비용이 정한 한도 이상 초과하면(California 주의 경우, 25만 불 이상), 통보 대체 방법은 해당 기관 홈페이지에 30일 이상 게재, 언론 매체에 통보 등의 방법으로 할 수 있다. 통보 내용에는 사고 발생 개요, 피해 정보의 내용, 피해기관 조치 사항과 피해기관의 피해복구 그리고 보상계획 등의 내용을 수록해야 한다. 그러나 주마다 피해 통보 관련 세부사항은 조금씩 다르다. 일반적으로, 개인 신용 평가기관(Experian, Equifax 등)에 1년간 개인정보침해 사고로 인해 신용평가에 영향을 미치는지 아닌지를 무료로 체크할 수 있는 비용을 부담하고 있다. 또한, 특정 주의 주민이 피해를 입은 경우, 해당 주의 Attorney General(주 검찰청장)에 침해사고 내용을 통보

해야 한다. 또한, 침해사고 인지로부터 가능한 신속히, 또는 최장 45일 이내 침해 사실을 통보하도록 규정하고 있다. 통보 시기 지침을 제시하고 있지만, 이 역시 주마다 다르다. 유럽연합(EU)도 이와 유사한 법을 2009년부터 시행 중이다.

9-16. 사이버범죄 수사 법규 관련 문제점

사이버범죄는 범죄 발생 시 사법 관할권의 다툼이 발생할 수 있다. 사이버 범죄는 국경을 넘는 경우가 흔하고, 사이버 범죄자들은 한 장소에 모여서 범죄를 모의하거나 사이버 공격 실행을 하지 않는 경우가 있기 때문이다. 또한, 사이버범죄의 도구로 사용되는 컴퓨터의 서버 위치가 반드시 범죄자의 소재지에 위치하는 것은 아니다. 따라서 범죄자의 위치, 범죄의 발생지, 피해자의 물리적 위치 등이 달라서 이런 이유로 사이버 범죄는 국제적인 수사 협력활동이 필요하고, 사이버상 법적 관할권 문제를 국가 간에 더 논의할 필요가 있다. 또한, 국가별로 사이버범죄에 대한 자국 내 법규나 수사 능력의 차이 등이 존재한다. 유럽 평의회(CoE) 사이버범죄 조약은 이런 문제점 들을 해결하기 위한 하나의 시도이다.

9-17. 유럽 평의회 사이버범죄 조약 (CoE Convention on Cybercrime)

'유럽 평의회 사이버범죄 조약(Council of Europe Convention on Cybercrime, Budapest 조약, 이하 CoE 사이버범죄 조약)'은 2001년 11월 23일, Hungary Budapest에서 인터넷 범죄에 관한 정의(실체법 규정) 및 법적 처벌근거(절차법 규정)와 이들 범죄에 관한 국제

간 협력(국제수사 공조 절차) 등을 위해 최종안이 확정되어 유럽 평의회(CoE) 회원국 및 비회원국의 가입이 시작되었다(Council of Europe, n.d.). 2017년 현재, 47개 CoE 회원국 중 아일랜드, 러시아, 산마리노, 스웨덴, 마케도니아를 제외한 42개국에서 비준 및 법률로 공포되었고, 비회원국 중 호주, 캐나다, 도미니카 공화국, 이스라엘, 일본, 모리셔스, 파나마, 스리랑카, 세네갈, 미국 등이 비준 및 법률로 공포되었다.

이 조약은 전문, 4개의 장(Chapter, 용어의 정의, 국내에서 취해질 조치, 국제 협력, 및 최종 규정) 등 총 48개 조문으로 구성되어 있다.

제1장은 용어사용의 정의에 관한 것이고,

제2장은 가입국 내에서 취해질 조치(Measures to be taken at the national level)로 실체적 형법(Substantive criminal law)과 절차법(Procedural law)에 관한 조항을 규정하고 있다.

실체적 형법을 규정한 Section 1의 Part 1은 컴퓨터 데이터 및 시스템의 기밀성, 진실성, 가용성에 대한 범죄를 규정하고 있다. 제2조는 불법 접속, 제3조는 불법 감청, 제4조는 데이터 방해, 제5조는 시스템 방해, 제6조는 기기 사용의 오용을 규정하며, Part 2는 컴퓨터 관련 범죄로. 제7조는 컴퓨터 관련 위조, 제8조는 컴퓨터 관련사기, Part 3은 내용 관련 범죄를 규정하여, 제9조는 아동 포르노그래피에 관한 범죄, Part 4는 저작권 및 관련 권리의 침해 관련 범죄를 규정하고, 제10조는 저작권 및 관련 권리침해에 관한 범죄, Part 5는 부가적인 책임 및 처벌을 규정하고, 제11조는 시도와 방조, 교사, 제12조는 법인의 책임, 제13조는 처벌 및 조치 등을 규정하고 있다.

Section 2는 절차법으로, 제14조는 절차 조항의 범위, 제15조는 조건 및 보호 조치 등을 규정하고 있다. 제16조는 저장된 컴퓨터 데이터의 신속한 보존, 제17조는 데이터 이동에 대한 부분 공개 및 신속한 보존, 제18조는 제출 명령, 제19조는 저장된 컴퓨터 데이터의 수색과 압수, 제20조는 이동 데이터의 실시간 수집, 제21조는 내용 데이터의 감청 및 제22조는 사법관할권을 규정하고 있다.

제3장은 국제 협력에 관한 조항으로,

제3장 제1항은 일반 원칙, 제2항은 특정 원칙을 규정한다. 제3장 제1항에서 제23조는 국제 협력 관련 일반 원칙, 제24조는 인도, 제25조는 상호공조에 관한 일반 원칙, 제26조는 자발적인 정보제공, 제27조는 적용할 만한 국제적 협약이 없는 경우 상호공조 요구에 관한 절차 및 제28조는 기밀 및 이용의 제한 등을 규정하고 있다.

제3장 제2항은 특정 규정으로, 제29조는 저장된 컴퓨터 데이터의 신속한 보존, 제30조는 보존된 이동 데이터의 신속한 공개, 제31조는 저장된 컴퓨터 데이터의 접속에 관한 상호공조, 제32조는 동의 및 공개된 저장 되어 있는 컴퓨터 데이터에 대한 국경을 넘는 접속, 제33조는 이동 데이터의 실시간 수집 관련 상호 공조, 제34조는 내용 데이터의 감청에 관한 상호 공조 및 제35조 상시(일일 24시간/주7 일) 네트워크 등에 관해 규정하고 있다.

제4장은 조약 서명, 가입 절차 등 최종 규정(Final Provisions)을 정하였다. 제36조는 서명 및 발효, 제37조는 협약에의 가입, 제38조는 영토적 적용, 제39조는 협약의 영향, 제40조는 선언, 제41조는 연방 조항, 제42조는 유보, 제43조는 유보의 철회와 지위, 제44조는 개정안, 제45조는 분쟁의 해결, 제46조는 당사국간의 협의, 제47조는

폐기 및 제48조는 통고 등으로 구성되었다.

표 9-1은 2017년의 조약 가입국 현황으로 47개 CoE 회원국 중 42개국이 서명 비준하여 조약이 발효 중이고, CoE 회원국이 아닌 10개 국가도 이 조약에 가입하였다. 이 조약은 국제조약이긴 하지만, 국가 간 사이버범죄에 관한 형법이나 형사소송법 등의 차이점으로 아직 상호공조 관련 문제점이 있다. 개인정보가 국경을 넘어 제공될 수 있고, 인터넷 서비스 공급자들이 조약규정에 따라 일정 기간 데이터 정보를 보존해야 하며, 조약 가입국의 요청 시에는 이를 사법당국을 통해 제공해야 한다. 사이버 범죄 피해자가 소재한 국가와 사이버 범죄자가 소재한 국가 간의 상호공조 요청 건수의 차이가 있을 수 있다.

표 9-1: 유럽 평의회 사이버범죄 조약 비준 및 발효 현황(2017년 현재)

CoE 회원국	국내 비준 및 시행
총 47개국 중 42개국	알바니아(2004), 크로아티아(2004), 에스토니아(2004), 헝가리(2004), 리투아니아(2004), 루마니아(2004), 불가리아(2005), 키프로스(2005), 덴마크(2005), 슬로베니아(2005), 보스니아/헤르체고비나(2006), 프랑스(2006), 노르웨이(2006), 우크라이나(2006), 아르메니아(2007), 핀란드(2007), 아이슬란드(2007), 라트비아(2007), 네덜란드(2007), 슬로바키아(2008), 이탈리아(2008), 독일(2009), 몰도바(2009), 세르비아(2009), 스페인(2010), 포르투갈(2010), 몬테네그로(2010), 아제르바이잔(2010), 영국(2011), 스위스(2012), 몰타(2012), 오스트리아(2012), 벨기에(2012), 조지아(2012), 체코(2013), 룩셈부르크(2015), 폴란드(2015), 터키(2015), 리히텐슈타인(2016), 안도라(2017), 그리스(2017), 모나코(2017)
CoE 비회원국 (10개국)	미국(2007), 일본(2012), 호주(2013), 도미니카 공화국(2013), 모리셔스(2014), 파나마(2014), 스리랑카(2015), 캐나다(2015), 이스라엘(2016), 세네갈(2017).

출처: 유럽 평의회 홈페이지(https://www.coe.int/).

참고문헌

Council of Europe. (n.d.). *Details of Treaty No.185: Convention on Cyber-crime*. Retrieved from http://www.coe.int/en/web/conventions/full-list/-/conventions/treaty/185.

DOL Employee Benefit Security Administration (EBSA). (n.d.). *Fact sheet: The health insurance portability and accountability Act (HIPAA)*. Retrieved from https://www.dol.gov/agencies/ebsa/about-ebsa/our-activities/resource-center/fact-sheets/.

Federal Communications Commission. (n.d.). *CAN-SPAM: Unwanted commercial electro nic mail*. Retrieved from https://www.fcc.gov/general/can-spam.

Federal Privacy Council (FPC). (n.d.). *Health information technology for economic and clinical health act of 2009 (HITECH)*. Retrieved from https://www.fpc.gov/health-information-technology-for-economic-and-clinical-health-act-of-2009-hitech/.

Federal Privacy Council (FPC). (n.d.). *Health insurance portability and accountability act of 1996 (HIPAA) Privacy rule*. Retrieved from https://www.fpc.gov/10771/.

Granick, J. (2013, December, 16). NSA's creative interpretations of law subvert Congress and the rule of law. *Forbes.com*. Retrieved from ttps://www.forbes.com/sites/Jennifergranick/2013/12/16.

National Conference of State Legislatures (NCSL). (2017, April). *Security breach notification laws*. Retrieve from http://www.ncsl.org/research/telecommunications-and-information-technology/security-breach-notification-laws.aspx.

US Congress. (1999, November 12). *Gramm-Leach-Bliley Act*. Retrieved from https://www.congress.gov/106/plaws/publ102/PLAW-106publ102.pdf.

US DOJ Computer Crime and Intellectual Property Section (CCIPS). (n.d.). *Prosecuting computer crimes*. Retrieved from https://www.justice.gov/sites/default/files/crimi nal-ccips/legacy/2015/01/14/ccmanual.pdf.

Zetter, K. (2009, November 20). Prosecutor drop plans to appeal Lori Drew case. *Wired.com*. Retrieved from https://www.wired.com/2009/11/lori-drew-appeal/.

제10장

사이버범죄 전망과 결론

제10

사이버범죄 전망과 결론

10-1. 인터넷 환경 변화와 사이버범죄

이번 장에서는 향후 사이버범죄가 어떤 형태로 변화할 것인지, 그 변화가 우리 사회에 어떤 부정적인 영향을 미칠 것이며, 그 대응 방향을 어떻게 할 것인지를 논의하고자 한다. 정보통신기술(ICT)의 혁신에는 반드시 긍정적인 면만 생성되는 것은 아니다. 사회 구성원의 일탈적인 일부가 개인적 이유, 금전취득, 또는 정치적 목적을 위해 사이버범죄를 기획하고 실행한다. 사이버범죄의 역사는 일반범죄에 비해 짧지만, ICT 변화의 속도가 빠르듯이 사이버범죄의 형태는 빠른 속도로 진화하고 다양해져서, ICT 기반에 의존하는 우리 사회를 위협하고 있다. 사이버범죄로 인한 피해 규모와 심각성은 일반범죄와 규모를 비교할 때, 상대적으로 크고, 지리적으로 피해 범위가 넓다. 또한, 해킹 등 대부분의 사이버범죄 피해는 즉시 파악하기 어렵다.

초기의 사이버범죄 패턴은 컴퓨터 기술을 빠르게 습득한 소수의 해커가 특정 기관의 컴퓨터 시스템에 침투하는 등 그들의 기술력을 과시하는 형태였다. 초기의 해커 세대는 지금의 해커와는 다르게 금전취득 목적이나 정치적인 목적은 드물었다. 그들은 일반에 공개되지 않은 컴퓨터 네트워크를 테스트하거나 이용할 수 있다는 일종의 특권의식이 있었다고 할 수 있다. 1990년대 중반, 인터넷이 사회에 개방되면서 이를 활용하려는 ICT 기반이 급속도로 팽창하고, 스마트폰 등 모바일 기기 사용이 증가하고, 관련 기술과 정보가 급속도로 전파되면서, 인터넷 사용자의 기본적인 ICT 지식이 급성장하였다. 따라서 초급 수준의 ICT 관련 지식으로도 사이버범죄를 행하기가 쉽게 되었다. 이러한 사회적·경제적 환경의 변화가 사이버범죄의 확산을 가져와 뒤늦게 법집행기관의 대응이 시작되었다.

최근의 사이버범죄는 전문적이고 고도의 기술을 사용하고, 범죄의 목적이 금전 취득, 정치적 이념 전파, 또는 개인이나 특정 집단의 해킹기술 과시 등으로 다양해졌다. 또한, 직업적 해커들이 온라인으로 조직화하여 활동하고, 전통적인 범죄를 행하는 일부 범죄조직이 그들의 범죄 목적을 위해 직업적 해커를 이용하기 시작했다. 또한, 사이버범죄는 일반 조직범죄의 활동과 다르게, 지역적인 제한을 벗어나 국경을 넘어 범죄활동이 이루어지게 되었다. 정치적 테러그룹은 인터넷을 그들의 선전목적이나 통신수단으로 사용하고 있고, 국가의 지원을 받는 테러그룹은 전문적인 조직을 갖추고, 적대국의 중요 ICT 기반 산업 및 금융 시스템을 목표로 사이버 공격을 하게 되었다 (그림 10-1 참조).

그림 10-1: 사이버범죄 패턴의 변화

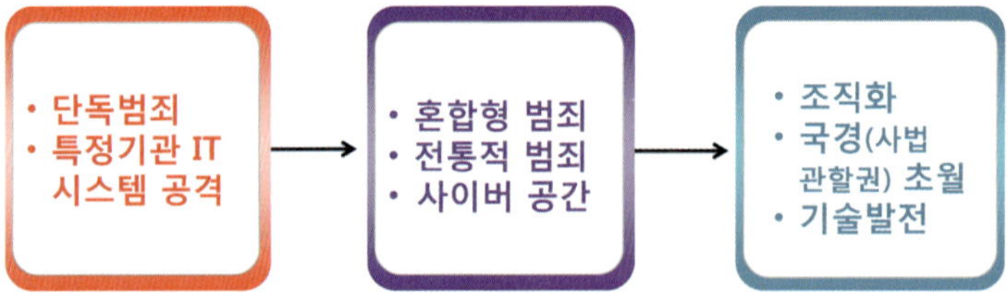

사이버범죄는 시간과 장소에 관계없이 발생하며, 우리 사회 및 세계 경제에 커다란 경제적 피해를 주고 있다. 전통적 의미의 범죄 조직도 인터넷 공간을 절도, 사기, 불법 도박, 마약과 복제 약품 판매 등으로 그들의 범죄활동 범위를 확대하여, 불법 이득을 최대화하고 있다(Interpol, n.d.).

사이버범죄는 ICT 기술이 진화할수록 계속 증가할 것이고, 사이버범죄 유형도 다양해질 것이다. 컴퓨터 바이러스 제작이나 해킹기법도 손쉽게 인터넷상에서 검색할 수 있으므로, 사이버범죄의 확산과 더불어 사이버 범죄자의 수도 증가하고 있다. 개발도상국이나 저개발국도 ICT 기반시설이 확충되면, 사이버범죄가 필연적으로 증가할 것이다. 국경을 넘어서 행해지는 사이버범죄는 대부분 일반범죄와 달리 피해자를 직접 대면하지 않기 때문에 사이버 범죄자는 죄의식을 덜 느낄 수 있다.

McQuade(2006, p. 18)는 우리 사회가 사이버범죄 대책에 관심을 기울여야 하는 이유를 아래와 같이 설명했다.

첫째, 개인과 정부, 기업 등 우리 사회 대부분이 컴퓨터와 그 네트워크에 연결되어 서비스와 비즈니스를 하고 있어, 진화하는 사이버 공격에 취약할 수밖에 없어 이들 네트워크를 보호할 필요가 있다.

둘째, 우리 사회는 사이버범죄에 의한 피해자가 되고 있고, 그 피해 규모가 크고 측정하기 어려운 점이 있다.

셋째, 우리 사회는 의료 등 생명과 신체를 다루는 전자적 바이오기기와 시스템들이 점점 네트워크에 연결되어, 해킹 공격으로 우리의 건강과 생명이 위협받을 수 있게 되었다.

최근에는 위의 이유뿐만 아니라, 사물인터넷 기기(IoT)의 확대로 사이버 공격의 범위는 더욱 확대되었고, 사이버범죄는 법집행기관의 대응 정책에 커다란 영향을 미치고 있다. 사이버범죄 신고 건수는 계속 증가하여, 법집행기관의 사이버범죄 대책에 관한 우선순위 변경, 법집행기관원에 대한 재훈련, 전문요원 확보, 및 기소 담당 검사와 판사의 ICT 변혁에 대한 새로운 정보 및 지식 습득 등이 필요하게 되었다.

우리 사회의 구성원은 비즈니스 기관 등에 개인 정보를 제공하면서, 금융 거래나 상품 구입 등 다방면의 경제적 활동을 하고 있다. 제공한 개인 정보를 절취하거나, 이를 이용한 인터넷 사기범죄는 금전적 손실을 피해자인 개인과 사회 전반에 끼칠 수 있다. 또한, 소셜 네트워크 서비스를 이용하여 개인들에게 심리적인 피해를 끼치는 사이버 스토킹과 괴롭힘 등은 사회적인 문제가 되었다.

해커 그룹으로부터의 위협도 증가했다. 이들 그룹은 정치나 경제 상황이 안정적이지 못한 지역에서 활발하며, 불법 이득 취득, 종교 및 정치적 목적으로 사이버 위협을 증가시켜 왔다. 전통적인 조직범죄 그룹도 인터넷과 모바일 서비스를 이용하여 조직원간 연락, 위조지폐 및 서류위조, 불법 이민 지원, 복제품 제조, 사이버 지하시장 이용, 절도 및 온라인 사기, 매춘 관련 산업, 온라인 도박 및 개인정보 절취 등 다양하게 범죄행위를 행하고 있다. 아울러, 사이버 공간을 통해 국가 중요기반시설 파괴나 기밀 절취를 목적으로 하는 사이버 정보전과 첨단 및 군수 기업을 대상으로 하는 경제기밀 등 지식재산권의 절취 범죄 등도 증가하고 있다.

개인에 대한 사이버범죄와 비즈니스 기업, 정부 기관, 의료기관 및 교육기관 등에 대한 대규모 데이터 유출 사고는 꾸준하게 발생하고 있다. 가치 있는 데이터는 계속 생산되며, 이들 데이터를 목표로 하는 사이버범죄자의 절취 시도는 계속된다. 데이터 보호를 위한 IT 보안 시장 규모는 계속 성장하여, 2016년에 816억 달러에 이르렀고, 2020년까지 매년 5~10%의 성장하여 1,700억 달러에 달할 것으로 전망하고 있다(Morgan, 2015; Moore, 2016).

아울러, 사이버범죄로 인한 피해가 증가하면서, 사이버범죄피해보험(이하 사이버보험) 시장 규모도 점점 커지고 있다. 미국의 경우, 2020년에는 사이버보험 시장 규모는 56억 달러에 달할 것으로 추정한다(Aon Inpoint, 2017, p. 5).

사이버보험 가입을 산업 분야별로 보면, 금융 산업이 29%, 도소매 산업이 21%, 헬스케어 15%, 일반 비즈니스 6%, 제조업 6% 등의 순위를 보여주고 있다(p. 6). 이는 미국에서 발생하는 대량 데이터 유출 사고가 발생하는 산업분야와 일치한다고 볼 수 있다.

10-2. 사이버범죄 전망

〈사물인터넷 기기(IoT)에 대한 사이버 공격〉

Dyn, Inc사는 미국 New Hampshire주 Manchester시에 소재하고 있는데, 자사의 서버가 2016년 10월 21일 금요일 대규모 DDoS 공격을 받았다(York, 2016). 이로 인해 Dyn, Inc 사의 인터넷 도메인 네임 전환서비스를 받던 Twitter, Airbnb, Amazon, PayPal, CNN, Spotify, Reddit 및 Netflix 등 IT 기반 서비스 회사의 웹사이트에 미국 동부지역의 서비스 사용자가 접속할 수 없는 사태가 벌어졌다(Hilton, 2016). 이 공격에는 Mirai 악성 코드가 주요 역할을 했다. Mirai의 의미는 일본어로 (未來)라는 뜻이며, 2006년부터 발표된 일본의 연재만화 '미래일기'에서 그 명칭을 따왔다고 한다. 이 코드의 작성자는 Anna-Senpai라는 가명으로 알려져 있고, Linux 기반으로 작성되는데, 인터넷포럼인 'Hackforums'에서 2016년 9월 30일 소스코드를 공개하였다. Mirai Botnet에 의한 사이버 공격이 최초 알려진 것은 2016년 9월 20일, 미국의 IT 보안 전문가인 Brain Krebs가 운용하는 웹사이트가 DDoS공격을 받을 때였다 (Symantec, 2016). Dyn, Inc사에 대한 DDoS 공격은 특정 국가가 주도하는 사이버 공격은 아니었다. Mirai 코드소스는 이미 공개되어 있어서, 어느 정도의 기술 수준이 있는 해커면 사용할 수 있는 공격 기법이었다. Mirai는 네트워크상으로 연결된 웹캠, DVR, CCTV 카메라, 라우터 등 보안성이 취약한 IoT 기기를 스캔하여 DDoS 공격에 동원할 수 있는 Botnet으로 전환하는 역할을 한다. 대부분의 IoT 기기들이 제조업체에서 출시될 때, 사용자명과 비밀번호가 Default 상태이기 때문에 소비자가 이를 변경하지 않는다면 해킹에 쉽게 노출될 수 있다. 2016년 11월, Mirai Botnet이 독일의 전화 및 인터넷 서비스사인 '도이치 텔레콤(Deutsche Telekom)'의 90만여 고객에 대한 인터넷 서비스를 방해한 적이 있고, 또한, 영국의 전화 및 인터넷통신회사인 'Talk Talk'사의 2,400여 개의 서비스 라우터를 감염시킨 바 있다 (Newman, 2016).

최근 인터넷 환경의 변화 중의 하나인, IoT 기기의 등장으로 데이터 유출 사고는 증가 추세를 보여 주고 있다 (Wagstaff, 2015). IT 보안 기업인 Gartner 사는 2020년까지 250억 개의 IoT 기기가 사용될 것이고, IDC 사는 2025년까지 800억 개의 IoT 기기가 사용되리라 전망했다(Kanellos, 2016). 하지만, 보안성이 취약한 IoT 기기를 매개로 한 대규모 DDoS 공격은 Dyn,Inc사의 사례와 같이 현실화되었다. 모바일이나 가정용 스마트 기기에 대한 IT 보안을 더욱 고려해야 할 것이다.

IT 보안 기업인 Symantec 사는 ICT 환경이 모바일, 클라우드 서비스 및 빅 데이터 사용 증가 등으로 변하면서 이에 따르는 데이터 유출 사고 등에 대한 취약 요소를 제시하였다(표 10-1 참조).

표 10-1: 데이터 서비스 환경 변화에 따른 취약 요소 비교

구분	모바일	Cloud 서비스	빅데이터
취약 요소	- 분실 및 도난당한 전자적 기기에 저장된 데이터 노출 위험 - 전자적 기기의 공용 및 개인적 사용 겸용으로 데이터 책임성 불명확 - 단말기 관리의 어려움.	- 사고로 인한 대규모기밀 데이터 유실 우려. - 비인가 사용자의 정보 획득 가능성 - 내부 관리자의 관리 부실에 의한 정보 유출 가능성	- 데이터 유출 피해 기관은 위험성과 위협 요소에 더 노출 - 온라인 거래 특성상 실시간 감시 어려움 - 능동적으로 빅데이터 취약점 탐지 어려움.

출처: https://www.symantec.com/

사이버범죄 추세를 예측하기는 어렵다. 이는 ICT 기술 발전의 속도가 매우 빠르고 방향 역시 예측하기 어렵기 때문이다. 따라서 사이버 범죄자가 어떤 새로운 형태의 디지털 범죄를 만들고 행할지 예상하는 것은 어렵다.

인터넷 사용 환경은 모바일 환경으로 변화했다. 모바일 환경을 이용한 악성코드는 이미 나타나고 있다. 또한, 개인별로 저장매체가 필요하지 않은 클라우드(Cloud) 서비스는 인터넷을 통해 웹서버에 쉽

게 접속할 수 있으므로 해커의 공격대상이 될 수 있다(Mulazzani, Schrittwieser, Leithner, Huber, & Weippl, 2011).

사이버 위협은 스마트폰 등 개인의 전자적 기기, 치료목적 전자적 바이오 기기, 컴퓨터 네트워크, 자동차, 항공기, 전력기반 시설 등 거의 모든 ICT 분야로 확대되었다. 무선 인터넷을 통한 홈 경비 시스템이나 실내온도 조절장치에 대한 해킹 위협 역시 현실화되고 있다(Kite-Powell, 2016). 과거에 예측했던 미래의 사이버범죄는 지금까지의 사례를 분석해 보면, 대부분 현실로 구현되었다. 이제는 그 새로운 형태의 사이버범죄가 실현되기까지의 시간을 얼마나 빨리 앞당길 수 있는지의 문제일 뿐이다(Kite-Powell, 2016).

Marc Goodman(2016)은 그의 저서 '미래의 범죄(Future Crimes)'에서 아래와 같이 사이버범죄를 전망했다.

> "우리 사회는 점차 대용량의 데이터를 보안성이 취약한 시스템에 저장하고 있다….우리는 대용량의 데이터 시대에 살고 있다. 이것을 "신 석유(New Oil)" 라고 할 수 있다. 장차 의료 관련 사이버범죄가 사회 문제로 등장할 것이다.…. 사물인터넷(IoT) 기기에 대한 파괴적 공격은 이미 시작되었다…..미국 사회에는 수십만 개의 인체 이식용 의료 기기가 인터넷에 연결되어 있다….인간의 몸 '자체'가 이제는 사이버 공격을 받게 된 것이다."

사이버범죄의 예측과 관련하여, Glassberg(2015)는 미래에 예상되는 사이버범죄 패턴을 아래와 같이 꼽았다.

"1) 사이버 잭킹(Cyber-Jacking)[29], 2) 휴먼 악성 코드(Human Malware)[30], 3) 사이버 공격(Cyber Assaults)[31], 4) 사이버 갈취(Cyber Extortion)[32], 5) 자동차 해킹(Car Sploiting)[33], 6) 삭제 공격(Brick Attacks)[34], 7) 개인정보 절취(Identity Theft Squared)[35], 8) 소규모 정전(Mini-Power Outages)[36]"

이렇듯, 사이버 범죄는 계속 진화 중이고, 새로운 형태의 사이버 범죄를 예측하고, 발생하는 시간의 간격이 점차 짧아지고 있다. 그러나 이에 대응하는 방법, 절차, 시간은 따라가지 못하고 있는 것이 현실이다.

---

29) 항공기 비행 운항시스템을 해킹하거나, 지상의 항공 관제시스템에 대한 사이버 공격을 의미한다.

30) 의료기술의 발달로 인체의 장기를 보조하거나 내제하는 Wifi 기반의 의료 보조 기기들이 인체에 이식 되고 있다(Pacemaker, cardioverter-defibrillator, insulin pump, etc). 영국 University of Liverpool 연구팀은 Wifi 라우터를 통해 컴퓨터 바이러스가 유포 될 수 있다고 밝혔다.

31) 가정용 오토메이션 시스템이나 웨어러블 스마트 기기들이 실생활에 사용되어, 해커들은 네트워크를 통해 원격으로 이들 기기들을 소작하기 위한 시도를 하고 있다.

32) 이미 우리 사회에 만연되어 있는 범죄이다. 공격 목표로 설정된 IT 시스템을 사회 공학적 이메일에 첨부된 CryptoLocker 악성 코드로 감염시켜, 시스템의 데이터를 암호화 시키고 해독키를 제공하는 대가로 일정 금액의 돈을 요구한다.

33) 최근 생산되는 자동차들은 컴퓨터화되기 때문에, 해킹 가능성이 현실화되었다. 2014년에 한 자동차 레이싱 대회에 출전한 Formula One 레이싱 팀이 자동차 컴퓨터 시스템 일부가 악성 코드에 감염되어 출전을 포기하였다.

34) 은행 시스템을 해킹하여 고객의 은행 계좌를 아예 삭제 시켜 버리는 불법 행위. 2012년의 사우디 국영 석유회사인 Aramco사의 30,000여 대 컴퓨터의 데이터가 이 공격으로 삭제 파괴되었다.

35) 바이오 메트릭 보안 시스템(지문 인식, 동공 인식, 음성 확인 등)등의 사용 확대로 이들 데이터를 저장한 시스템에 대한 해킹.

36) 스마트 전기 조절기를 도입하는 가정이 증가함에 따라, 해커들은 가정 관리 시스템을 해킹하여 원격으로 이 시스템을 조정하여, 전기 시스템을 오작동 시키거나 전원을 차단 또는 과부하를 걸리게 할 수 있다.

10-3. 사이버범죄 대응 방안

새로운 ICT 기술이나 이를 기반으로 한 서비스는 빠른 속도로 개발되고 진화한다. 새로운 ICT 기술과 그 서비스는 개인과 사회에 긍정적 또는 부정적인 영향을 가져온다. 사이버 범죄자는 ICT 신기술이나 서비스의 취약점, 이와 관련된 법의 허술한 점을 악용하여, 해킹, 악성 컴퓨터 코드 유포, DDoS 공격 및 사회 공학적 이메일 등 사이버 공간의 안전을 위협하는 사이버범죄 기법을 고도화시킨다. 이는 새로운 형태의 IT 범죄가 계속 나타나는 것을 의미한다.

법집행기관은 이러한 새로운 형태의 사이버 범죄에 대응할 인력, 자원이나 처벌법규를 제때에 갖추지 못하고 있다. 행정부와 입법부는 새로운 사이버범죄를 처벌할 법을 피해 규모와 여론의 추이에 따라 제정하게 된다. 이로 인해, 법집행기관은 인력, 자원과 법규의 미비로 제때에 대처를 못하고, 새로운 사이버범죄 피해는 일정 기간은 필연적으로 발생하게 된다. 이런 패턴으로 사이버범죄의 악순환은 반복하게 된다. 따라서 우리 사회의 새로운 사이버범죄에 대한 대처는 늘 뒤처질 수밖에 없는 상황에 놓이게 된다(그림 10-2 참조).

빠르게 진화하는 사이버범죄에 대처하기 위해 국제 및 우리 사회의 법집행기관의 대책도 적절한 시간 내에 마련해야 한다. 사이버위협에 대처할 전문적인 사이버 보안 인력의 충원 역시 중요하다. ICT에 대한 전문적인 지식을 구비한 전문적인 수사관, 검사 및 판사를 양성하는 것도 필요하다. 영국은 증가하는 인터넷 사기 등 사이버범죄와 금융 사기에 대처하기 위해 런던에 사이버범죄를 전담으로 하는 '사이버 법원(Cyber Court)'을 설립할 계획으로 있다(Sawer, 2017).

그림 10-2: 사이버범죄 발생과 대응 사이클 개념도

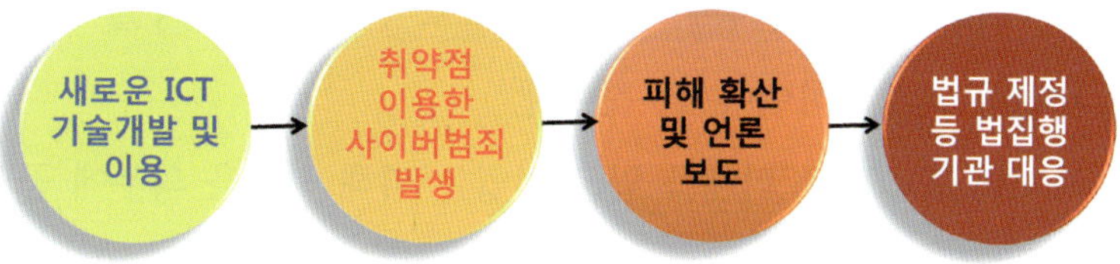

ICT 산업계는 다양한 인터넷 서비스를 소비자에게 제공하기 위해 보안보다는 실시간적이고 편리한 서비스 개발에 더 치중해 왔다. 최근 잇따른 개인 및 기업 데이터의 유출 사고 영향으로 금융기관, ICT 서비스 기업과 국민 사이에서 개인정보 보호에 대한 인식이 높아지고 있다.

지난 몇 년간 발생한 미국 연방 정부기관의 대규모 정보및 데이터 유출 사건 중 일부는 담당 공무원의 관리 소홀이나 의도적인 유출로 이루어졌다. 대규모 투자로 ICT 보안 시스템을 갖추어도 담당 공무원의 정보보안 의식이 부족하면 국가 중요기반시설과 국가 안보가 위협을 받을 수 있다.

이런 상황에 대응하여, Florenza (2013)는 미국 정부기관의 사이버보안 관련 5가지 세부정책을 제시하였다. 첫째, 정부기관 간 ICT 침해 사고 관련 정보 공유, 둘째, 위협등급 및 위험파악을 위한 실시간적 노력, 셋째, 데이터 접근 및 소유에 대한 명확한 사용정책 수립, 넷째, 취약점 평가를 위한 시스템 점검과 테스트, 다섯째, 시스템 보안을 위한 직원교육과 준수요건의 이해 등이다.

개인 및 기업 정보 유출 사고가 발생하기 전에 평소에 지속적인 정보 시스템 모니터링을 통한 ICT 보안사고 대책 시스템이 필요하다. 사이버위협을 예방하기 위한 정부기관, 비즈니스기관, 의료기관

과 교육기관 등의 IT 시스템 관리자와 개인정보 또는 기밀로 분류된 정보를 취급하는 담당자에 대한 정보보호 관련 자체교육을 실질적으로 개편하고 강화하여야 할 것이다.

사이버 공격으로 피해를 입은 기업은 피해 사실을 외부에 공개하지 않고 자체적으로 피해를 복구하는 경향이 있다. 이는 피해기업이 피해 사실이 공개되면 개인정보를 제공하고 서비스를 기대하는 소비자들로부터 신용을 잃게 될까 봐 우려하기 때문이다. 또한, 피해기업의 대외신용도 하락 우려로 피해신고나 공개를 꺼리게 된다. 이런 경향은 장기적으로는 기업체의 ICT 보안시스템에 대해 고객이나 일반인의 신뢰를 제한시키는 결과를 가져올 것이다.

10-4. 결론: 사이버범죄 분석 및 예방 연구 모델

사이버 보안사고 자체를 원천적으로 막기는 어렵다. 하지만, 이런 보안 사고를 예방하고, 피해 규모를 줄이는 방안을 모색하여야 할 것이다. 따라서 사이버침해사고 예방 모델을 검토할 필요가 있다.

언론 매체나 IT 보안 기업에서 발표하는 사이버범죄나 대규모 데이터 유출 사고 보고서는 대체적으로 피해정보의 내용은 제한적이다. 기업의 고객에 대한 신뢰도를 우선적으로 고려하기 때문이다.

이런 현실을 고려하여, 국가적 차원에서 IT 침해사고에 대한 데이터베이스 운용을 검토해 볼 필요성이 있다. 이를 위해 개인과 기관으로부터 자발적 또는 의무적인 IT 침해사고 신고 접수, 언론 매체의 IT 침해사고 보도, 법집행기관의 정보수집, 그리고, 정보공개법에 의한 데이터 피해사례 수집 등으로 IT 침해사고에 대한 자료를 수집하여 유형별로 분석 연구하는 모델을 검토할 만하다.

필자(2015)는 대규모 데이터 유출 등의 IT 침해사고에 대한 'IT 침해사고 데이터베이스' 모델 운영을 제시하였다. 이 'IT 침해사고 데이터베이스'를 바탕으로 하여 'IT 침해사고 분석 및 예방 연구 모델(CACI Model)'을 제시하였다. 이 모델은, 비즈니스기업, 교육기관, 의료기관이나 정부기관에 대한 대규모 데이터 유출 사고나 이들 기관의 내부직원에 의한 데이터 유출 피해가 발생할 경우, 이들 침해사고에 대해 정보를 수집하여 사고 유형을 분석하여, 유사 침해사고를 예방하는 것을 목표로 하는 모델이다.

이 모델 운용은, 첫째, IT 침해사고에 정보 수집을 하고, 둘째, 침해사고 관련, 가용정보를 활용하여 분석한다. 강력범죄자에 대한 프로화일링 개념과 유사하게 IT 침해사고 유형에 대한 데이터베이스화를 추진한다. 셋째, 피해기관 등 관계기관과 유사 침해사고 대응대책 마련 등 협력 체제를 구축하고, 끝으로, IT 침해사고로부터 분석결과를 바탕으로 예방대책을 수립하고 시행한다(표 10-2 참조).

표 10-2: IT 침해사고 분석 및 예방 연구 모델(CACI Model).

Collection 정보 수집	Analysis 분석	Collaboration 협력 체제 수립	Implementation 대응방안 실행
1. 개인과 기관으로부터 사고신고 접수 2. 언론 매체로부터의 침해사고 수집 3. 법집행기관의 정보 공개 4. 정보공개법에 의한 피해 사례 수십.	1. 침해 사고 패턴 분석 2. 침해 기법 프로화일링 3. 피해 내용 및 액수 산정 4. 개인별, 기관별 피해자 조사	1. 분석 결과 법 집행 기관 및 피해자에 통보 2. 침해 사고 재발 대책 모색 3. 침해 사고 보고서 공개 및 발간 4. 피해 기관간 대응 기법 교류 및 공유	1. 법적 대응방안 모색 2. 공공 사이버범죄 예방 캠페인 전개 3. 내부자 침해사고 방지를 위한 교육 4. 국가 간 협력 모델개발

참 고 문 헌

Aon Inpoint. (2017, June). *Global cyber market overview: Uncovering the hidden opportunities*. Retrieved from http://www.aon.com/inpoint/bin/pdfs/white-papers/Cyber.pdf.

Bell, S. (2017, February 22). DNS DDoS attacks raise concerns over IoT devices. *BullGuard.com*. Retrieved from https://www.bullguard.com/blog/2017/02/dns-ddos-attacks-raise-concerns-over-iot-devices.

Christin, N. (2013). Traveling the Silk Road: A measurement analysis of a large anonymous online marketplace. *Carnegie Mellon INI/CyLab*. Retrieved from https://www.andrew.cmu.edu/user/nicolasc/publications/TR-CMU-CyLab-12-018.pdf.

Florenza, P. (2013, April 12). Cyber security in focus. *GovLoop*. Retrieved from https://www.govloop.com/resources/cyber-security-in-focus-infographic/.

Gayathri, A. (2011.June 11). From marijuana to LSD, now illegal drugs delivered on yourdoorstep. *International Business Times*. Retrieved from https://www.ibtimes.com/marijuana-lsd-now-illegal-drugs-delivered-your-doorstep-290021.

Glassberg, J. (2014, May 14). The future of crime: 8 cyber-crimes to expect in next 20 years. *Foxbusiness.com*. Retrieved from http://www.foxbusiness.com/features/2014/05/14/future-crime-8-cyber-crimes-to-expect-in-next-20-years.html.

Goodman, M. (2016). *Future crimes: Inside the digital underground and the battle for our connected world*. New York, NY: Doubleday.

Hilton, S. (2016, October 26). Dyn analysis summary of Friday October 21 attack. *Dyn.com*.

Retrieved from https://dyn.com/blog/dyn-analysis-summary-of-friday-october-21-attack/.

Interpol. (n.d.). *The changing nature of cybercrime*. Retrieved from https://www.interpol.int/Crime-areas/Cybercrime/Cybercrime.

Kanellos, M. (2016, March 3). 152,000 smart devices every minute in 2025:

IDC outlines the future of smart things. *Forbes.com*. Retrieved from https://www.forbes.com/sites/michaelkanellos/2016/03/03/152000-smart-devices-every-minute-in-2025-idc-outlines-the-future-of-smart-things/#2c6810de4b63.

Kim, J. H. (2015). *Information theft within different organizational types: A Rational Choice analysis* (Unpublished doctoral dissertation). Rutgers University, Newark, NJ.

Kite-Powell, J. (2016, December 21). This small device detects cyber threats in your smart home devices. *Forbes.com*. Retrieved from http://www.forbes.com/sites/Jenniferhicks/2016/12/21/this-small-device-detects-cyber-threats-in-your-smart-home-devices/#3eb337d244fa.

McQuade, S. C. (2006). *Understanding and managing cybercrime*. Boston, MA: Pearson.

Moore, S. (2016, August 9). Gartner says worldwide information security spending will grow 7.9 percent to reach $81.6 billion in 2016. *Gartner*. Retrieved from http://www.gartner.com/newsroom/id/3404817.

Morgan, S. (2015, December 20). Cybersecurity market reaches $75 billion In 2015; Expected to reach $170 billion by 2020. *Forbes.com*. Retrieved from https://www.forbes.com/sites/stevemorgan/2015/12/20/.

Mulazzani, M., Schrittwieser, S., Leithner, M., Huber, M. & Weippl, E.R. (2011). Dark clouds on the horizon: Using cloud storage as attack vector and online slack space. *Proceedings of the 20th USENIX Conference on Security (SEC'11)*, (pp.5-5). San Francisco, CA.

Newman, L. H. (2016, September 12). The botnet that broke the internet isn't going away. *Wired.com*. Retrieved from https://www.wired.com/2016/12/botnet-broke-internet-isnt-going-away./

Murray-Morris, S. (2014. February 13). Utopia no more: Drug marketplace seen as the next Silk Road shut down by Dutch Police. *The Independent*. Retrieved from http://www.independent.co.uk/life-style/gadgets-and-tech/9126063.html.

President's Commission on Enhancing National Cybersecurity. (2016, December 1). *Com mission on enhancing national cybersecurity: Report on securing and growing the digital economy*. Retrieved from https://www.nist.gov/sites/default/files/documents/2016/12/02/cybersecuritycommission-report-final-post.pdf.

Sawer, P. (2017, October 8). City of London 'Cyber Court' to tackle online fraud in financial sector. *The Telegraph*. Retrieved from http://www.telegraph.co.uk/news/2017/10/08/city-londoncyber-court-tackle-online-fraud-financial-sector/

Symantec. (2016, October 27). *Mirai: what you need to know about the botmnet behind recent major DDoS attacks*. Retrieved from https://www.symantec.com/connect/blogs/mirai.

Wagstaff, K. (2015, July 21). Hack to the future: Experts make 2016 cybersecurity predictions. *NBC News*. Retrieved from http://www.nbcnews.com/ tech/internet/hack-future-experts-make-2016-cybersecurity-predictions-n486766.

York, K. (2016, October 22). *Dyn Statement on 10/21/2016 DdoS Attack*. Retrieved from https://dyn.com/blog/dyn-statement-on-10212016-ddos-attack/.

국제사이버범죄학 INDEX

(국문)

(영문)

저자소개

김정현

• 학력

- 미국 뉴저지 주립대학교(Rutgers University) 형사사법대학원 졸업(박사 및 석사)
- 한국외국어대학교 아랍어과 졸업(학사)

• 주요 경력

- 공간과범죄연구소장
- 중앙경찰학교 외래교수(2017)
- 미국 뉴저지 주립대학교(Rutgers University) 형사사법학과 강사(2009~2016)
- 총경 명예퇴직
- 경찰청 수사국 사이버테러대응센터 근무(2002~2006)
- 경찰청 외사관리관실 근무(1984~1999)

• 강의 경력

- 사이버 범죄, 화이트칼라 범죄, 국제범죄와 문화, 폭력범죄론, 연구조사방법론, 범죄통계학, 청소년갱범죄론, 경찰과 사회(경찰학), 형사사법학개론

• 주요 연구 실적

- 한국 사이버 범죄 및 범죄자 통계적 분석(2017)
- 미국 지식재산권범죄 추세 분석(2017)
- 미국 기업, 교육, 의료 및 정부기관의 데이터 및 정보유출 분석 및 예방(2015)
- 인도지역 호랑이 밀렵범죄 분석 및 예방(2014)

국제사이버범죄학

Green Pub.

조판1쇄 2018년 1월 3일

지은이 김정현
발행인 윤덕우
발행처 도서출판 **그린**
주 소 서울특별시 서대문구 연희로5길 50(연희동) (우) 03716
전 화 02) 333-2574
팩 스 02) 333-2561
출판등록 제8-161호(1995. 5. 3.)
E-mail greenpress@greenpress.co.kr
Homepage http://www.greenpress.co.kr

징가 17,000원
ISBN 978-89-5727-261-9 (93350)

ⓒ 도서출판 **그린**

이 책은 도서출판 **그린**이 저작권자와의 계약에 의해 발행한 것이므로 무단전재와 무단복제를 금지하며, 본사의 서면 허락 없이 어떠한 형태나 수단으로도 이 책 내용의 전부 또는 일부를 이용할 수 없습니다. 사용을 원할 경우에는 반드시 저작권자와 도서출판 그린의 서면동의를 받아야 합니다.